从建模走向艺术

——小学语文教研组建设校本策略

顾　问：刘晓军　罗晓航

主　编：王　永　苟　利

编　委（排名不分先后）：

王　烨　代　迪　李　烬　张佳颖　陈　默

罗　颖　罗　珊　罗海芬　郭光艳　徐　敏

卿　菁　鲁希璟　魏　炜　李卓颖　陶红丽

四川大学出版社

SICHUAN UNIVERSITY PRESS

图书在版编目（CIP）数据

从建模走向艺术：小学语文教研组建设校本策略 /
王永，苟利主编 . — 成都：四川大学出版社，2022.6
ISBN 978-7-5690-5529-0

Ⅰ．①从… Ⅱ．①王… ②苟… Ⅲ．①小学语文课－
课堂教学－教学研究 Ⅳ．① G623.202

中国版本图书馆 CIP 数据核字（2022）第 108676 号

书　　名：从建模走向艺术——小学语文教研组建设校本策略
　　　　　Cong Jianmo Zouxiang Yishu——Xiaoxue Yuwen Jiaoyanzu Jianshe Xiaoben Celüe
主　　编：王　永　苟　利

选题策划：唐　飞
责任编辑：刘一畅
责任校对：庄　溢
装帧设计：墨创文化
责任印制：王　炜

出版发行：四川大学出版社有限责任公司
　　　　　地址：成都市一环路南一段 24 号（610065）
　　　　　电话：（028）85408311（发行部）、85400276（总编室）
　　　　　电子邮箱：scupress@vip.163.com
　　　　　网址：https://press.scu.edu.cn
印前制作：四川胜翔数码印务设计有限公司
印刷装订：成都市新都华兴印务有限公司

成品尺寸：170 mm×240 mm
印　　张：18.75
字　　数：335 千字

版　　次：2022 年 7 月 第 1 版
印　　次：2022 年 7 月 第 1 次印刷
定　　价：60.00 元

四川大学出版社
微信公众号

唤醒文化自觉　构建专业共同体

——写在成都市盐道街小学通桂校区语文教研组《从建模走向艺术——小学语文教研组建设校本策略》出版之际

（代序）

21世纪的中国教育需要农耕文明与商工文明的双向滋养，既需要借鉴农耕文明的"顺时应景""悉心呵护""耳濡目染"和"静候花开"，"用一朵云推动另一朵云"，以此传承中华优秀文化，夯筑文化自信；也需要借鉴商工文明"标准化"的思维方式，经过千万次验证后总结出解决某一个问题的最佳路径、方法和策略，精准实践"多元智能唤醒""自主、合作、探究""实践—反思—重构""知能—运用—创生"等"秘籍"，全面达成育人、育能、浇根、铸魂之效能。

教学是科学更是艺术。没有科学认知、策略和程序作为支撑，仅凭"自以为是""自由发挥"和"随遇而安"，很难到达教育艺术圣殿。

教师素养决定了素质教育成败。"双减"语境下，提升课堂教学效能成为教研的重要命题。大量青年教师在入职时，其"职前所学"与"职场亟须"之间存在巨大的"割裂"和"留白"，如何迅速弥合？面对统编教材的"网状结构"，怎样精准拆分语文要素？新课标所期待的"学习任务群"，如何实现结构化重构？对于上述问题，大部分教师都不由自主地感到迷茫。此时此刻，此情此景，如何提纲挈领，条分缕析，纲举目张，追求并达成"立德树人""五育并举""依标扣本""精准施教""一课一得""课课有得"？机遇与考验并存。

"个人力量有限，团队力大无穷。"

"一个人可以走得很好，但不免孤独；一群人可以走得很远，彼此扶持，相互温暖。"

"一个学校的运转，不仅靠校长、副校长、教导主任、教研组长实施科学管理，更倚仗教育教学内在的逻辑、规律及文化自觉。这是提升治校育人水平的核心诉求。"

成都市盐道街小学通桂校区的校长、教师深谙此道。他们清醒地认识到新时期学校提档升级的"秘钥"，向课堂教学要效益，寻求教师专业素养"增值"，通过建设"人人身怀绝技，个个利他主义"的语文教研组，采用分层任务导引、多元任务清单驱动等方式，借助备课、上课、作业辅导、巡教、学业检测、微课题研究等路径，充分发挥备课组、年级组、教研组等专业化催生功能，统筹规划，整体推进，多线并进，多题同研，尝试课程建构、课题研究与课堂教学的深度融合，在较短时间内取得相当显著的成效。

这里重点推介的是该校语文教研组教师历时数年完成的《从建模走向艺术——小学语文教研组建设校本策略》一书。本书将一些令教师普遍感到困惑的问题归纳、统整为教研组共同求解的一系列个性化、集体性、研发性、原创性重大命题，立足校情，直面研需，实事求是，大胆假设，小心求证。本书摒弃各种本位偏离和旁逸斜出，兼取种种实证有效经验，形成可资复制、针对性强的教学实操方法及策略，通过典型课例予以物化，辅之以《课堂教学观察评价量表》等，介绍不同年段、不同文本、不同课型有效教学的必备要素，并在各要素之间建立严密逻辑，使其回归 40 分钟生本课堂，以实现师生智慧的双向滋养。

一年半的课堂实证，27 本教育教学专著的专业阅读支撑，58 个人携手努力，5 次文稿"迭代"，7 天集中改稿，13 种课型建模，18 万字的心血凝聚，成就了"通桂小语人"职业生涯的一道美丽风景。常态教研做足做实，"简单一招练成绝招"。此书散发智慧芬芳。

建模之于科学，是因地制宜、因人而创的艺术。以此为撬点，长此以往，自然积淀为一种教研文化感召力，一种环境育人、课程育人的强大感召力。可以想象，凡是融入这个团队的教师，不论出处，不论起点，都会不由自主地规范言行，自主优化教学，扬长补短，彰显学科育人特色，主动研读经典文本、书写规范汉字，传承中华优秀文化，运用通用语言文字表情达意，审美创造。

字里乾坤，专著不易。从一段段立论中能够看到语文课程改革趋势："重视听说读写等实践能力培养，重视中华优秀文化、民族精神传承，重视文学教育，尊重吸纳多元文化，重视学生主动、合作、探究学习，重视贴近生活，重视跨学科综合性学习，重视网络环境下学习内容和学习方式的变化……"从一则则课例中，能够看到该校语文教研组教师"字斟句酌"的"工匠精神"；看到"神奇语言文字"在"童心世界绽放花朵"，看到更多孩子的思维沿着直觉，经过审辨、批判而升华；看到学科融通，项目制学习所催生出的"点点小花""朵朵奇葩"……

多尔后现代课程观强调开放、互动、探究，强调个体在课程实践中的体验，强调学习者通过理解和对话寻求意义、文化和社会问题的解决。课程被看作一个动态和创造性过程。该过程是相当复杂的，同时又是开放的、灵活的，具有情境性、实践性并与现实相联系。可以期待，本书回馈生活，受益的是校本课程、人文素养尤其是人道主义的悲悯、敬畏与创生。

成都市盐道街小学通桂校区语文教研组的青年才俊秉持治学之道，致力于打造"适融"课堂，如盐溶于水、蜜蓄于蕊。假以时日，他们必将具备立德树人的情怀与品格。

习近平总书记说："文化是一个国家、一个民族的灵魂。""文化自信是更基本、更深沉、更持久的力量。"任何一所学校、一个教研组、一位教师都应该具备属于团队的文化自信。"宝剑锋从磨砺出，梅花香自苦寒来"，这种自信，亦来源于此。

上好课是教师职业生涯的全部。优秀教师的成长需要经过一节节课的"锤炼"和"打磨"。上好一节课，上好每一节课；教好一个学生，教好每一个学生；写好一篇文章，写好每一篇文章。相信在教学建模指引下，每一个教师都能寻找到属于自己的教学艺术。

期待教育建模之后的"个性化""疯狂生长"，也期待更多语文教师和学生一起，创造出属于濯锦江畔教苑的迷人风景，创造出属于"四川小语"的"百花争艳"和"累累硕果"。

是为序，志之。

刘晓军

2022 年 1 月

目　录

构建教研共同体　提升团队专业创造力

——新建学校语文教研组建设的有效策略

四川省成都市盐道街小学通桂校区　苟利

一所学校的文化由历代办学者践行与传承，同时也需当代教育者不断注入鲜活力量，促进改革创新。学校文化滋养着教师，影响其个体成长。同时，身处文化中的教师个体也反作用于学校文化，促使其滋生新的内涵。"双减"以人为本，提质迫在眉睫。学科教研组建设是提升课堂教学质量的保障，教研文化是学校文化的重要组成部分。教研组是与教师最贴近的团体组织，与日常教育教学工作紧密相连。如何在新时代新背景之下，加强教研组文化建设，促进课堂变革，优化教学质量，是当下重要的命题。

一、语文教研组建设的时代要义

（一）聚焦立德树人，落实核心素养

语文教研组建设围绕立德树人根本任务，与时代同步，发扬学科使命担当，培养学生应具备的适应终身发展和社会发展需要的品格和关键能力；贯彻落实党的教育方针，为党和人民培养合格的社会主义接班人。

（二）建设研究共同体，队伍优化提质

语文教研组建设可以让教师个体迅速融入团队，实现优势互补和教学资源共享，树立共同的发展愿景，以共同体的方式有序高效地提升团队品质，促进个体素养发展。

（三）推动课堂变革，促进教改创新

语文教研组建设可以发挥教研组团体优势，聚焦教改热点难点问题，及时验证，反思提炼，不断研究探索，促进课堂学习方式的变革，铸就高品质课堂。

（四）传承中华文化，链动整合育人

中华民族历史源远流长，中国传统文化博大精深。语文学科的特殊性赋予了语文教研组在传承中华传统文化中的特有价值。因此，语文教研组要加强与其他教研组、学科组的链接和整合，发挥基础学科的功能，助推学生德智体美劳全面发展，以此发展学科优势、承担时代使命、锻造优秀团队。

二、高效教研组的理想形态

（一）高效运转

教研组建设是关乎组织日常教学、开展教学研究、培养造就教师、提高学校声誉的大事。高效教研组应当有浓郁的教研文化和明确的发展目标，应当有详细具体的发展规划和具有学期可操作性的具体路径，应当将组织引领语文教师开展研课、磨课和改课等教研活动，促进课堂变革以及提升教师素养纳入日常工作。

（二）分工明确

在高效教研组中，各岗位应有明确分工。具体分工如下：

①学科分管行政：负责语文学科教学管理，进行教学常规监控，把握课堂改革及创新方向，督导语文学科教学质量，梯队培养教师。

②教研组长：负责日常教研组活动组织及协调；根据学校教导处要求，学期初制定教研组计划并在组内发布，学期末梳理总结成效。

③把关教师：负责部内日常教学管理，组织引领部内教师落实教研活动规划。

④语文教师：在把关教师指导下开展日常教学工作。

（三）多维交互

从教研组到部内备课组再到教师个体，高效教研组一般采用分级明确职责、分层制定管理措施的方式，落实对集体备课活动的检查和共研。教研组根据教导处要求，梳理制定教研组计划；备课组根据教研组计划，制定备课组计划，聚焦研究点以及常规关注方向，落实教研方案，促进教研组、备课组建设的系统建构和相互融通。

（四）效能彰显

高效教研组重点关注学校教研组教学管理的基本流程"教学计划－教师备课－课堂教学－作业布置和批改－质量测评－质量分析－教学反思－质量反馈－教学改进"，完成闭环管理，做好学校教学工作主要环节的检查，追求教学常规管理规范化和最优化，从而推进教学质量提升。

三、建立语文教研组活动的基本机制

（一）聚焦日常规范，强化制度建设

基于学校年轻教师较多的情况，教导处围绕课前、课中、课后三个环节提出了"适通"的政策和具体要求，以夯实教学常规管理。

1. 课前

（1）"四定""两有"

① "四定"：定时间（每周二下午两节课）；定地点；定主题；定中心发言人。

② "两有"：有详细记录；有简报呈现。

（2）"八统一""八备课"

① "八统一"：统一教学进度；统一具体要求；统一教学重难点；统一教学模式；统一教学设计；统一教学课件；统一课后习题；统一单元测试。

② "八备课"：备课标；备教材；备学生；备教法；备学法；备教具；备作业；备辅导。

为了更有条理地开展教育教学工作，教研组部署教师在假期通过集体分工的方式备完全册教案，不仅要求假期提前备课一个月，而且要求教师在学期中做到提前两周进行二次备课。

集体备课时，以年级组为单位，按照四定原则，由主备课人提前把备好的教案与相关资料发给组内教师，主备人说课，教师参与评议，充分发挥组内业务能力强、学术水平高的教师的引领作用。从某种意义上说，如果一个组内没有灵魂人物，或是灵魂人物没有起到应有作用，教研活动质量是很难保证的。组内教师根据班级学情和对教材的解析将主备课人的教案进行适当修改，实现二次备课，并将要点批注在教科书，落实到课堂教学。教研组每月对二次备课情况进行检查，学期结束后进行教案展评，将优秀教案作为下届教师的参考资料。

2. 课中

(1) 上课管理"八提醒"

"八提醒"：提醒教师做到专时专用、带教案进课堂；提醒教师注意保持教案与课堂教学内容的一致性；提醒教师规范板书；提醒教师在教学中做到有准备、有计划；提醒教师注意教学的重难点；提醒教师在课堂中做到有组织、有评价；提醒教师做到课堂有总结；提醒教师做到课后有反思。

(2) 课堂教学"三关注"

①关注教师的"教"，例如：目标是否明确？重难点是否突出？流程是否清晰？目标是否达成？

②关注学生的"学"，例如：小组合作学习状态如何？参与面如何？自主思考时间是否适当？学科核心能力发展如何？

③关注德育养成，例如：课堂对话礼仪、班级文化建设、教室清洁卫生、桌椅摆放、书包及桌面整理等。

3. 课后

作业管理"八要求"：要求符合学情；要求导向正确；要求面向全体学生；要求精心设计练习；要求有分层设计；要求练习适量适度；要求有具体指导；要求有批改反馈。

(二) 聚焦学科核心素养，深入解读教材

基于学校"育人为本，发展素养"的指导思想，语文教研组以发展学生语文核心素养为高阶目标开展教育教学工作。

1. 引领教材横向解读

学期初，各年级教师在备课组长的引领下进行教材横向解读。教材横向解读聚焦年段目标概述，关注学情把控，对课程标准相关要求进行系统梳理和罗列，使教师们心中有"标"，教学有据。

2. 落实课程标准相关要求

备课组对全册知识点进行了分类梳理，将全册知识点分为"词句段运用""阅读""写话"以及"口语交际"等四类，并对其进行细致解读和课堂教学建模，完成对课时的基本划分，落实课程标准相关要求，对课堂教学的基本流程进行预设探索。

（三）以评促教，完善制度，提升教学效果

教师的专业发展离不开制度的引领和约束。学校坚持制度先行、以赛代培，为教师提供多种展示与交流的平台，从而促进教师个体发展。

1. 落实常规检查

在"好课标准"的指导下，学校坚持每月教师教案检查、作业情况检查、听课记录检查，注重集体备课的品质、作业批改的落实和课堂听课的实效。

2. 好课标准导向

为了打造适应学生发展规律、适合学科教学规律、指向语用的"五适"课堂，学校坚持"通桂适融、好课标准"，从目标、内容、问题、活动、评价进行了建构。

①有适当的目标：目标精准。

②有适融的内容：将内容进行整合，使其有层次、有广度。

③有适切的问题：明确能引发学生思考的核心问题。

④有适宜的活动：组织让学生感兴趣、能参与、有效率的学科活动。

⑤有适度的评价：做到学生活动有评价，课堂练习有反馈。

3. 活动助推增值

（1）"四课"示范引领

上期：做好"四课"——把关教师示范课、骨干教师展示课、青年教师见面课、结对教师优质课，同时结合集团安排进行课堂展评。

（2）"四赛"提质增效

下期：做好"教学节赛课"，让新教师尽快入格，提高骨干教师教学质量，推动名优教师向卓越进阶。

4. 课堂建模提质

为了让新教师更加快速了解教学重难点，学校进行了跨年级建模献课活动，如"四跨三""三跨二""二跨一"等。在跨年级建模献课活动中，教师专业素质得到了快速提升。

5. 强化质量分析

教师在日常教学的基础上，还应注重反思总结，对教学质量进行精准分析。教学质量分析应从教师个体情况、年级概况、学校概况等方面展开，清晰把握班级优劣势，分板块发现问题。教师可制作小分表追因溯源，跟进具体措

施。质量分析既有对学科内容本身的关注，也有对薄弱板块（教师、班级）的帮扶跟进，以问题为导向，以措施为路径，将个体分析与群体剖析深度结合，全方面立体推动学科质量的不断优化。

四、教研主题的遴选与优化

（一）聚焦关键问题研究

学校围绕迫切需要解决的问题及课堂教学重点问题，如教学活动组织、建模成果推广、大单元整合教学、学习任务群的设计和实施等，形成主题式校本教研活动。在开学一周内，教研组、备课组围绕学校确定的校本研修主题制定计划并逐步实施，旨在唤醒学生的个性需求，激活其内在动能。各年级均有相应的重点研究命题，列举如下。

一年级的研究命题为"基于一年级学生读写能力提升的绘本阅读实践研究"。该研究构建了适合一年级的经典绘本阅读资源库，梳理了一年级绘本阅读与写话的结合点，提出了指导绘本阅读教学的有效策略，搭建了读写结合的低段绘本阅读课教学模式。

二年级的研究命题为"基于学生语用能力提升的小学语文低段随文练笔策略研究"。该研究旨在分析教材中的写话要求，梳理随文练笔训练点，根据内容设计策略，选择不同练笔形式，体现练笔阶段性。

三年级的研究命题为"思维可视化工具在小学起步作文教学中的应用研究"。该研究探索总结了可视化工具在起步作文教学中的一般应用流程，提炼了可视化工具在起步作文教学课堂中的基本特征，对二三年级习作衔接内容进行了横向梳理、归类重组。该研究基于核心能力点，通过流程图、表格等工具辅助学生"理清写作顺序"，进行习作内容归并、重组的纵向梳理；通过结构图等工具进行"习作结构层次构思"；通过思维导图、树状图等发散思维工具进行"习作细节构思"，让习作各能力训练的梯度更清晰。

四年级的研究命题为"小学中段语文课内外整合中批判性阅读的教学策略研究"。该研究聚焦核心能力，精选课内外文本，设置了适切的批判性阅读目标，探索出了课内外整合中批判性阅读的一般教学流程，提炼出了批判性阅读课内外整合课堂教学中的基本特征，总结了批判性阅读四大策略：在课内外整合阅读中教会学生区分事实与观点；引导学生合理推理与想象；重视深度对话，鼓励学生自由表达个性观点；鼓励学生评价他人观点。

（二）建设高效常态课堂

《四川省小学语文高品质课堂教学评价标准（实施建议）》提出，对高效课堂的描摹，应重点关注以下 6 个方面：师源功能优化、教学流程简约、突显生本语用、教学手段先进、全程知能创生、多维评价增值。

上述文件提出，关照学生成为听、说、读、写、思的实践主体，使其成为阅读、提问、探究、比较、思辨、表达等活动的深度参与者。教师行为主要表现为精心预设、敏锐捕捉、热情点赞、精准点拨和智慧启发，创设语境、精讲、示范、点拨等应不超过 15 分钟。围绕要素达标，借助问题链实施活动化、板块化教学流程，在主体问题导引下，传承母语教育优良传统，借助信息技术精准支撑教学全过程，优质资源适时、精准嵌入。利用智慧平台进行信息统整、立论交互和成果分享。精心设计预习、练习、复习及拓展作业，促进多元品味和对话，习语得法，一课一得。最大限度地保障学生、教师、家长、同伴、社会专业人士等成为语用评价主体，帮助学生寻求知识与能力、过程与方法、情感态度与价值观等多元增值及有效融通的途径、方法和个性化策略，促进博古通今、学以致用、知行合一。

基于上述标准，教师可根据"适融课堂"理念，梳理学校课堂样态，将其以量表方式呈现，落实到日常课堂。在制作量表的过程中要留意"五适"目标的达成，并在课后进行"2＋2"线上线下混合式反馈，充分利用信息技术学习情境设计、教学资源提供、个性化学习指导、学习证据搜集等 4 大优势，深度融合，适当嵌入，让信息技术为提高语文教学效率和增强学科育人功能服务。在教学实践中不断渗透和达成适融课堂的"五适"要求，有助于充分彰显教师智慧，促进教师智慧和学生智慧共生长。

（三）教科研一体融通

1. 融通理念

教科研一体融通的理念为：以科研为抓手，推进合作发展型专题教研组建设。

虽然语文教研组骨干教师仅占语文教师总人数的 15.5%，但学校充分发挥了他们的作用，选拔了教龄 10 年及以上的骨干教师以及具有科研素养的青年教师 12 人，在加强常规教研组、备课组建设的同时，以科研为抓手，以小专题研究为载体，推进合作发展型专题教研组建设，促进青年教师的专业化成长，促进教研组建设向"深水区"迈进。

2. 合作发展型专题教研组的建设

①优化组建：合作发展型专题教研组打破了原来备课组、学科组的行政组织形式，让学科骨干教师和具有科研素养的青年教师领衔。他们可以通过先申请立项再招募课题组成员的方式组成教研团队，也可以先自愿组合组成团队，再商议申报课题。

②小组规模：合作发展型专题教研组的规模一般是 3 人以上，6 人以下，便于小组活动灵活开展。

③组长产生：合作发展型专题教研组在选拔组长时，一般采用项目轮换制，要求小组成员人人承担引导责任。不论是学科骨干教师，还是对教学研究有兴趣的青年教师，都具有成为组长的资格。

④成员组合：组长与组员双向选择，自由组队。团队既可由本学科本年段教师组建，也可由跨年级、跨学科教师组建。每位教师可以参加 1—2 个合作发展型专题教研组。双向选择形成的团队既有团队核心人物，又有团队核心课题，更容易形成团队共同愿景，凝聚力、向心力更强。

3. 合作发展型专题教研组的活动开展情况

①课题提出：学期伊始，教研组将梳理出来的一至六年级的语文要素分享给全体教师。大家根据各自的兴趣点，确定新一年的研究方向，成立合作发展型专题教研组。

②研究推进：研究活动有的放矢，具有一定系统性和目的性。各合作发展型专题教研组结合小专题开展学习交流，精选课例进行集体备课、集体反思、集体改进等。教研组、备课组围绕研究内容安排研究活动，让教师在活动中进行思维碰撞，在讨论中不断提升自身教学素质。

③成果提炼：教研组选取大家均感兴趣的教学内容。教师轮流上课及研讨，逐步形成课例成果。在多人同课研修中，每个教师针对课堂实际情况，选择感兴趣的研究点进行分析，用实践验证预设。大家通过不断观测、思考、实践、研讨，逐步形成小专题成果。

五、引领教研升阶，建构校本课程群

学校在"厚德如盐，适融入道"的文化浸润下，构建符合校情的"适通"课程群，生发出"融盐道、适发展、通未来"的课程理念，力图打造语文课程品牌，从基础类课程、拓展类课程和探究类课程 3 方面出发，搭建系列语文课程群。学校兼顾课内与课外，重个性体验，创设学生探索语文的实践场域，让学生在探索过程中锻造品格，提高习得能力。

1. 基础类课程：面向全体

基础类课程包括"语文""书法""课前三分钟"等。各年级"课前三分钟"课程内容分别为：一年级背诵古诗，二年级讲故事，三年级分享旅行见闻，四年级推荐好书，五年级新闻播报，六年级即兴演讲。规范课前内容，旨在提升学生的语文核心素养，给每个学生锻炼、展示的机会，培养自信表达者。

2. 拓展类课程：关照学生差异

拓展类课程包括"入校雅诵课程"和"晨读经典诵读"，重在实现学生个性发展，拓宽其视野。"入校雅诵课程"从入校开始营造浓浓的书香氛围。各班级自愿报名、投稿，在接受专业教师训练后轮流担任播音员进行自荐美文分享。伴随着优美的音乐，悦耳的朗读声回荡在校园里，慢慢地，学生的自豪感油然而生。"晨读经典诵读"书声琅琅，浸润心间。晨读的内容包含儿歌、三字童谣、谚语等，形成了年段阅读体系。

学校为了"玩转"语文常态学科活动，聚焦学科核心能力，设计了一系列丰富的活动营造学习氛围，激发学生学习语文的兴趣。学校围绕各年级核心能力培养要求，设计了主题为"基础字词、诗文积累""良好的书写习惯培养""习作能力培养"等的活动。各年段特色学科活动都是学校立足学情，聚焦各年段语文核心能力、精心设计的活动，旨在促进学生个性发展，拓宽其视野。

A. 低段的"缤纷·四季"

以二年级为例，学校设计了季节整合课程。春季，课程的主题是"找春天"，教师备课组提前设计了引导学习单，将任务细化。

"找春天"整合课程设计任务引导学习单

时间	任务	涉及学科
3月中旬	请家人带你到小区、公园等地方找春天 想一想：可以怎么把春天留下来	美术等
3月中旬	提前与音乐老师联系，学唱一首《春天在哪里》	音乐
3月的一节信息技术课	校内：请信息技术老师推荐一个最美的旅游景点的视频，观看视频，拓宽眼界 家里：请家人推荐一个最美景点的视频，观看视频，拓宽眼界	信息技术
3月体育课	了解春季运动项目 学习一个传统运动项目	体育

续表

时间	任务	涉及学科
3月科学课	学习种植一株小植物，观察其变化	科学
3月语文实践课	完成观察日记 积累描写春天的诗词15首以上，进行"春季诗词会"	

B. 中段的"阅读·考级"

①目的：用有效的活动推动学生阅读的落实，鼓励学生博览群书。

②时间：一个学期内每天阅读半小时。（寒、暑假另评）。

③具体做法：为鼓励学生落实每日阅读，学校特制定了阅读激励机制，设定了"阅读等级"评比标准。

C. 高段的"名著·徜徉"

盐道街小学通桂校区"阅读等级"评比标准

等级	名称	低段评比标准	中段评比标准	高段评比标准
等级一	阅读小能手	读完1本中等厚度的故事书，家长在线确认	读完2本中等厚度的故事书，家长在线确认	读完3本中等厚度的故事书，家长在线确认
等级二	阅读小学士	读完2本中等厚度的故事书，家长在线确认	读完4本中等厚度的故事书，家长在线确认	读完5本中等厚度的故事书，家长在线确认
等级三	阅读小硕士	读完4本中等厚度的故事书，家长在线确认	读完6本中等厚度的故事书，家长在线确认	读完8本中等厚度的故事书，家长在线确认
等级四	阅读小博士	读完6本中等厚度的故事书，家长在线确认	读完8本中等厚度的故事书，家长在线确认	读完10本中等厚度的故事书，家长在线确认

3. 探究类课程：渗透跨学科意识

学校关注语文学科与其他学科的联系，指出在学科教学内容中有10%的内容可与其他学科相联系，并尝试进行"基于国家课程标准"的跨学科综合实践活动或项目学习探索，其中低段的"通桂金话筒"、中段的"儿童剧场"、高段的"我爱辩论"为常态化的基本学科活动。学校结合办学特色，设置了整合国际教育的项目学习系列课程《山川情，世界眼》，旨在引导学生建立"小生活大世界"的视野，关注家乡特色，热爱大好河山。

六、重大科研攻关

（一）课堂建模

1. 学以促思

学校坚持理念先行，用专业阅读为课堂教学寻找学理，根据课型建模所需，提供了 27 本专业阅读书籍，供教师学习，旨在帮助教师进一步疏通学理，站在已有的研究成果之上探索。

2. 课堂深研

学校强调"人人实践，人人收获"，为教师搭建展示平台，推广建模成果，力图做到"人人会上建模课，部部有典型示范课"。建设通桂校区语文建模资源库，组织年级巡回献课，实现了典型课例的传承更新，将其不断优化，使其成为精品。

3. 物化成果

在理论学习和实践相结合的基础上，学校组织教师梳理课堂教学流程，形成教学规律，寻找学习路径，进一步将优秀案例物化，为课堂建模积累大量丰富经验。

（二）整本书任务群研发

依据新课标的相关要求，细化各年段书目及呈现方式，在书目遴选、价值厘清、课程规划、教学建模、策略运用、效能检测等六个部分组成的实证逻辑圈的基础上，每学期完成两个阶段的基本要求及任务，重点加强三类课型研究。学校还成立了整书研究中心，鼓励中心的青年教师在例会上推荐书籍、分享研究主题，以培养专业的整本书阅读指导教师。

七、后续升阶的思考

未来，我们将围绕教研组升阶的要点进行研究，加强信息适融，凸显技术引领，让新时代的语文课堂"活色生香"；进一步分享和推广建模成果，推动效能共享，构建真正的教学研究共同体，提升专业创造力；不断夯实日常教学，充分地以"师退生进"的生本理念来引领课堂变革，铸就师生智慧灵动的真实课堂；结合新课标，推动任务群系列研发，建立"巧探索"和"精搭建"。

未来，我们还将以"高效教研组，命运共同体；个个身怀绝技，人人利他主义"的理念继续加强教研组建设，终身学习、终身研究，勇于实践，乐于分享，为构建未来教育教学的美好蓝图不断探索！

借助情境图聚形审美
声韵调三位一体腔圆字正

——小学低段汉语拼音教学之"入境""聚形"与"具象化"

汉语拼音教学需致力于开发儿童母语基因，遵循教材编排意图和编创特色，帮助学生经历"入境""聚形""具象化"三个阶段，完成"读准音、认清形、会拼读"的三位一体化教学目标，帮助学生建立标准化的语音规范，搭建借助拼音独立识字的路径和平台，提升其独立识字能力，并通过轻声、儿化等语流音变现象体会到汉语的音乐之美。

一、汉语拼音方案的构成

为帮助小学生更好地识字、阅读、说好普通话，统编版小学语文教材编纂委员会通过长期教学实践，在《汉语拼音方案》基础上，形成以 2 个隔音字母、21 个声母以及 24 个韵母（包括 6 个单韵母、8 个复韵母、9 个鼻韵母和 1 个特殊韵母）为主要内容的拼音教学体系。声韵调可构成 1200 多个音节，这些音节与汉字相对应，成为读准汉字的重要"拐杖"。在每一个汉字所对应的音节中，声母、韵母和声调共同决定发音的准确。声、韵、调合一，充分彰显出汉字的音韵之美。

二、汉语拼音教学的目标

新课标明确提出"学会汉语拼音"要求："能读准声母、韵母、声调和整体认读音节。能准确地拼读音节，正确书写声母、韵母和音节。认识大写字母，熟记《汉语拼音字母表》。"汉语拼音教学就是通过编排适切教材，借助情境图，完成汉语拼音教学目标。

三、汉语拼音教学的意义和价值

统编版小学语文教材在内容编排和设计上关注幼小衔接问题，充分保护儿童的学习兴趣。以汉语拼音学习为例，以前的小学语文教材往往一开始就先安排汉语拼音学习，再借助拼音来引导学生认识汉字。统编版小学语文教材将编排模式调整为"先编排入学教育和一个识字板块，再编排拼音单元"，以此放缓学习坡度。

作为语文教学的必备内容，有效的汉语拼音教学至关重要，不仅为学生学好普通话奠定基础，也为其后续识字、阅读扫清障碍。如果学生对汉语拼音学习上兴趣不浓，加上教师在音准、音色、音调方面引导失当，学生就无法全面深入地感受、体会汉语的音韵之美。

四、汉语拼音教学普遍存在的问题

1. 教师对汉语拼音教学重视不够

部分教师对汉语拼音教学的意义和价值认识不足，既不能从语言学角度对汉语拼音进行科学解读，也不能从学生认知、思维、审美角度对"已知已能"进行准确分析。此外，学生在幼儿园学习的不当发音，也会对教师的教学产生前置性干扰。上述种种原因导致教师在汉语拼音教学时"轻描淡写""浮光掠影"，从而影响汉语拼音教学目标的实现。

2. 教师对教材利用不足

语文教材编写遵循了学生的认知特点，引导学生观察并融入"生活场景"和"情境图"，在音准基础上，聚焦并提取出拼音字母的形状，并对其进行诗意描摹和定格。然而，许多教师忽略了教材编排特点，也未重视挖掘学生的认知、思维和审美规律，简单施教，仅凭示范解决问题，造成学生认知、思维的脱节与断裂，从而导致教学效能降低。

3. 教师的教学方式单一

许多教师过于倚重学生在幼儿园的学习成果，忽略了对学生发音方法、发音部位，尤其是两拼三拼的规范化训练。教师不习惯于通过精准示范建立发音规范，因此不能有效地开展发音的矫正与指导，特别是对于鼻边音、平翘舌音等缺乏精准训练之策。教师也不习惯于开展系统性、整体性、趣味性的教学实施。上述种种，使汉语拼音教学效率不高。

五、汉语拼音的基本教学流程

基于教材语境，汉语拼音教学可按照"入境""聚形"与"具象化"三步骤展开。"入境"即进入教材所营造的学习氛围中，感受生活场景的趣味性，感受童话世界的生动性，发现含有"发音"因子的物象并展开对话。"聚形"

即在故事场景中锁定含有"字母"的对象，在音准中形成确定的字母形状。"具象化"即在聚焦字母读音和形状之后，成组结队予以确认，在意象基础上训练"音准""音程"和"音色"，在 4 个声调中感受音乐美，回归文本和生活，在反复巩固中熟悉字音、音调和音节，建立"一字一音"的基本认知。

具体教学时，我们总结出了"三部曲学好拼音"的教学流程，其中"三部曲"分别为读准音、认清形和会拼读。

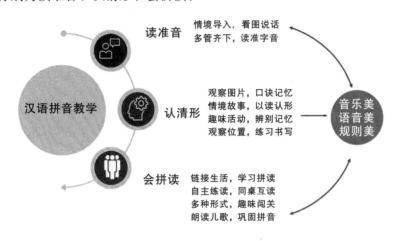

"三部曲学好拼音"

（一）第一部曲——读准音

1. 情境导入，看图说话

在汉语拼音教学中，教师通过情境导入，结合生活经验，激发学生学习兴趣。这一步的重点是引导学生利用课文插图看图说话，通过字词引出本课所学字母的读音。如在"j、q、x"教学中，这 3 个拼音字母的字音和字形分别藏在课文插图中的公鸡、气球和西瓜之中。由于一年级学生注意力和稳定性较差，他们在学习拼音时一般会觉得难度大又比较枯燥。因此，教师要以完整情境为统领，通过具体任务与活动，完成汉语拼音大单元学习，让拼音学习游戏化、情境化、趣味化。

2. 多管齐下，读准字音

（1）教师示范，学生模仿

教师要利用拼音卡片，让学生读好每一个拼音。老师范读拼音时，口形要尽量圆展夸张。例如，在"ɑ、o、e"教学中，教师在范读 ɑ 时要张大嘴巴

读，引导学生通过观察自己的口形掌握发音诀窍，使发音饱满、浑厚、响亮。学生通过模仿教师口形和发音能更快掌握拼音发音要领。教师再通过指名读、小组赛读、开火车读等形式对学生发音进行检查与纠正，使其发音清晰、准确、响亮，不黏滞、不杂糅、不变形。

（2）手势辅助，帮助辨音

对于易混淆、难发音的字母，教师可采用手势辅助的方法帮助学生提升发音精准度。如教授平舌音时可以将手掌放平，提醒学生读的时候将舌头放平；教授翘舌音时则可以将手指向上卷起，引导学生读的时候将舌面边缘向上微翘，并使舌头微卷。通过手势的辅助，教师可以帮助学生快速区分平翘舌音，也可以帮助学生对比发音，感受不同。例如，g、k、h 3 个字母的读音听起来很相似，区别在于发音时的气流强弱。教学时教师可以让学生用小手当"裁判"，对着手心发音，对比体验读三个字母时气流的强弱。

（3）自编儿歌，巩固读音

编儿歌是一种让学生在趣味中记住字母读音的方式，能让枯燥的汉语拼音学习变得轻松有趣。其内在逻辑是在熟悉的事物和陌生的字音之间建立联系，以此提升字母的学习效率。学生读准音后，可让其开动脑筋，利用课本上的情境图或拼音卡片上的图画展开联想，还可根据发音口形趣编儿歌。编儿歌的过程就是学生对读音进行巩固记忆的过程。因此，学生所编儿歌只要能够帮助其加深记忆，可以不限形式。例如，关于 o 的儿歌既可以编成"嘴巴圆圆 o、o、o"，也可以编为"公鸡打鸣 o、o、o"。

（4）形式多样，全面参与

学生基本掌握字母读音后，可通过多种形式进行综合性发音练习。练习时可以采用男女生比赛读、分小组读、开火车读等形式，教师要及时做好评价。练习后，可以通过拼音王国"趣味寻宝"游戏进行学习检验，让学生听教师的读音找到相应的宝藏盒子等。教师在组织练习时要注意扩大参与面，要特别关注拼音基础薄弱的学生。

（5）口诀总结，先扶后放

口诀总结可以让学生体验类比记忆。字母种类不同，发音方法也各异。教师在教学时可以用一些口诀来总结。例如，教授声母时可用口诀"声母读得轻又短"来总结，教授六个单韵母时可用口诀"单韵母要读得响又长"来总结。复韵母由两个或三个元音组成，它的读音也与单韵母不同。教师在教授复韵母时要注意范读，让学生观察口形变化，如读 ai 时嘴巴从大变小，从 a 迅速滑到 i，完成一个复韵母的准确发音，依次类推，再读 ei、ui。在学生找到规律后，教师再给出一个小口诀来总结："看前音，摆口形，快速向后滑过去。"

先扶后放的目的是让学生感受学法迁移的过程，增加学生在学习过程中的参与感与获得感。如在三拼音节教学中，教师范读第一个字母，让学生跟读，再教方法让学生自读第二个字母，让学生自己练读第三个字母，教师正音。在这种教学方式下，学生可以比较从容地感受到三拼音节"声短介快韵母响"。

（二）第二部曲——认清形

1. 观察图片，口诀记忆

在读准音之后，教师应引导学生再次观察情境图，发现拼音字母的"倩影"。例如，在统编版小学语文教材一年级上册第二单元的学习中，所有单韵母和声母的形状都藏在了情境图中。学生可以根据图片，采用编口诀的方法记住字母形状，如"像把椅子 h、h、h，n 字出头 h、h、h……"。编口诀的目的在于帮助学生展开形象记忆。教师应尊重学生的想法和创意，只要能够达成"认清形"的学习目的，口诀的编法可以多种多样。

2. 情境故事，以读认形

对于像复韵母这样由 2 个或 3 个元音组成的韵母，学生在图上不能直接找到其形状。识记其形对学生来说很不容易。在教学中，教师可以采用编故事的形式增加学习趣味性。例如："单韵母宝宝们手拉手一起去爬山，两个不同的单韵母宝宝手拉手变成了我们要学习的 ai、ei、ui。原来，拼音字母的世界中也充满着团结和友爱，也讲究纪律与规则。"对于字形比较复杂的复韵母，教学时要避免死记硬背，采用有趣的方式往往会事半功倍。

3. 趣味活动，辨别记忆

眼过千遍不如手过一遍。教师在教授汉语拼音时可以让学生用手指来比一比这些字母，通过课中操、手指操加深对字母形状的记忆；或者让学生用自己喜欢的橡皮泥捏出字母，以做促学。尤其是对于那些形状相似的字母，如 b、p、q、d 等，学生用手指比一比能更好地区分。

教师在教授汉语拼音时还可以结合生活实际，将字母形状和生活中的物品联系起来，如 l 像小木棍、t 像小伞把。总的来说，汉语拼音教学内容的组织要科学，形式要有趣多样。在开发应用教具的过程中，要顺应学生的学习接受能力和认知发展规律。

4. 观察位置，练习书写

在认清字母形状这一教学目标达成后，教师要引导学生自主发现每个拼音字母的书写要点，接着带领学生边念口诀边进行书空，再请他们看自己范写，最后在语文书上进行描红和书写。教师可将学生书写的作品进行全班展评，对书写正确、作品书面整洁的学生进行表扬，对有书写错误的作品，可以请学生纠错，并在全班进行统一提醒。教师通过先认再写和组织丰富的趣味活动，让学生在不知不觉中就能认清字母形状，并留下较为深刻的印象。

（三）第三部曲——会拼读

1. 链接生活，学习拼读

在拼读学习中，学生最先接触到的是两拼音节。为降低学习难度，教师可先从生活实际出发，让学生说一说生活中熟悉的物品，如书、马、笔等。教师先进行拼读示范，学生从反复的听读和拼读练习中，结合声母韵母发音规律，感受两拼音节"前音轻短后音重，两音相连猛一碰"的拼读规律。

在学生有了两拼音节学习基础，掌握了基本拼读规律后，教师可以利用相同步骤启发学生联系生活说一说，引导学生发现三拼音节"声短介快韵母响"的拼读规律。

2. 自主练读，同桌互读

与教师示范和引导相比，最重要的还是学生自主练读。教师要对练读提出明确要求：第一，学生要边打声调手势边指读；第二，学生如果遇到不会拼读的音节，应用圆圈圈起来，听听别人是怎么读的。在自主练读后学生可进行同桌合作。教师应明确同桌合作要求，例如：左边同学先当小老师，右边同学进行指读，然后角色互换，每个人都要将所有音节拼读完。学生在自主练读与同桌互读中能慢慢把握拼读方法、感受拼读的乐趣。

3. 多种形式，趣味闯关

在学生自主练读和与同桌互读基础上，教师可采用多种形式进行拼读检验。例如，教师可采用开动托马斯小火车、打地鼠、赢金币、拼词语做动作等方式对学生的拼读成效进行检验；再通过小老师带读、开火车拼读、男女赛读、全班拼读等形式，让每一个学生都有机会展示自己，让学生在每一堂课都有参与、有收获。

4. 朗读儿歌，巩固拼音

统编版小学语文教材为每一节拼音课都配备了一首对应的儿歌，如：《d t n l》一课的《轻轻跳》。教师可以引导学生试着读一读自己认识的音节，重点拼读儿歌中标红的本课新学音节，充分利用儿歌朗朗上口的特点让学生通过同桌互读、小老师领读、师生合作读、全班表演读等方式熟读儿歌，掌握儿歌中的音节，达成巩固复习的目的。

一年级上册第 8 课《zh ch sh r》一课时教学设计

【单元解读】

本单元是第一个拼音单元，学习内容包括 6 个单韵母、2 个隔音字母、21 个声母以及 10 个整体认读音节。上述内容被合理地分配到 8 节课的学习中，其中有 6 节课安排了词语的拼读，有 5 节课安排了儿歌的朗读，让学生在拼音学习的同时学习词语、儿歌和汉字。教材在每节课中都呈现了既表音又示形的情境图，增加了学习的趣味性，也降低了拼音学习的难度，符合一年级学生的学习心理。本单元要求学生认读生字 21 个，将识字与拼音有机地融为一体，发挥两者相互促进的作用，让学生学以致用，体会拼音的学习价值。

本单元教学要以趣为先，以读为主，教学时注意循序渐进，不拔高要求。应引导学生充分观察情境图，看图说话，还可以根据图画编故事，让学生在图画中自主发现拼音的音和形。拼音字母的认读和音节拼读是本单元的重点，拼音字母教学要与学生生活相结合，符合学生的认知水平，激发学生兴趣。音节拼读的强化训练可以借助图片和实物进行，从对学生有实际意义的事物着手，注意音和义的结合。

【文本解读】

《zh ch sh r》是统编版小学语文教材一年级上册第 8 课教学内容，共包括 5 部分内容。第一部分是 4 个声母、4 个整体认读音节及情境图；第二部分是带调整体认读音节，zh、ch、sh、r 与单韵母 a、e、u 组成的带调两拼音节，与介母 u 及单韵母 a、o 组成的带调三拼音节；第三部分是两个词语及配图；第四部分是儿歌《绕口令》；最后一部分是要求认的生字和要求写的声母。其中第一部分的情境图中巧妙地蕴藏着声母的形状和读音，教学中要利用好情境图，引导学生仔细观察。

【学情分析】

一年级学生的认知水平较低，注意力的持久性较差，且容易被分散、转移。因此，拼音教学要注意趣味性，通过看图说话、手指操、游戏等多种方式维持学生的学习兴趣，避免学生产生畏难情绪。同时还应注意教学时间的分配，合理地安排拼音、识字、读儿歌和写字母的时间，通过学习活动的转换帮助学生调整学习状态，完成学习目标。

【教学目标】

①正确认读声母 zh、ch、sh、r 和整体认读音节 zhi、chi、shi、ri，读准音，认清字母形状。（重点）

②正确拼读 zh、ch、sh、r 和韵母组成的两拼音节。正确认读带调的整体认读音节。（难点）

【教学过程】

一、设置情境，温故知新

（一）情境导入，进入新课

教师设置"拼音王国寻宝"情境，激发学生兴趣。

（二）复习旧知识，引出新知识

1. 复习 z、c、s

教师拿出拼音卡片，让学生认读，每个字母读 3 遍。

2. 教师点拨

z、c、s 这三个声母都有一个共同的名字——平舌音。

3. 区分声母和整体认读音节

教师在课件上出示"z-zi，c-ci，s-si"，让学生自由练读。可以采用男女生对比读的方式，并总结口诀："声母读得轻又短，整体认读要响亮。"

【设计意图】从学生年龄特点出发，在课前设置情境，增加趣味性，让学生的注意力更好地集中在课堂上。先复习平舌音 z、c、s，让旧知识联系新知识，学生可以更轻松地进入学习，更好地感知平翘舌音之间的区别。

二、学习新课，读准字母

（一）观察插图

1. 引导学生仔细观察课文插图

教师让学生观察图片，并提出问题让学生回答："在图片上你看到了谁？

他（她）在做什么？"

　　预设：我看到了一只蜘蛛在吐丝。

　　　　　我看到了长颈鹿在擦黑板。

　　　　　我看到了小猴子在织毛衣。

　　　　　……

　　2. 引出 zh、ch、sh、r

教师告诉学生："我们今天要学的字母就藏在图片中，一起来看一看吧！"

（二）示范读音，学生练读

　　1. 教师范读 zh、ch、sh、r

教师出示要学习的 4 个声母，拿出字卡进行范读，并提醒学生观察口形，试着像老师这样读。

　　2. 编顺口溜练读

教师引导学生根据自己对课文插图的观察编顺口溜。

　　预设：小狮子 sh、sh、sh。

　　　　　织毛衣 zh、zh、zh。

　　　　　吃苹果 ch、ch、ch。

　　　　　值日值日 r、r、r。

　　3. 加上手势读

教师引导学生比较 zh、ch、sh、r 和 z、c、s 发音时舌头位置的不同。

教师点拨学生：zh、ch、sh、r 都是翘舌音，发音时舌面边缘要向上微翘。

教师引导学生发音时将手掌放平，手指向上卷起。通过上述手势，帮助学生快速掌握发音要领。

教师还可采用开火车读、分组赛读等方式带领学生练习。

　　4. 拼音卡片正音

教师出示拼音卡片，让学生指名读，教师相机纠正读音。

教师可采用分组赛读、全班齐读等方式带领学生练习。

学生发音时教师用手势引导，并提示：声母读得轻又短。

　　【设计意图】教师先做好发音示范，让学生观察、模仿。再通过编顺口溜、加手势读等方式降低学生的学习难度，帮助学生快速厘清平舌音和翘舌音的发音区别，更好地读准翘舌音。

三、对比认形，学习整体认读音节

（一）观察字母形状

1. 引导学生观察图片，思考 zh、ch、sh 3 个字母的共同点

预设：它们的后面都有一把小椅子。

总结：是啊，在 z、c、s 后面分别加一把椅子就变成了翘舌音 zh、ch、sh。

2. 编口诀记形

教师引导学生发现字母 r 的形状和发芽的小草相似，并让学生根据图片所提供的信息编儿歌识记声母。

预设：z 加椅子 zh、zh、zh。

　　　c 加椅子 ch、ch、ch。

　　　s 加椅子 sh、sh、sh。

　　　小草发芽 r、r、r。

3. 学习整体认读音节

①教师在课件上出示 zh、ch、sh、r 和 zhi、chi、shi、ri，采用同桌互读、指名读、开火车读等方式引导学生感受声母和整体认读音节在发音上的区别。

②让学生自己练读整体认读音节的 4 个声调，在练读时加上手势。

③ 教师出示拼音卡片 zh、ch、sh、r 和单韵母 i 的 4 个声调，请学生当小老师上讲台教读，全班跟读，教师指导点评。

【设计意图】让学生先观察图片再编口诀能加深其对字母的印象，帮助学生认清字母形状，更好地区分 z、c、s 和 zh、ch、sh。在之前的学习中，学生已经练读过整体认读音节，因此教师可放手让学生自主练读本课的四个整体认读音节及其不同声调，并相机正音，提高学生的自主学习能力。

四、趣味闯关，拼读音节

闯关寻宝之旅正式开始了，闯过关卡就可以获得藏宝图。

1. 第一关：摘苹果

教师将平翘舌音和它们的整体认读音节打乱，做成苹果图样贴在黑板上，

请学生根据教师的读音将对应的苹果摘下来。其余学生当小评委，判断其是否摘下了正确的苹果。

2. 第二关：开动小火车

学生先自由练读教材 34 页左下角的音节。教师要求学生在练读时加上自己的手势，并将不会拼的音节用三角形符号标注出来。然后学生分小组开火车读，比一比哪组的火车开得最快。

3. 第三关：我会读词语

教师在课件上出示音节，指定学生拼读，全班跟读，然后让学生通过动作将词语的意思表演出来。

【设计意图】闯关形式可以将拼读练习融入轻松愉快的游戏中。自主练读、分小组读、全班齐读等多种拼读形式可以让更多学生参与到拼读练习中，使课堂教学更加高效。

【作业设计】

（一）课前预学单

1. 复习拼读规则

①两拼音节：前音轻短后音重，两音相连猛一碰。

②三拼音节：声短介快韵母响，三音连读很顺当。

2. 我会填一填

b（　）m f（　）t n l（　）k h j q x（　）c（　）zh（　）sh r

（二）课中导学单

1. 读一读，说说它们有什么区别

z—zh—zhi　c—ch—chi　s—sh—shi　r—ri

2. 按要求分一分

zhí　rè　sǎ　chū　ruò　zuó　sì

整体认读音节：（　　　　　　　　）

平舌音节：（　　　　　　　　）

翘舌音节：（　　　　　　　　）

（三）课后检测单

1. 拼一拼，读一读

zhuǎ zi	shù zì	zhuō zi
zhī zhū	zhé zhǐ	zhī chí

2. 拼一拼，填一填

sh—ū—（　　）　　（　　）—é—shé　　　　r—（　　）—rè

zh—u—ō（　　）　　ch—（　　）—ō—chuō　　（　　）—u—ā—shuā

【教后反思】

本课教学设计注重新旧知识的结合以及活动设计的多元化。活动中既有学生的自主学习也有与同桌的合作学习，充分调动了学生学习的主动性，体现了以生为本。

在看图说话的练习中，还应注意引导学生观察的顺序，可以由远及近或是由上到下。让他们开拓思维，发散想象，练习说完整的句子，给学生更多表达的机会。在自编儿歌的环节，要尊重学生的想法，不要固定模式，让他们能够用自己喜欢的方法进行记忆。

（供稿：四川省成都市盐道街小学通桂校区　黎玺）

一年级上册第9课《ai ei ui》一课时教学设计

【单元解读】

本单元是统编版小学语文教材一年级上册的第三个单元，共安排了5节拼音课和1个语文园地，学习内容包括8个复韵母、1个特殊韵母、9个鼻韵母和6个整体认读音节，还穿插安排了儿歌、词语以及认读字。本单元每一课都以整合的情境图承载拼音元素，一方面情境图能直观提示字母读音，另一方面情境图中所包含的信息可引导学生进行拼读训练。本单元一共要求认读15个生字，将识字与拼音有机地融为一体，发挥两者相互促进的作用，更好地帮助学生学习拼音、识记汉字。

本单元教学要充分利用学生已经掌握的声母和单韵母知识，帮助学生认读复韵母和整体认读音节，做到准确拼读。复韵母的发音是本单元的学习重点和难点，教学时要重点练习，注意引导学生区分容易混淆的韵母和音节。

【文本解读】

《ai ei ui》是统编版小学语文教材一年级上册第9课教学内容，是复韵母教学的起始课。本课包含6部分内容：ai、ei、ui及情境图，ai、ei、ui的四声，由ai、ei、ui组成的音节的拼读、词语及情境图、儿歌《洗手歌》、要求认的生字和要求写的音节词。由于情境图能直观提示复韵母的读音，教学中要利用好情境图，引导学生仔细观察。

【学情分析】

一年级的学生年龄小，有较强的好奇心和求知欲，但大部分学生生性好动且注意力容易分散。面对较枯燥的拼音学习，他们容易出现厌学、怕学的心理。新课标强调："汉语拼音教学要尽可能有趣味性，宜以活动和游戏为主，与学说普通话、识字教学相结合。"因此，在教授本课时应创设情境，合理设计游戏，营造积极的学习氛围，让学生在趣味活动中学习复韵母 ai、ei、ui 的发音和音节拼读。

【教学目标】

①正确认读复韵母 ai、ei、ui 及其四个声调，读准音，认清形。（重点）

②正确拼读由 ai、ei、ui 组成的带调音节。（难点）

③了解复韵母 ai、ei、ui 的标调规则。

【教学过程】

一、引出拼音，正确认读

（一）游戏导入，复习旧知识

①以"摘苹果"游戏复习学过的字母。

②出示"声母"和"单韵母"两个篮子，引导学生分一分，读一读。

（二）观察情境图，引出 ai、ei、ui

1. 出示课文插图，引导学生观察

①提示：用"我看到了……"开头，注意表达完整。

②预设：我看到了一个满头白发的老奶奶在给小朋友讲故事。

　　　　我看到了很多小朋友围坐在一起听老奶奶讲故事。

　　　　……

2. 引导学生编故事，并自由交流

引导学生将观察到的内容编成一个小故事，组织学生自由交流，分享感受。

3. 以故事串联的方法引出 ai、ei、ui

例如，教师可在课件中添加下列内容：

院子里，大树下，桌上水杯稳稳放。

小朋友，挨着坐，围在一起听什么？

老奶奶，头发白，围着围巾讲故事。

4. 启发读音

①故事引音。教师通过故事中的"挨""杯""围"引出复韵母 ai、ei、ui，并引导学生观察这 3 个新"朋友"与以前学习的字母有什么不同。

教师可做如下总结：像这样由两个单韵母组成的新字母就叫作"复韵母"。

②初读识音。教师范读 ai，请学生边听边观察教师口形的变化。

预设：口形从大到小。

讲解：因为 ai 第一个字母是 a，第二个字母是 i，在发音时要先发 a 的音，再发 i 的音，所以口形的变化是从大到小。

教师请学生模仿练习发音，并相机总结口诀：看前音，摆口形，快速向后滑过去。

教师可以在课件上出示滑梯图片（a 滑向 i），通过范读、指名读和开火车读等方式引导学生练习，并相机正音。

③学习 ei、ui。教师引导学生读 ei，并相机指正，引导学生通过多形式练读。

教师拿着拼音卡片，让全班齐读 ui。组织小组赛读。

【设计意图】通过看图编故事，将熟悉的事物与复韵母联系起来，让学生更容易接受。在发音上，让学生通过观察口形、模仿发音、编口诀等方式快速、准确地掌握字母发音，由"扶"到"放"，提升学生自主学习能力。

二、故事认形，学习标调

（一）情境故事记形

教师讲解情境故事：

单韵母宝宝们去公园爬山。小 i 又瘦又小，快要走不动了。小 a 走到小 i

的身边，他们手拉手一起走，就组成了 ai。走到一半，小 e 来陪小 i 了，他们在一起变成了 ei。终于到了山顶，小 u 开心地拉起小 i 的手，就变成了我们的复韵母 ui。大家记住他们了吗？

教师出示课中操，请学生上讲台拿着卡片合作完成小儿歌。

我是 a，我是 i，合在一起就是 ai。

我是 e，我是 i，合在一起就是 ei。

我是 u，我是 i，合在一起就是 ui。

（二）学习 ai、ei、ui 的 4 个声调

1. 学习 ai 的标调

教师出示标调歌的一部分："有 a 在，给 a 戴。"
结合生活中的情境，读准 ai 的四个声调。

āi、āi、āi 挨得近，ái、ái、ái 挨饿了，

ǎi、ǎi、ǎi 矮个子，ài、ài、ài 爱学习。

2. 学习 ei 的标调

①了解 ei 的标调规则：教师带领学生复习标调歌的前半部分"有 a 在，给 a 戴"，并学习标调歌的后半部分："a 不在，o、e 戴。"

②进行 ei 的四声练习：教师出示 ei 的 4 个声调，采用小组开火车读的方式组织练习。

3. 学习 ui 的标调

教师带领学生重点学习标调歌的后两句"要是 i、u 一起来，谁在后面给谁戴"，并练习读准 ui 的 4 个声调。

4. 记背整首标调歌

教师出示整首标调歌："有 a 在，给 a 戴。a 不在，o、e 戴。要是 i、u 一起来，谁在后面给谁戴。"

教师提醒学生注意小 i 标调要摘帽。

学生朗读并背诵标调歌。

5. 复习巩固 ai、ei、ui 的 4 个声调，打乱顺序练读

①课件内容：ǎi、èi、uí、uì、ēi、ài。

②学习方式：开火车读、随机指读。

【设计意图】将学生已学知识融入情境故事，并辅以课中操，使学生更好地记住字母字形；通过熟悉的词语帮助学生感受 ai 的 4 个声调，提高学习效率；以编儿歌、口诀的方式帮助学生在趣味中掌握复韵母的标调规则。

三、练习拼读，游戏闯关

1. 第一关：我是拼读小勇士
①请学生看书上的音节，自主练习拼读复韵母与声母。
②读给同桌听一听，如果同桌读得好就给他（她）画星星。
③学生开火车拼读，教师相机点评指正。

2. 第二关：猜猜我是谁
教师指名拼读蘑菇屋上的拼音，全班齐读。

3. 第三关：字母宝宝去做客
练习本节课学习的 3 个带声调的复韵母与不同声母组成的整体拼读音节。全班齐读这一课中的小儿歌。

【设计意图】以闯关形式让学生练习拼读，有助于激发学生学习兴趣。自主练读、同桌互读、开火车读、指名读等多种拼读形式有助于让学习过程更有趣、高效。教师相机正音，可以让学生的发音更准确。

【作业设计】

（一）课前预学单

1. 预习标调歌
"有 a 在，给 a 戴。a 不在，o、e 戴。要是 i、u 一起来，谁在后面给谁戴。"

2. 填一填
ai 是由单韵母（　　）和（　　）组成的，单韵母 e 和 i 可以组成（　　），u 和 i 组成了（　　）。

（二）课中导学单

1. 抄一抄，写一写

zh－āi－（　　）　　　　　ch－ái－（　　）　　　　　m－éi－（　　）

t－uí－（　　）　　　　　c－uī－（　　）　　　　　f－ěi－（　　）

2. 在标调正确的音节后面画"√"，错误的画"×"

geǐ（　　）　　　　　sǎi（　　）　　　　　waì（　　）

hāi（　　）　　　　　kuǐ（　　）　　　　　péi（　　）

（三）课后检测单

1. 读一读

bái cài　　　　　méi huā　　　　　dà hǎi

shuǐ guǒ　　　　　bēi zi　　　　　fēi jī

2. 连一连

你　他　水　白　皮　在　子

nǐ　tā　bái　zài　zǐ　pí　shuǐ

【教后反思】

本课教学以旧知识带新知识、循序渐进，不仅引导学生复习了单韵母，也加深了他们对复韵母的认识和理解。游戏环节激发了学生的兴趣，活跃了课堂气氛，但游戏中学生的参与面不够广，应尽量做到人人参与。

在课堂教学中，应该更加尊重学生已有的知识经验，不能一味按照预先设计走，要将情境故事更好地融入课堂教学中。

（供稿：四川省成都市盐道街小学通桂校区　卿菁）

一年级上册第 10 课《ao ou iu》一课时教学实录

【教学过程】

一、初识复韵母，读准韵母音

（一）出示字母，趣味朗读

开课后，教师带学生玩开火车游戏，复习学过的韵母。教师在课件上出示韵母，并通过指名的方式让学生读字母。

(二) 观察情境图，引出 ao、ou、iu

1. 教师出示课文插图，引导学生观察

教师亲切提醒学生：小朋友们，在你们的帮助下，喜羊羊终于回到了岸边。过了一会儿，雨过天晴了，他发现岸边很美。你能用完整的句子替他介绍看到的美丽风景吗？

教师组织学生与同桌交流自己的观察发现。

2. 教师在课件上出示语境歌并教读，学生跟读

天空中，两只海鸥（出示 ou）自由飞，大海上，小狗、小猫（出示 ao）驾船行，一只海豹戏皮球（出示 iu）。

3. 教师引导学生在语境歌中发现复韵母 ao、ou、iu

教师轻声启发学生，在这首儿歌中"猫、豹"的发音里藏着要学的复韵母 ao，"鸥、狗"的发音里藏着要学的复韵母 ou，"球"的发音里藏着要学的复韵母 iu。并在课件中出示对应图片。

4. 教师引导学生齐读课题

(三) 联系生活，学习复韵母 ao、ou、iu

教师充满激情地引导学生：孩子们，喜羊羊想要寻到宝藏，只有和 ao、ou、iu 交上朋友才能成功闯关。

教师带领学生认读复韵母 ao、ou、iu。

①教师在课件上出示海豹图片，引出 ao。

教师详细讲解：ao 是由单韵母 a 和单韵母 o 组成的，在发音时应先发 a 的音再滑向 o 的音，合成一个音。要想发好 ao 的音，并不是那么容易，需要小朋友们仔细听，并认真观察口形的变化。

教师范读两遍 ao，并通过指名试读、全班齐读的方式带领学生练习。

②教师出示小狗图片，引出 ou。预设师生对话如下。

师：请大家想一想刚才老师讲的 ao 的发音方法，能说一说 ou 是怎么发音的吗？

生：我觉得应该先发 o 的音，再快速滑向 u。

师：你很会学习，那你能试一试吗？

生：o—u

师：你读得真标准！掌声送给他！

教师再范读两遍，并让学生用开火车读、全班齐读等方式练习。

③教师出示皮球图片，引出 iu。

教师详细讲解：iu 其实是由 i 和 ou 组合成的，简写成 iu。读的时候，先发 i 的音，慢慢地向 ou 滑动，合成一个音。

教师范读两遍并通过指名读、男生读、女生读、全班齐读等方式带领学生练习。

二、仔细观察，认清字形

（一）观察图片，口诀记忆

教师通过提问引导学生编口诀记忆 ao、ou、iu 的发音：同学们，刚才我们学习了 ao、ou、iu 的发音，请说说你们是怎样记住它们的呢？

教师在课件上出示海豹、小狗、皮球图片。让学生回顾记忆方法，鼓励学生踊跃举手发言。

1. 教师相机出示顺口溜"海豹海豹 ao、ao、ao"

引入：你能试着像老师一样编一个顺口溜记住 ao、ou、iu 吗？

预设师生对话如下。

生1：小猫小猫 ao、ao、ao。

师：你真的太棒了！同学们一起读一读。

生2：奥运五环 ao、ao、ao。

师：你真厉害！全班跟读。

（生读）

2. 教师引导学生编口诀记忆 ou

生1：小狗小狗 ou、ou、ou。

生2：海鸥海鸥 ou、ou、ou。

3. 教师引导学生编口诀记忆 iu

生1：皮球皮球 iu、iu、iu。

生2：邮票邮票 iu、iu、iu。

师：同学们，你们真是太棒啦！现在你们记住 ao、ou、iu 了吗？

生：记住了。（大声回答）

4. 教师引导学生对比区分 iu 和 ui

师：孩子们，谢谢你们努力让喜羊羊和 ao、ou、iu 交上了朋友，可是喜羊羊老是分不清 iu 和 ui，你们有没有什么办法帮助他呢？

生1：皮球皮球 iu、iu、iu，

围巾围巾 ui、ui、ui。（自信大方地说）

师：你是通过编口诀来记住它们的，很不错。还有小朋友愿意分享自己的方法吗？

生2：i 在前 u 在后是 iu，u 在前 i 在后是 ui。

师：你是通过它们的位置记住的，真厉害。还有其他方法吗？

生3：我是通过它们的发音来区分的，如 iu，先发 i 的音，再发 u 的音，ui 是先发 u 的音，再发 i 的音。

师：你真厉害！掌声送给他。（带动学生鼓掌）

师（小结）：iu 的发音从 i 开始，最后逐渐圆唇；ui 的发音从 u 开始，最后嘴变扁。所以，我们可以通过发音来分清 iu 和 ui。

5. 教师组织学生进行同桌间的互相认读

（二）认读 ao、ou、iu 的 4 个声调

教师问学生：小朋友们，现在喜羊羊来到了梦幻岛，在岛上看到这里的所有人都喜欢戴帽子。那你们能帮 ao、ou、iu 戴上它们的声调帽子吗？

①教师请全班齐背标调歌：有 a 在，给 a 戴。a 不在，o、e 戴。要是 i、u 一起来，谁在后面给谁戴。

②教师请 3 位学生给 ao、ou、iu 戴声调帽子，然后组织全班订正。

③教师按顺序在课件上出示 ao、ou、iu 的四个声调，请学生自由练习朗读。

④学生按照顺序读 ao、ou、iu 的四个声调，可采用男女生合作读的方式。

三、勇闯关，会拼读

（一）勇闯第一关：开心大转盘

教师带领学生开启闯关，告诉学生喜羊羊在岛上遇到的第一关是开心大转

盘：只要能读对转盘上带声调的复韵母，就能获取寻找宝藏的线索。教师用开火车的形式请学生读，并请全班同学跟读。

（二）勇闯第二关：打开果园之门

教师带领学生成功通过第一关后，获得了寻宝线索——一个信封。在信封里有两张卡片，卡片上说需要全班一起读带有 ao、ou 的词语和关于 iu 的儿歌，需采用男女生合作读的方式。

教师告诉学生，喜羊羊在完成任务后，到达了一片果园，果园的门上刻着 3 朵花，并请学生翻到教材的第 42 页，自由打手势练读花瓣上的音节，读完后果园的门就会自动打开。

（三）勇闯第三关：摘苹果

教师告诉学生：小朋友们，喜羊羊成功进入果园，他看到果树上结满了果子，每个果子上都有一个音节。只要你们读对了音节，就可以帮喜羊羊摘到果子，全部完成后就能帮助喜羊羊成功闯关。谁愿意挑战呢？

待学生挑战成功后，教师告诉学生：孩子们，恭喜你们成功闯关，帮助喜羊羊拿到开启宝箱的钥匙。接下来的关卡可难了，你们有信心吗？

（四）勇闯第四关：趣味过桥

教师告诉学生：小朋友们，宝箱就在河的对岸，但是桥上有一群小精灵拦住了喜羊羊的去路，必须要读准小精灵手上的拼音卡片才能过桥开启宝箱。你们有信心吗？请同学们先自己拼读音节，然后举手挑战。

待学生挑战成功后，教师告诉学生：孩子们，经过重重考验，恭喜你们帮助喜羊羊闯关成功，顺利打开了宝箱。宝箱里不仅有很多的金子，还有一幅画，画里还藏着一首诗呢！你能借助拼音自己读一读这首诗吗？

待学生自由朗读诗歌后，教师在全班征集小老师，让小老师教其他同学读诗，并引导学生找出诗中带有 ao、ou、iu 的拼音。

最后，教师做如下总结：今天我们又认识了 3 个新的复韵母朋友，并学会了读他们的名字，请同学们回家后继续练习 ao、ou、iu 的拼读。

【设计意图】教师在本课教学中设置了趣味情境，通过引导学生观察课文插图，发现图中的事物与复韵母之间的联系，能更好地引出本课所学内容。在发音学习上，学生通过观察口形、模仿发音、编口诀等方法，能快速、准确地读准韵母。整个过程由"扶"到"放"，提升了学生自主学习能力。此外，教师采用自主练读、指名读、男女生合作读、小老师教读等多种拼读形式，让学习过程变得更有趣、更有效。

【资料补充】

一、分辨 n 和 l

1. n 和 l 发音的区别

n 和 l 发音的不同主要在于有无鼻音，是从鼻腔出气，还是从舌头两边出气。分辨 n 和 l，可以用捏鼻孔的方法。先捏住鼻孔，然后发音，如果觉得发音有困难，那就是 n。因为发 n 的音时软腭下降，气流振动声带后要从鼻孔通过，捏住鼻孔是发不成鼻音的。捏住鼻孔后如果觉得发音不困难，并感觉气流从舌头两边流出，则是 l 音。因为发 l 的音时软腭上升，堵塞鼻腔通路，舌身收窄，气流由舌头两边流出。

可用以下各例练习 n 和 l 的发音：男女—褴褛，无奈—无赖，河南—荷兰，泥巴—篱笆，恼怒—老路，浓重—隆重。

2. 关于 n、l 的绕口令

碗里放了一个梨，桌上放块水晶泥。小黎用泥来捏梨，捏出一个水晶梨。小黎比一比，真梨、水晶梨差不离。

囡囡家种兰花，蓝蓝家种南瓜。囡囡要用兰花换蓝蓝家的南瓜，蓝蓝不愿用南瓜换囡囡家的兰花。

柳柳妞妞去放牛，小牛大牛共六头。柳柳牵着大牛遛，妞妞拉着小牛走。六头牛，牛六头，柳柳妞妞都爱牛。

两个奶奶卖牛奶，刘奶奶卖甜牛奶，牛奶奶卖酸牛奶，刘奶奶不喜欢牛奶奶的酸牛奶，牛奶奶不喜欢刘奶奶的甜牛奶。

二、分辨 f 和 h

一些地区的方言中难以分辨普通话中声母为 f 和 h 的字。f 和 h 都是清擦音，区别在形成阻碍的部位。"f"是上齿和下唇形成阻碍，"h"是舌面后部和软腭形成阻碍。

可用以下各例练习 f 和 h 的发音：废话—会话，防空—航空，幅度—弧度，舅父—救护，翻腾—欢腾，富丽—互利。

三、分辨 zh、ch、sh 和 z、c、s

要发准这两组声母必须明白平翘舌的发音差别：zh、ch、sh 属于舌尖后音，发音时舌尖要翘起来，抵住或接近硬腭前部；z、c、s 属于舌尖前音，发音时舌尖不翘，抵住下齿背，舌叶抵住或接近上齿背。

可用以下各例练习 zh、ch、sh 组和 z、c、s 组：老张—老臧，小周—小邹，主妇—祖父，插瓶—擦瓶，鱼翅—鱼刺，小炒—小草，诗人—私人。

四、拼音字母儿歌

（一）声母

像个 6 字 b、b、b，向外泼水 p、p、p。
两个门洞 m、m、m，一根拐棍 f、f、f。
马蹄走路 d、d、d，一把雨伞 t、t、t。
一个门洞 n、n、n，一根木棍 l、l、l。
小 9 加钩 g、g、g，一挺机枪 k、k、k。
一把椅子 h、h、h，i 加尾巴 j、j、j。
像个 9 字 q、q、q，一个小叉 x、x、x。
像个 2 字 z、z、z，半个圆圈 c、c、c。
半个 8 字 s、s、s，z 加椅子 zh、zh、zh。
c 加椅子 ch、ch、ch，s 加椅子 sh、sh、sh。
禾苗向日 r、r、r。

（二）单韵母

张大嘴巴 a、a、a，拢圆嘴巴 o、o、o。
嘴巴扁扁 e、e、e，牙齿对齐 i、i、i。
嘴巴小圆 u、u、u，噘嘴吹哨 ü、ü、ü。

（三）复韵母

挨着挨着 ai、ai、ai，诶呦诶呦 ei、ei、ei，围巾围巾 ui、ui、ui。
莲藕莲藕 ou、ou、ou，奥林匹克 ao、ao、ao，游泳游泳 iu、iu、iu。
椰子椰子 ie、ie、ie，月亮月亮 üe、üe、üe，耳朵耳朵 er、er、er。

五、拼音小故事

1. 区分 ei、ie

一天，大白鹅（e）和小蚂蚁（i）进行跑步比赛。第一轮大白鹅一马当先，率先到达了终点。它喘着粗气说："诶（ei）呦，我终于赢了！"第二轮比赛大白鹅自信满满地说："我先休息一会儿！"于是它就睡着了。小蚂蚁看到了，心想：我一定要努力到达终点！果然，这一轮小蚂蚁率先到达了终点，它激动地喊道："耶（ie），我战胜了大白鹅！"这时候，大白鹅还在睡梦中呢。

2. 区分 ui、iu

乌龟（u）听说蚂蚁（i）赢了大白鹅之后很不服气，于是找到蚂蚁，要和它比赛。一开始乌龟奋力往前爬，轻松地超过了蚂蚁。蚂蚁一看赶紧大喊："喂喂喂（ui），等等我！"乌龟想：就算等它一小时，它也赢不了我。于是乌龟就去河里洗了个澡。没想到等它洗完澡出来，蚂蚁已经到了终点。动物们给蚂蚁戴上了一个大大的优（iu）胜勋章，乌龟后悔极了。

六、区分形近字母小口诀

一个苹果分两半，左边 d 右边 b。

两个小孩头碰头，左边 p 右边 q。

左拳 b 来右拳 d，两拳相对念 b、d，左竖朝上就念 b，右竖朝上就念 d。左竖朝下就念 p，右竖朝下就念 q。

七、易混拼音儿歌

（一）

ie、ie、ie 真奇怪，

要想注音就得换。

小 i 离开大 y 来，

整体认读 ye、ye、ye。

（二）

üe、üe、üe 哭兮兮，

非要大 y 陪一起。

大 y 来到笑开颜，

擦掉眼泪 yue、yue、yue。

八、拼音游戏

1. 字母回家

教师准备 3 张大卡片，在卡片上写"单韵母""复韵母""鼻韵母"，然后把它们分给三个学生，让其他学生拿不同的拼音字母卡片。当拿到大卡片的学生站上讲台，说："单韵母，快回家。"拿到单韵母卡片的学生就上去围在他的身旁说："单韵母，回家啦!"复韵母和鼻韵母的游戏规则和上述相同。

2. 眼疾手快

每个学生在桌上准备一套拼音字母卡片，当教师在讲台上念出如"ei、ei、ei 在哪里?"时，立刻在拼音字母卡片里找出对应卡片，举起卡片并回应："ei、ei、ei 在这里。"教师相机表扬最快找出卡片以及发音最准确的学生。教师可重点引导学生分辨一些易混字母，帮学生加深记忆。

3. 看口形猜字母

教师依次请几个学生上讲台来读字母，但不能发出声音，让其他学生根据台上同学的口形来猜他们读的是哪一个字母，看谁猜得又快又准。

4. 声母开花

请每个小组的组长拿一张声母卡片，其余组员自己在拼音卡片中找一张能与此声母组成音节的韵母卡片并上前拼读。如果有组员选择了不能与声母组成音节的韵母卡片则该组出局。最后比一比哪一组开的"花"最多，开"花"最多的那一组获胜。

（供稿：四川省成都市盐道街小学通桂校区　魏炜　李韵）

精准拆分一课一得　分合有度提质增效

——小学低段随文识字教学策略之优化

一、随文识字教学的内涵

识字、写字是阅读和写作的基础，是小学语文一至二年级的教学重点。识字、写字教学和阅读教学是低段语文教学的两大任务，其中随文识字恰恰是童心认知和语用审美的基础。统编版小学语文教材采用"随文识字""集中识字"两种编排方式，使知识点错落排列，互为支撑。

随文识字的教材编排意图在于将识字与阅读结合起来，赋予识字以情境情趣，达到双重教学之目的。两个目标既相对独立又相互融通，在内容、路径、侧重、方法和策略等方面给低段随文识字教学提出了相对复杂的要求。随文识字教学兼具识字、写字教学和阅读教学双维目标。

识字、写字的教学重点是凭借故事场景、人物形象和故事情节，对文中生字进行有语境、有情趣、有形象地识写。让学生在"多认"中积累汉字文化，掌握有效识字的方法，形成独立识字能力；在"少写"中不断学习新偏旁、新笔画，不断尝试"横平竖直""穿插谦让"和"铁画银钩"。

阅读的教学重点是培养学生阅读兴趣，帮助学生正确、流利、有感情地朗读课文，感受人物形象，形成审美体验；积累新鲜词句，初步了解"连词成句、连句成段"的基本规律，发现作家"遣词造句""布局谋篇""抒情达意"的"密码"。

二、随文识字教学的价值

随文识字教学能够提高学生的汉字识写能力、语言感悟能力、想象力和创造力，促进学生语言能力、识字能力、写字能力的和谐发展。学生结合具体语境展开想象，运用多种方法识记字形、理解字义，有助于形成自主识字能力，培养自主阅读能力。

同时，随文识字教学促使教师对教材进行深度解读，依据教材特点有所侧重，在语境中指导学生学习。教师依据教材文本，创设语言学习的真实情境，在具体语境中引导学生读准字音、识记字形、理解字义，让学生在多种形式的朗读中感受语用规律，积累语用图式，感受课文中的人物形象，体会其心情，发现作者抒情达意的方法。

三、低段随文识字教学存在的问题

低段随文识字教学普遍存在如下问题：第一，教学目标定位不准，阅读教学目标和识字、写字教学目标混搭、杂糅；第二，教学实施内容空泛，节点失准，交代不清；第三，一、二课时任务不清，阅读教学常常比例过大，学生识字、写字时间普遍不足，教师指导乏术，教学目标达成度低。

基于此，如何有效拆分、精准教学、适度拓展教学内容，怎样在达成阅读教学目标的前提下提高学生情境识字能力、读写效能，成为迫切需要研究的问题。

四、拆分文本，精准实施分课时随文识字教学

低段随文识字课文一般具有文质兼美、篇幅短小、图式特征鲜明等特点，所蕴含的语用规律也易于发现、挖掘和复制。所以，其第一、二课时的阅读教学目标可分别拆分为：第一课时以完成内容的感知和理解为目标，第二课时以欣赏、评价课文和初步运用课文中体现的行文技巧为目标。并在同步教学中伴随上述教学目标，在第一课时完成随文识字教学中的"音准"和"义丰"目标，在第二课时完成"典型语用图式"的积累、拓展、复制与衍生目标，从而全面达成随文识字目标。两课时前后呼应，在统整中全面达成阅读教学和识字、写字教学目标。对于篇幅较长、内容相对独立、具备可拆分特质的课文，则可以进行明确的"拆分"和"分步骤"教学。

五、随文识字教学第一课时教学策略

（一）激趣导入

课堂教学开始时，教师可酌情创设一定情境，通过图片展示、音乐播放、故事讲述、问题提出和谜语设置等方式导入本课内容，激发学生兴趣，板书课题，聚焦学习内容，激活学生的探究欲望。

（二）初读正音

1. 自由朗读，提出疑问

自助朗读要求：借助拼音读准字音、读通句子；标出小节，从整体上初步

感知课文大意。

2. 教师示范，学生模仿

教师正确范读，学生指字倾听。对于前鼻音、后鼻音、轻声音节以及平翘舌，教师要重点提醒，引导学生多读几遍，并用手势辅助加强其对声调的记忆。学生模仿教师发音，教师相机纠正，待学生读准音后，可适时通过各种形式进行检查巩固。识字过程中，教师可插入一些小游戏，让学生尝试找到与生字对应的拼音，在多次的反复练习中，在学生大脑中建立音形对应关系。

3. 同桌合作，互助正音

让学生与同桌合作读课文，互相检查，互相纠正。合作读之前，教师应该明确同桌合作读的要求：①左边的同学先当小老师读一小节，右边的同学进行指读。然后交换角色，继续合作，直至读完整篇课文。②如果同桌遇到困难，要互相帮助；如果同桌朗读正确，应给予称赞。

4. 抽生朗读，学生评价

教师以游戏闯关或主题活动的形式指名几位小老师朗读课文，读后请其他学生分别对这几位小老师的读音进行评价。这样既可检查个别学生的自读情况，也可充分调动其他学生的积极性，增强其自信心。

（三）随文识字

1. 借助图文，理解记忆

教师在教授汉字时，可以设置"说文解字"环节，引导学生感受汉字的由来及其演变过程，明白汉字为什么要这样写。学生如果知其所以然，写字时就不会随意、盲目、散漫。例如，一年级上册《比尾巴》一课中的"兔"是一个象形字。教学时，教师可适时出示图片，让学生认真观察"兔"字的演变过程，找出"兔"字各个部分分别对应兔子的哪些部位，告诉学生"兔"字下面的一点对应的是兔子的短尾巴。这样学生就不会把"兔"写成"免"。这种趣味记忆方法，可以让学生写字时在脑中浮现出一只兔子的样子，感受汉字之神奇，提高学习效率。

2. 运用语境，复现生字

教师要充分链接课文与生活的镜像关系，创设适宜的语言环境，帮助学生理解生字词。首先，引导学生理解文段意思，将学生必须掌握的生字，以生字卡片或多媒体课件的方式呈现在学生面前，帮助学生理解这些生字在课文中的含义，必要时做一些知识拓展。例如，让学生用生字组词造句，培养其语用迁移能力。

3. 结合生活，趣味识字

对随文识字教学来说，语境是一项非常重要的影响因素，不仅能丰富学生感受，深化学习效果，还能提升学生认知事物的能力和表达能力。在随文识字教学时，教师应多搭建生活识字场景。例如，在一年级上册《影子》一课对"前、后、左、右"这几个表示方位的词教学时，可让学生说一说他（她）的前面坐的是哪位同学，后面、左面、右面分别是哪位同学，在丰富的语用中建立方位感。

4. 结合偏旁，对比识字

学习汉字对于小学生来说是枯燥无味的，教师可引领学生寻找汉字规律，归类呈现文中与某一偏旁有关的字族。在学习"们"时，可让学生想想还学过哪些带有"单人旁"的字，总结出"你、他"等。用"熟字换偏旁"的方法发现"远、近、过、还"都含有"走之底"，总结出"走之底"表示与行走有关。艺术性地揭示形声字规律，探究不同偏旁表示的不同意义，从"一个字"走向"一类字"教学，既有童趣又有思维含量，有助于把中华汉字文化的种子植入学生心田，并使其悄然萌发新芽。

5. 多种形式，巩固识字

教师在初步感知课文内容后，可以通过设计一些游戏环节来进行生字巩固训练。使用每节课所要学习的生字组成熟词，根据教学主题，利用多媒体课件在课堂中创设一定故事情境。如一年级上册《青蛙写诗》一课的教学中，可通过读这节课需要认识的字、词，用游戏"青蛙过河"激发学生的学习积极性，让学生在多次复认中，巩固字音、字形和字义。

（四）学写汉字

1. 引导观察，发现规律

教师指导学生发现并运用写字规律：一看结构，根据字形初步判定这个字的结构，确保结构方正。二看关键笔画，看这个字每一笔在田字格中的占位有何特点，哪些地方容易写错等，确保笔画定位正确。三看字形，如左右结构的字一般是左窄右宽；上下结构的字下半部分要稳，要托住上面；等等。教师在教学生写汉字的过程中引导学生感受汉字中蕴含的友善、团结、帮衬等美德。

2. 出示标准，建立规范

教师在教学中适时出示书写标准，建立书写规范，可以提出具体评价标准：书写正确，一颗星；书写规范，两颗星；书写美观，三颗星。

3. 教师范写，学生书空

在学生叙述完笔画后，可让其举起小手指，跟随老师的书写动作进行书空，以便于更直观、更真切地感受每一个笔画的书写要领，从而写出一手好字。

4. 关注姿势，培养习惯

教师范写后让学生描红，将每一个生字写两遍。学生在写的过程中，教师要在全班范围内巡视，提醒学生注意书写姿势，养成"三个一"的良好写字习惯。

5. 反馈评价，再次书写

教师在多媒体课件上呈现学生的书写作业，组织集体评议，让学生按照上述评价标准进行评价。评价后请学生再次书写，从而引导其不断提升书写水平。

引导观察，发现规律
出示标准，建立规范
教师范写，学生书空
关注姿势，培养习惯
反馈评价，再次书写

自由朗读，提出疑问
教师示范，学生模仿
同桌合作，互助正音
抽生朗读，学生评价

借助图文，理解记忆
运用语境，复现生字
结合生活，趣味识字
结合偏旁，对比识字
多种形式，巩固识字

随文识字教学第一课时教学策略

一年级上册第3课《江南》一课时教学设计

【单元解读】

本单元围绕"自然"主题编排了《秋天》《小小的船》《江南》《四季》四篇课文。四篇课文题材丰富，体裁各异，语言简洁明快、亲切自然，能唤起学生对四季的美好感受，激发学生对大自然的喜爱之情。

本单元有两个核心要素，一是指导学生正确、流利地朗读课文；二是引导学生初步认识自然段。《秋天》要求学生能借助拼音读准"一"的变调；《小小的船》《四季》要求学生读好叠词，学习轻声朗读；《江南》要求学生读出诗歌的节奏感、韵律感。四篇课文从不同方面层层递进，能有效提升学生朗读能力。

【文本解读】

《江南》是一首韵律感十足的采莲民歌，描绘了一幅热闹的采莲情景，反映了采莲人的欢乐心情。民歌以简洁明快的语言、回旋反复的音调、优美隽永的意境、清新明快的格调，勾勒了一幅明丽美妙的乡村田园风景画。教学中应注重朗读的节奏感、韵律感，培养学生入情入境地展开联想，加深对民歌内容的理解。

【学情分析】

一年级学生刚完成角色转化，为了让其掌握更多的识字方法，教师在教学时不必在字音上过多讲解，而应抓住每个生字的特点，用更形象的方式帮助学生记忆。从内容上看，一年级学生生活经验不够丰富，很难理解"人在莲间走，鱼在水下游"的美感。教师在教学中应适度使用图片、视频等辅助手段创设情境，引导学生体会诗歌的意境。

【教学目标】

①认识"江、南"等9个生字和"三点水""草字头"2个偏旁。会写"可、东、西"3个字和"竖钩""竖弯"2个笔画。

②正确朗读课文，背诵课文。（重点）

③结合插图，了解江南水乡的人们采莲的情景，感受江南的美丽风景。（难点）

【教学准备】

课件、视频、生字卡片、教具。

【教学过程】

一、激趣导入

（一）知课题

教师出示图片，播放音乐，通过板书引入新课《江南》，引导学生齐读课题，区别边音和鼻音。

（二）晓背景

①教师在课件上出示中国地图，向学生指出江南的位置，并作解释。教师引导学生认识偏旁"三点水"，引导他们发现"三点水"与"水"有关，让学生用"江"组词，如长江、江水、江河等，并告诉学生"南"是南边、南方的意思。

②教师让学生结合生活经验和图片，说说江南有什么特点。预设解答：江南自古以来就是鱼米之乡。这里船多、桥多，水草丰美。诗人正是因为看到这些美丽的景象，才把它们写进了诗歌里。

③教师引导学生发现课文题目下面"汉乐府"3个字，并对其做简要介绍：汉乐府原是汉初采古制乐的官署，后来又专指汉代的乐府诗。

【设计意图】用图片和音乐导入新课，有助于让学生认识江南的地理位置，直观感知江南风光，激发学生的学习兴趣，使其感受课文表情达意的基调。

二、初读正音

（一）自由朗读

①教师组织学生自由朗读课文，借助拼音把课文读通、读流利。

②在学生自由朗读的过程中，教师要适时圈出课文中的生字，完成生字的导入。

（二）教师范读

（三）同桌互读

（四）抽生朗读

三、随文识字

（一）莲

①教师让学生自读诗歌，并回答问题：诗中出现次数最多的是哪一个字？（"莲"）

②教师告诉学生，"莲"就是荷花，引导学生认识"草字头"，并总结"草字头"的字一般与植物有关。教师还可以告诉学生，莲花是江南水乡最为常见的一种植物，所以"莲"带"草字头"。

③教师问学生：你看到了怎样的莲花？（粉红的莲花、美丽的莲花、娇嫩的莲花……）

④教师让学生用上面的句式说一说看到的其他景物。（绿绿的莲蓬、大大的莲叶……）

⑤教师请学生边读边想象江南采莲的美景。

⑥教师让学生感悟"田田"的意思，并通过图文并茂、创设情境等方式告诉学生：江南河网密布，莲花开满整个池塘，莲叶也层层叠叠地堆满河面，所以文中说莲叶何田田。

（二）鱼

①教师创设如下情境：一个女孩在池中采莲，不远处时不时飘来莲花的清香。并借机问学生：这么美丽的景象不仅让采莲的女孩流连忘返，也吸引来了许多的什么？（鱼儿）

教师等学生回答上述问题后出示字卡"鱼"，并在课件上展示图片，让学生直观感受"鱼"的形象。

②教师问学生：请你看看这些鱼儿，能用一个形容词去夸夸它们吗？（可爱的小鱼）

（三）可

①教师引导学生认识笔画"竖钩"，比较"弯钩"和"竖钩"。教师可以告诉学生：弯钩是弯弯的，竖钩是直直的。

②教师让学生用"可"组词，如可以、可能、可怜、可爱等。

四、体会"东、西、南、北"

①教师创设情境，并问学生：同学们看，鱼儿圆圆的眼睛和嘟起的小嘴是多么可爱呀！这么可爱的小鱼会游到哪里去呢？请你用书中的句子回答。（鱼戏莲叶东，鱼戏莲叶西，鱼戏莲叶南，鱼戏莲叶北）

②教师再问学生：小鱼游来游去都会干些什么呢？并让全班再次齐读课文最后一句，边读边想象鱼儿在水中游玩的场景。

③教师最后问学生："东、西、南、北"都是表示方位的词，请大家联系

生活想一想，你们在哪儿见过它们？（路牌、地图、火车票、指南针……）

五、再读古诗，读出意境

1. 单生读

教师指定一个学生当小导游，通过朗读把江南的美景"传递"给大家。

2. 看图配乐齐读

【设计意图】在多种形式的朗读中引导学生参考生活经验，通过图文结合、图示记字、与熟字组新词等方法识记生字，以游戏的方式，加深学生的角色体验，帮助其深刻理解诗意，领悟诗情。

六、学写汉字"西"

1. 观察发现"西"的结构特点

2. 书空、描红后确定关键笔画

竖弯起笔稍重，从上往下写短竖，再圆转向右水平方向写短横，收笔稍重。

3. 教师范写，学生练写

4. 教师提醒学生注意书写姿势，适时展评

【设计意图】通过"观察构字规律""描红结体方正""指导关键笔画""试写基本达标"的顺序指导学生写字，使学生在从把字写对到把字写好，循序渐进地掌握生字的同时，养成良好的书写习惯。

【作业设计】

（一）课前预学单

1. 选择下列字的正确读音并画"√"

南（lán nán） 间（jiān jān）

采（cǎi chǎi） 江（jāng jiāng）

2. 按要求填空

"可"的最后一笔是_____。

"西"共有_____笔，第五笔是_____。

（二）课中导学单

在括号里填上恰当的词语

（　　　　）的莲花　　　　（　　　　）的莲叶

（　　　　）的莲蓬　　　　（　　　　）的小鱼

【教后反思】

在执教《江南》一课时，要把读的时间留给学生，使学生读通课文、读准字音，从而感受到诗歌的节奏美、音律美。教师可在学生熟读课文的基础上，借助图片、视频、音乐等形式创设情境，引导学生理解字义，感受汉字的结构美和形态美。如果教师在课前能更加充分地了解学情，让学生提前查询汉乐府诗歌的特点以及其他描写江南美景的诗歌，课堂效果会更佳。

（供稿：四川省成都市盐道街小学通桂校区　邓静　白峻林）

一年级上册第6课《比尾巴》一课时教学设计

【单元解读】

《比尾巴》出自统编版小学语文教材一年级上册第六单元，本单元以"想象"为主题，收录了《影子》《比尾巴》《青蛙写诗》《雨点儿》4篇课文。课文生动有趣地描绘了儿童视角下的自然现象，让学生在学习本单元课文的过程中，有效激发其对自然及生活的热爱之情。

朗读训练是本单元的重要教学任务之一，结合本单元的4篇课文，教材对朗读训练也有相应的细化要求。如《比尾巴》和《雨点儿》要求学生根据问号和句号的含义读好疑问句和陈述句；《青蛙写诗》要求学生找出不同角色说的话，并根据角色的不同性格特点有区别地朗读课文；《雨点儿》要求学生有区别地朗读文中两个角色的对话。

除朗读训练外，引导学生初步建立对句子的认识是本单元的另一个教学重点。一是结合文本，教会学生正确认识两个基础标点符号——逗号和句号，并学会通过句号来数句子。二是引导学生初步理解顿号、逗号在文中表示停顿时不同的含义，并学会在朗读课文时做相应的停顿。

【文本解析】

《比尾巴》是一首极富童真、充满童趣的儿歌。课文共 4 个小节，采用一三小节问、二四小节答的形式展开，分别向学生介绍了猴子、兔子、松鼠、公鸡、鸭子、孔雀六种小动物尾巴的特点，课文内容趣味性强、形式新颖，极易激发学生的学习兴趣。

【学情分析】

一年级学生对于动物的喜爱和好奇为本篇课文的教学打下了良好的感情基础，有利于教师在入课时进行情境创设导入。一年级学生偏向于形象思维记忆，具象事物更有利于他们的记忆。因此，在识字教学阶段，教师应该结合文章朗读，抓住生字特点，合理运用多种识字方法进行教学。在朗读指导阶段，由于学生注意力不能长时间集中，教师不能采用单一的朗读方式，而是要抓住该阶段学生特征，使教学设计更加灵活有趣，教学活动更加新颖多元，从而做到师退生进，最终落实本课教学目标。

【教学目标】

①认识"比、尾"等11个本课生字、认识"提手旁""八字头"2个部首；掌握笔画"竖提"的写法，正确书写"长、比"2个生字。

②能够正确、流利地朗读课文，并读好文中问句的语气。

③初步了解文中动物尾巴的特点。

【教学准备】

课件、生字卡片、词语卡片、教具。

【教学设计】

一、激趣导入

教师创设情境并告诉学生：今天，森林里要举办一场特别的比赛，狮子爷爷想邀请全班小朋友来当裁判，你们想参加吗？

教师读课文题目——"比尾巴"并板书，提醒学生题目中的"巴"读轻声。

【设计意图】通过创设情景展开师生谈话，让学生对课文产生好奇心与兴趣的同时，也点明了本课的学习内容，进而引出课文题目"比尾巴"。

二、初读正音

（一）自由朗读

1. 教师出示自读要求

①借助拼音，读准字音，读通句子。

②指读课文，边读边用横线在文中勾画有哪些小动物参加了比赛。

2. 教师抽学生说勾画情况

预设回答：我找到的参加比赛的动物有猴子、兔子、松鼠、公鸡、鸭子、孔雀。

（二）教师范读

（三）同桌互读

（四）抽生朗读

【设计意图】教师通过出示自读要求以及采用多形式朗读，让学生初步感知课文大意。学生通过模仿教师发音、语调进一步熟读课文。在同桌互读环节，学生通过互相检查，落实生字正确读音，能有效培养学生自主学习的自信心与积极性。

三、随文识字

（一）教师指名读一小节，学生评价

①教师对学生进行朗读指导，告诉学生：第一小节3个句子末尾都是问号，读问句时末尾语气要上扬。

②教师提醒学生，在读第一小节时，要注意将"谁、长、短、一把伞"等字词重读。

③教师引导学生认读词语"谁的""长短""一把伞"。

④教师引导全班齐读一小节。

（二）教师指名读二小节，学生评价

1. 把

认识"提手旁"："把"的部首是"提手旁"，带"提手旁"的字大多和手有关，如"打、扫、扒、摆"等。

2. 兔

教师通过图文对照的方式，带领学生对比生字"兔"和兔子的图片，引导学生发现：

①"兔"字的"斜刀头"像兔子的两只耳朵。

②"兔"字中间扁扁的框被一撇分开以后像兔子的两只眼睛。

③"兔"字的左下方的一撇像兔子的前腿，右下方的竖弯钩像兔子的后腿。

④兔子的尾巴像"兔"字的最后一点。

3. 教师引导学生认读词语卡片"猴子""兔子""松鼠"

4. 教师要求男女生合作读一二小节

（三）同桌合作读三四小节

1. 公

教师引导学生认识"八字头"。

2. 教师带领学生认读词语卡片"公鸡""鸭子""孔雀"

（四）教师带领全班齐读全文

（五）教师带领学生巩固识字

1. 认读词语

比一比、尾巴、谁的、长短、一把伞、兔子、最好、公鸡。

2. 认读生字

比、尾、巴、谁、长、短、把、伞、兔、最、公。

【设计意图】在多形式读课文中，引导学生运用图文结合、部首归纳、组词等多种方法识记生字，最后再通过接龙读生字词的形式及时有效地巩固，加

深记忆。

四、学写汉字

（一）观察生字"长""比"

1. 认识笔画"竖提"

"竖提"的写法：起笔先写一竖，书写至末端时笔尖稍微停顿然后转向右上写斜提，一笔写成。

2. 观察生字的结构特点

（二）书空、描红后确定关键笔画

①长："竖提"长，在田字格竖中线上收笔。
②比："竖提"短，收在田字格竖中线左侧。"竖弯钩"的竖写在田字格竖中线上，左右两部分靠紧。
③教师范写，学生练写。
④教师提醒学生书写时注意写字姿势，并对学生的作品进行展评。

【设计意图】通过观察、书空、描红、范写、书写、展评等一系列方式，让学生逐步从将生字写正确过渡到将生字写美观。通过教师引导，培养学生自觉养成良好的书写习惯。

【作业设计】

（一）课前预学单

请在加点生字的正确读音下画横线

尾巴（bā　ba）　　　　雨伞（sǎn　shǎn）
长短（cháng　zhǎng）　最好（zhuì　zuì）

（二）课中导学单

连一连

兔子的尾巴　　　　　最好看

猴子的尾巴　　　　　扁

孔雀的尾巴　　　　　短

公鸡的尾巴	长
鸭子的尾巴	好像一把伞
松鼠的尾巴	弯

（三）课后检测单

按要求填空

①长的笔顺是：_____，第二画是（　　）。

②比的笔顺是：_____，第三画是（　　）。

【教后反思】

一年级的学生注意力集中时间短，需要通过教师不断地创设情景带动学生的学习积极性。在入课阶段，教师通过合理创设情景，让学生成为比尾巴大赛的评委，引起了学生的好奇心，提高了学生的参与度。在随文识字环节，教师用图文结合的方式让学生牢记了生字"兔"。

教师还可以通过单生朗读、学生评价、男女生对话读、同桌对话读、全班齐读等多种形式让学生熟读课文；可以在二课时中加入角色扮演读，提升学生对朗读的兴趣，落实熟读课文的教学目标。

此外，可以通过布置作业的方式，让学生在课前提前了解一些其他动物尾巴的特点。

（供稿：四川省成都市盐道街小学通桂校区　刘俞含）

二年级上册第14课《我要的是葫芦》
一课时教学实录

在《我要的是葫芦》的一课时教学中，教师借助文境，引导学生运用多种识字方法识记生字，带领学生在各种形式的朗读中感受寓言故事人物鲜明的形象，利用插图、视频、音乐等多种辅助手段引导学生想象故事画面，拓展了学生的思维，丰富了学生的体验。

【教学过程】

一、激趣导入

①教师展示图片，引导学生学认"葫芦"二字，交流识字方法；出示生字卡片，指导学生掌握"葫芦"的读音。

②教师相机介绍葫芦果实，用葫芦制作的工艺品、乐器等，询问学生"你们现在喜欢葫芦吗?"并借机引出课文题目——我要的是葫芦（板书课题）。

二、初读正音

（一）自由朗读

教师出示自读要求：
①自由读课文，标好自然段，圈出生字。
②读准字音，读通句子。

（二）教师范读

范读重点：前鼻音字"言、邻"，后鼻音字"想、盯、虫"，平舌音字"赛"以及翘舌音字"治"。

（三）同桌互读

（四）抽生朗读

三、随文识字

1. 教师指名读第一自然段，学生评价

教师在指名读时提出易错字音，如"种、藤、长"，其韵母都是后鼻音。教学实录如下。

（1）藤

师：我们知道很多果实是长在树上的，比如?
生1：苹果。
生2：橘子。
师：可葫芦却长在葫芦藤上（出示照片，读"葫芦藤"词卡）。你还知道哪些植物也长在藤上呢？

生1：丝瓜。

生2：西瓜。

生3：南瓜。

（2）谢

师：葫芦藤上长满绿叶后，会开出几朵小花。那么，小葫芦什么时候才能长出来呢？

生：要等花谢以后。

师：（出示字卡"谢"）这个字我们不陌生，天天都能用到。当借完别人的铅笔，还回去时我们会说谢谢。在这里"谢"是表示什么意思？

生：感谢。

师：其实"谢"还有其他意思。你知道它在这句话中是什么意思吗？

生：凋谢。

师：是的，这里的"谢"就是指花朵枯萎、凋谢。你们看，古时候"谢"是这样的（出示字形演变图片）。看到这个，你想到了什么？

教师创设开学领书情境，双手捧书走到一位学生面前。

师：同学，这是你的新书。

生：（伸出双手弓腰接过）谢谢老师。

师：看来古人不仅很懂礼貌，还非常重视学习呢！

师：来到兵器时代，"谢"是这样的（出示图片）。

生：左边像一把长长的叉，右边像一副弓箭。

师：这是说"谢谢"要郑重其事，要真心实意，就像箭在弦上，心有定数才能发射。我们一起再来读一读这个字。

（3）区别一棵葫芦与一个葫芦

教师让学生齐读下列句子：细长的葫芦藤上长满了绿叶，开出了几朵雪白的小花。花谢以后，藤上挂了几个小葫芦。

师：你看这棵葫芦上长着细长的葫芦藤、茂密的绿叶、雪白的小花，花谢以后还有可爱的小葫芦。它们一起组成了一棵葫芦。一棵葫芦是指？

生：一整棵葫芦，包括葫芦藤、葫芦叶、小花以及结出的小葫芦。

师：而一个葫芦是指？

生：只是指结的果实——葫芦。

（4）体会喜爱，练习表达

师：这样的小葫芦，种葫芦的人是怎样夸它的？（指导学生读出对小葫芦的喜爱）

生：多么可爱的小葫芦啊！

师：像这样也来夸夸你喜欢的东西吧！

生1：多么漂亮的衣服啊！

生2：多么蓝的天空啊！

师：让我们再来美美地读一读第一自然段吧！让我们读出对小葫芦的喜爱。

2. 教师抽学生朗读第二、三自然段

教师组织其他学生评价，并指出易读错的音节：后鼻音字"想、盯"，前鼻音字"见、天、看、言、感"。

（1）蚜

师：你们瞧，本来绿油油的藤叶上长满了蚜虫。蚜虫的"蚜"，你怎样去记住它？

生：用形声字规律去记忆。

师：你了解蚜虫吗？

生：它是昆虫的一种，身体呈卵圆形，常群集在嫩叶的背面吸取汁液，会使叶片皱缩、卷曲、畸形，严重时甚至会引起枝叶枯萎。

师：这两个自然段中还有哪些生字我们可以用形声字规律去记住？

生：想、盯、邻。（师相机出示字卡并组词）

（2）自言自语

师：这里有个成语读作"自言自语"（出示词卡），什么是自言自语？

生：自己跟自己说话。

师：你能表演一下种葫芦的人是怎样自言自语地跟小葫芦说话的吗？（采用指名读、男女生赛读等方式）

（3）治

师：可是，邻居却告诉主人，葫芦上有蚜虫需要治。请大家读字卡，并组词。（师出示词卡"治病""治疗"）

师：主人公给葫芦治病了吗？我们再一起来读一读这两个自然段。

3. 学习第四自然段

(1) 教师请学生读第四自然段，学生评价

教师提醒学生注意读准前鼻音字"天、慢"，后鼻音字"更、黄"。

(2) 教师引导学生感受事物之间联系

师：（出示图片）可是没过几天，原本长得这么好的葫芦却有了很大的变化，这棵葫芦怎么了？请大家读一读最后一段。

生：小葫芦变黄了，都落了。

　　小葫芦慢慢地变黄了，都落了。

　　小葫芦慢慢地变黄了，一个一个都落了。

教师指导学生进行重音朗读，抓住"更、慢慢地、一个一个"，感受蚜虫、叶子、小葫芦三者之间的联系。

四、学写汉字

1. 观察发现"谢"的结构特点

2. 书空、描红后确定关键笔画

"谢"的写法："身"居中，较瘦长，下面的撇上端不出头，且要穿插到左半部分；"寸"的横笔写在横中线上。3 个部件占位大致相等。

3. 归类比较左右结构汉字的书写注意事项，练习规范书写

【同伴点评】

本课是一篇寓言故事，通过讲述葫芦叶子上生了蚜虫不治，最后葫芦都落了的故事，让学生初步了解植物的叶子与果实之间的关系，初步感知事物之间是相互联系的。本节课运用多样化的识字方法让学生识记生字，主要学习第一自然段中对葫芦的描写，反复品读，体会种葫芦的人对小葫芦的喜爱。

（供稿：四川省成都市盐道街小学通桂校区　李媛媛）

六、随文识字二课时教学策略

（一）复习导入，温故知新

识字是自主阅读的基础。上课伊始，教师出示导学单，引导学生回顾已学重点词语并投屏订正；采用开火车、情景游戏等方式带领学生读词语。教师将复习已有知识作为新课的开始，运用新旧知识之间的联系，使学生由已知领域进入未知领域，引发其探究欲望，提高学习期待。

（二）品读理解，以读促悟

1. 提出问题，寻找线索

（1）提出问题

低段语文教学不要求学生深入理解课文，而是重在激发学生对阅读的兴趣，感受阅读乐趣，了解文本大意，获得初步的情感体验。课堂中，过多的提问、烦琐的分析都不合时宜。教师可聚焦课后题，提出核心问题，引导学生寻找课文关键线索，全面把握课文内容，培养学生自主质疑能力，拓展其思维。

（2）自学促悟

要提高语文教学质量，培养学生的自学能力至关重要。教师需激发学生的学习兴趣，鼓励学生自读思考，边读边圈画，给足其思考时间。教师要仔细观察、了解学生的学习情况，聚焦普遍存在的问题，进行相应指导。

（3）总结方法

教师应聚焦核心问题，引导学生在自主学习后进行交流评价，并适时点拨，引导学生总结、归纳方法，实现"一课一得"。如在二年级上册《黄山奇石》一课的教学中，教师通过询问学生"仙桃石奇在哪里"，引导学生依据仙桃石的外形感受它的奇特。然后，教师让学生自学第三至五自然段，用"我介绍的奇石是……，它奇在……"的句式做汇报，培养学生用完整语句回答问题的好习惯，训练学生举一反三的学习能力。

2. 合作探究，汇报交流

（1）合作交流

低段学生的合作交流一般以同桌为单位进行，教师作为组织者、参与者和引导者，要倾听、了解、指导学生讨论。不仅要让学生围绕问题展开讨论，避免出现"看似热闹"却"不切题"的讨论，要消除课堂死气沉沉的氛围，还要

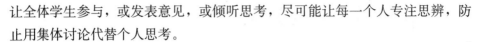

让全体学生参与，或发表意见，或倾听思考，尽可能让每一个人专注思辨，防止用集体讨论代替个人思考。

（2）归纳总结

学生讨论、汇报时，可能会出现分歧，此时教师切勿急于解答，以自己的分析代替学生的体验、思考，而应相机引导。学生在讨论过程中难免出现解决不了的问题，或远离课文主旨，或没有实际意义，教师要及时精准甄别、归纳总结，聚焦核心问题，巧妙点拨，释疑解难，促进学生思维发展。

3. 精读思悟，情感朗读

新课标指出："要让学生充分地读，在读书中整体感知，在读中有所感悟，在读中培养语感，在读中受到情感的熏陶。"教学中，教师应多思考如何使朗读变得更有趣味、更有意义，引导学生学会在朗读过程中运用多种方法理解重点词句，培养良好语感。

（1）赏读积累

教师应加强阅读方法指导，让学生逐步学会精读课文，围绕核心问题在课文中找到重点段落，抓住重点语句或词语读、想、议、品，解决疑难问题。对于文质兼美、图式特征鲜明的课文，教师要引导学生从语言文字中挖掘思想内涵，抓住重点品读，鼓励学生多读多背，感受课文内容美、形式美。

（2）朗读指导

朗读中，教师要运用多种形式激发学生学习兴趣，如自由读、大组轮读、分角色读、师生合作读、表演读、做动作读等，实现全班人人参与，乐在其中。在学生完成不同形式的朗读之后，教师要鼓励他们进行评价，采用生生互评、教师评等方式，促进学生主动学习，积极自我反思，实现评价主体多元化。对于朗读存在问题的学生，教师要先肯定其优点，鼓励他（她）继续努力，建立信心。

（三）巩固拓展，由内到外

在教学结尾阶段，教师可将学生学到的语言、体会到的情感、明白到的道理融入生活情景中，帮助其加深理解，也可向学生推荐课外书籍，丰富学生知识储备，还可用儿歌、名言、视频、音乐等升华学生情感。在轻松愉悦的氛围中，学生不但学到了文化知识，其他方面的能力也得到了提升。例如，在一年级下册《一分钟》一课的教学时，教师让学生交流"一分钟能做些什么"，并跟随音乐齐读以珍惜时间为主题的名言，产生共鸣。

（四）学写汉字，建立规范

低段语文课堂要重视汉字教学，以保证每节课学生的写字时间不少于 10 分钟。教师应按照"观察发现结体规律""描红结体方正""试写基本达标"的顺序组织教学。在此过程中，要重点强调形近字、易错字关键笔画，加强口头组词、造句练习。

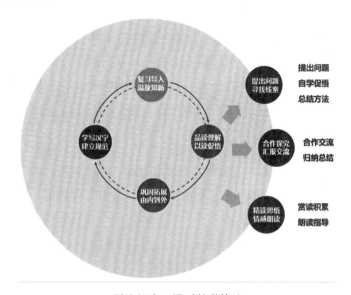

随文识字二课时教学策略

一年级下册第 16 课《一分钟》二课时教学设计

【单元解读】

本单元编排了《文具的家》《一分钟》《动物王国开大会》《小猴子下山》4篇课文，4篇课文都围绕"习惯"这一主题，旨在强调责任意识的树立和良好习惯的养成。本单元有两个核心要素，一是根据课文信息作简单推断；二是读好疑问句和祈使句。

【文本解析】

《一分钟》讲述了小学生元元"贪睡一分钟，迟到二十分钟"的事，旨在培养学生的时间管理意识，让学生学会珍惜时间，管理时间。教学时，可引导学生联系上下文和生活经验理解"眼看、非常、后悔"等词语。在学生读懂课文后，让学生根据课文内容，对"要是……就……"句式进行造句练习，提升学生语用思维能力。

【学情分析】

一年级学生年纪小，时间观念不强。教学时要充分挖掘教材资源创设情境，以读促悟，让学生在读课文的过程中体会元元焦急、后悔的心情，鼓励每个学生都能严格要求自己，珍惜时间，科学利用时间。

【教学目标】

①联系生活和语境理解"眼看、后悔"等词语意思。

②有感情地朗读课文，读出元元沮丧、后悔的语气。（重点）

③掌握"要是……就……"句式，根据课文内容简单推断其意思，联系生活体验，初步学会管理时间。（难点）

【教学过程】

一、复习铺垫，温故知新

（一）复习生字

①教师出示课前预学单组织学生进行练习并投屏订正，学生"开火车"读词语。

②教师板书课题，学生齐读课题。

（二）旧知引入

教师通过与学生对话引出本课人物"元元"，并通过"元元迟到多久""元元迟到的原因是什么"等问题，引导学生回顾课文内容。

【设计意图】通过课前预学单复现本课生字，以"开火车"读词语的方式巩固字音，夯实学生语文学习基础，为学生进一步品读文本做好铺垫。带领学生回顾课文内容，有利于激发学习新知识的欲望。

二、品读理解，以读促悟

（一）了解起因，读出文中人物的语气

①教师引导学生齐读第一自然段，让学生思考元元听到闹钟响了是怎么做的。接着出示第一自然段第二句，让学生带动作朗读。

②教师引导学生联系生活体会元元的赖床心理，并让学生带着这种感受朗读课文，可采用指名读、男女赛读、齐读等方式。

（二）明确路线，探究原因

教师聚焦核心问题——元元为什么迟到，组织学生品词析句，体会人物心情。

1. 出示插图，引导学生观察

教师出示两幅课文插图，引导学生观察元元前后心情是否一样，并思考从家到学校途中发生了什么让元元心情产生变化的事情。

2. 提出问题，找寻线索

①自读课文第二至四自然段，边读边圈出元元从家到学校经过了哪些地方。（教师根据学生的回答贴十字路口图、公交车站图）

②学生思考是什么原因耽误了元元的时间。

预设对话如下：

生1：他很快洗了脸，吃了早点，就背着书包上学去了。

生2：到了十字路口，他看见前面是绿灯，刚想走过去，红灯亮了。

③教师引导学生联系上下文体会"刚想"一词所表达的意思，用"因

为……所以……"句式说说元元没能通过十字路口的原因。

预设对话如下：

生1：因为错过了绿灯，所以元元没能通过十字路口。

生2：因为元元多睡了一分钟，所以他错过了绿灯。

④教师引导学生体会元元的心情，有感情地朗读第二自然段，可采用指名读、小组赛读、全班读等方式。

3. 合作探究，汇报交流

（1）教师组织学生合作探究

教师组织学生进行同桌合作学习，思考问题：元元走过十字路口后，又有什么事情再次耽误了他的时间？

①读第三、四自然段。

②用"＿＿"勾出元元从十字路口到学校耽误时间的原因。

③用"因为……所以……"句式说一说。

④以同桌为单位练习汇报，练习过程中用"因为……所以……"句式。

（2）学生汇报，相机品读第三、四自然段

①悟读第三自然段，感受元元后悔的心情。

教师引导学生通过重点词"眼看"体会元元没赶上公交车的心情，让学生找出元元描述两次叹气的句子并在课件上同步出示，让学生体会元元心情的变化，带着这样的变化和老师合作读这两句。

②悟读第四自然段，感受元元着急的心情。

教师引导学生进入情境，让学生思考：假如你就是元元，等啊等，等不到公共汽车，你心里会想些什么？

教师引导学生感受元元的着急，师生合作朗读。

③悟读第五、六自然段，感受元元后悔的心情。

教师引导学生自读第五、六自然段，回答元元是怎样走进教室的（红着脸、低着头），思考从这两个表述中体会到了什么。

让学生给"非常"找一个意思相近的词，带着后悔的感觉，齐读第六自然段。

（三）梳理原因，练习句式

1. 梳理原因

教师让学生用"因为……所以……"句式按顺序说出元元从多睡一分钟到

最后迟到二十分钟的原因。

课件出示：

因为贪睡一分钟，所以（　　　　）。

因为错过了绿灯，所以（　　　　）。

因为错过了公共汽车，所以（　　　　）。

因为走路去学校，所以最终迟到二十分钟。

元元非常（　　　　）。

2. 练习句式

教师出示后悔不已的元元发出的感慨（出示课件）。同桌互说，一人说一句，然后汇报。

课件内容：

要是早一分钟，就能赶上绿灯。

要是能赶上绿灯，就（　　　　　　）。

要是能赶上公共汽车，就（　　　　　　　）。

要是不用走路到学校，元元就不会迟到二十分钟。

【设计意图】本课围绕核心问题"元元为什么迟到"，让学生探索元元从家到学校经过了哪些地方，思考耽误时间的原因。教师由扶到放地引导学生抓住主线，理清文章脉络，深入文本，同时培养学生养成自读勾画、合作学习的良好习惯。通过关键词语体会元元的心情，能加深课文感悟。

三、巩固拓展，由内到外

（一）合作交流，感知时间

①教师让学生拿出课前布置的任务单，与同桌交流，讨论一分钟内能做些什么事；组织学生汇报，引导学生感受一分钟的重要性。

②教师出示珍惜时间的名言，全班配乐朗读。

（二）总结全文，拓展升华

①教师总结：时间是我们最宝贵的财富，希望同学们能珍惜每一分钟！（师贴板书）

②教师出示元元的爸爸妈妈给元元制订的时间规划表，询问学生：如果元

元严格按照规划行动，你觉得第二天他会迟到吗？

③教师总结：希望我们班的每一位小朋友都不会和元元一样，因为耽误时间而发生让自己后悔的事；希望大家能成为时间的小主人，珍惜每一分每一秒。

【设计意图】从课内生发，链接生活，通过组织学生与同桌交流一分钟内能做些什么事，以及配乐朗读惜时名言，让学生切实感知文本蕴含的道理，学会珍惜每一分钟。

四、学写汉字，建立规范

指导学生书写"钟、经"。

①教师引导学生观察两个字的共同点：两个字都是左右结构，都是左窄右宽。

②书空、描红后确定关键笔画。

③教师范写，学生练写。

④归类比较左右结构汉字书写注意事项，练习规范书写。

【设计意图】通过"观察发现结体规律""描红结体方正""试写基本达标"的顺序指导学生写字，使学生从把字写对到把字写好，循序渐进地掌握生字的同时，养成良好的书写习惯。

【作业设计】

（一）课前预学单

选择下面加点字的正确读音并画"√"

时钟（zhōng　zōng）　已经（jīn　jīng）　迟到（cí　chí）
决定（dìng　dǐng）　刚才（gàn　gāng）

（二）课中导学单

你有没有因为什么事而感到后悔呢？用"要是……就……"句式来说一说吧！

（三）课后检测单

根据课文内容选一选（填序号）

①"元元红着脸，低着头，坐到了自己的座位上。"（　　）

A. "元元红着脸"是因为从车站走到学校，走热了。

B. "元元红着脸"是因为别人都准时到了，只有他迟到了，不好意思。

②"元元非常后悔。"他后悔的是什么？（　　　）

A. 不该多睡一分钟。

B. 不该走慢了，没有赶上红绿灯和公共汽车。

【教后反思】

以游戏形式引入课文，激发了学生的学习兴趣，使整堂课学生参与度非常高。在学习课文第三至五自然段时，教师先教会学生方法，再请学生与同桌合作学习，由扶到放，做到了以生为本，师退生进。重视以读为本，让学生学会以多种方式理解、结合意思品味、联系生活实际思考等方式，明白时间之宝贵，学会珍惜每一分每一秒。教师还可让学生利用"要是……就……"的句式联系生活谈谈自己曾经做过的让自己后悔的事。

（供稿：四川省成都市盐道街小学通桂校区　郑爽）

二年级上册第7课《妈妈睡了》二课时教学实录

【教学过程】

一、复习铺垫，温故知新

（一）复习本课15个生字，交流识字方法

（二）重点指导，归类与巩固

①强调"哄、发、紧"的读音，区别形近字"先、告"。

②归类识记含有"页"字的字族（颜、颊、颈、额）和带"口字旁"的字"哄、吸"。

③反义词积累："呼—吸""先—后"。

（三）引导学生随机总结识字写字方法，巩固练习

二、品读理解，以读促悟

（一）提出问题，寻找线索

教师聚焦核心问题"睡梦中的妈妈是什么样的"，引导学生品词析句，体会对母亲的爱。

首先，让学生听范读，勾画重点词，自由谈感受。

其次，让学生基于自身感受，围绕"美丽、温柔、辛劳"等关键词展开合理、丰富、生动的联想。

然后，引导学生学习第二自然段，发现母亲的美丽。

教师可在课件上出示"明亮的眼睛""弯弯的眉毛""红润的脸"等短语。让学生联系生活理解运用"明亮、红润"等词语。

（1）理解"明亮"

师：（出示词卡"明亮"）在生活中，你见过什么是明亮的？

生1：我见过中秋节的月亮是明亮的。

生2：太阳是明亮的。

生3：夜明珠是明亮的。

生4：星星是明亮的。

师：一闪一闪亮晶晶的小星星是明亮的。还有呢？

生5：夏天的时候，湖面上的小光点闪闪发光。

师：在月光照耀下，水波荡漾，对吗？夏天的夜晚，还有什么是明亮的呢？你们最喜欢的小精灵，是——

生齐：萤火虫。

师：是的，妈妈的眼睛像灯光、像星星、像萤火虫一样闪闪发光，真漂亮！（出示词卡"明亮的眼睛"）谁来带着理解读读这个词。（抽生读、齐读）

（2）理解"红润"

师：妈妈的脸蛋是怎样的呢？（出示词卡"红润"，让全班齐读）看看我们班的同学，你觉得谁的脸蛋是红润的？

生：（指着班上某位女生，露出开心的笑容）她的脸蛋最红润。

师：（请女生起立）为什么觉得她的脸蛋是红润的？

生1：因为她有点害羞，脸就红了。

师：红红的，像什么？

生2：像红彤彤的苹果。

生3：像石榴和樱桃。

师：只是红红的吗？再观察一下。

生4：像红红的水蜜桃。

师：不仅红还要有光泽，带着你的理解读一读。（出示词卡"红润的脸"，请男生读，女生读）

最后，让学生齐读第二自然段，感受妈妈的美丽。

（二）合作探究，归纳总结

教师引导学生自由朗读课文第三、四自然段，让学生选择自己喜欢的部分与同桌交流，与全班分享。教师相机指导理解和朗读。

教师坚持议读同步，组织学生开展朗读语段比赛。

（1）学习第三自然段

师：什么样的笑是"温柔的笑"，谁来做一个表情给我们看看。

（生做表情）

师：从他的表情你发现了什么？

生：他嘴巴上扬，眼睛都笑弯了。

师：孩子们，微微的笑，就是嘴巴、眼角都笑得弯弯的。

师：请一大组或三大组小朋友来给我们读一读这一句。读得轻柔一些，别把妈妈吵醒了哟——

师：孩子们，你能猜猜妈妈会讲什么故事吗？

生1：我觉得妈妈会讲神笔马良的故事。

生2：我认为妈妈会讲白雪公主的故事。

生3：我觉得妈妈会讲老鼠嫁女的故事。

……

师：妈妈对孩子的关爱无微不至。让我们带着这样的感受一起读读第三自然段吧！记得轻轻地。

（2）学习第四自然段

师：孩子们，第四自然段中有两个字的意思是一样的，亮眼睛的你发现了吗？

生：我认为"乏"与"累"意思相近。

师：妈妈为什么会"呼吸沉""头发粘在额头"呢？你知道什么是粘吗？

生1：我在美术课上用胶把两张纸粘在一起了。

生2：我觉得粘就是把两个分开的东西连在一起了。

师：孩子们，妈妈干活太多了，额头出了密密的汗，粘住了头发。

师：除了从这里看出妈妈很累，你还从哪里发现妈妈很累？

生：我从"窗外，小鸟在唱着歌，风儿在树叶间散步，发出沙沙的响声，可是妈妈全听不到"这句发现妈妈很累，睡得很沉。

师：请你来给大家读一读，读出风景的优美与妈妈的辛劳。

师：全班一起读。

三、巩固拓展，由内到外

①教师引导学生读课文，用声音、神态和眼神表达对妈妈的爱。

②让学生围绕"生活中的妈妈是怎样的"这一问题进行讨论，播放"班级妈妈群像视频"，让学生说一说妈妈们的眼睛、头发、脸等身体部位有哪些特征，积累"的"字短语。

③组织学生进行即兴交流，分享精确、生动、适切、真诚的语例。

师：（课件出示，师引）妈妈有——

生：明亮的眼睛、弯弯的眉毛、红润的脸。

师：这都是"我"眼里的妈妈，那生活中的妈妈是怎样的呢？（播放班级妈妈群像视频）我们一起来看一看。

师：（视频播放结束后）我们班45位同学的妈妈都在这里，刚才我们观察了这么多的妈妈，你能用上这样的表达说一说吗？（出示词卡"____的眼睛""____的头发"）

生1：我看到了圆圆的眼睛。

师：你关注到了眼睛的形状。

生2：我看到了长长的头发。

师：你发现了头发的长短。

生3：我看到了胖乎乎的身材。

师：你留意到了体型、胖瘦。

生4：我看到了金黄的头发。

师：你关注了头发的颜色。

……

师（总结升华）：视频中的这些女性，她们不管是拥有乌黑的头发，还是金黄的头发，大大的眼睛，还是小小的眼睛，都有一个共同的名字——"妈妈"。妈妈，是这个世界上最温暖的字眼。我们哭泣时，她给我们安慰；我们沮丧时，她为我们加油；我们胜利时，她为我们喝彩！我们在妈妈温柔体贴、无微不至的呵护下茁壮成长！上完这节课，你最想对妈妈说些什么呢？

生1：妈妈，谢谢您，您辛苦了。

生2：您是世界上最好的妈妈。

生3：妈妈，谢谢您给我讲那么多的故事。

生4：妈妈，谢谢您陪我成长，谢谢您陪我度过了愉快的童年时光。

……

④唤醒生活积累，表达学生对家人的关爱。

教师引入：你观察过家人睡觉的样子吗？回忆一下，用上刚刚积累的词语，用这节课学到的句式说一说并与全班分享。

睡梦中的_____，_____。
　　　　　　（谁）　　　　　　　　（怎么样）

四、学写汉字，建立规范

1. 观察发现"沉"的结构特点

2. 书空、描红后确定关键笔画

"三点水"的"点"和"提"紧挨田字格横中线，"竖撇"压田字格竖中线。

3. 教师范写，学生练写

4. 归类比较左右结构汉字的书写注意事项，练习规范书写

【同伴点评】

1. 凭借文本，搭建生活场景

教师凭借课文描绘的"妈妈睡了"的场景，通过各种适切手段，使书面文字变得生动、鲜活、丰富、立体，实现了生活所见与文本所写的结合，使作者、读者、教者、学习者四位一体，共情通感。

2. 聚焦问题，循文入境动情

教师以"睡梦中的妈妈是什么样的"为导引，让学生品词析句，感受妈妈的"温柔""可爱"与"辛劳"；通过让学生展开对"眼睛""头发""脸颊"等词汇的联想，丰富想象，美化意象；巧妙借助"班级妈妈群像视频"，实现了

课文与生活的融汇，情真意切。

3. 随文识写，扎实夯筑双基

教师善于全程利用文本资源，将随文识字、写字精确拆分至两课时的完整教学中，穿插有度，丰富多元。教师在教学过程中不仅注重学生对词语的理解和运用，也注重学生倾听、思考、分享、朗读等良好习惯的培养。

（供稿：四川省成都市盐道街小学通桂校区　苟利）

借看图敏捷思维　巧写话妙笔生花

——小学低段看图写话五字教学法

一、追溯看图写话之源

（一）写话的含义

"写"即写字，"话"即说话。"写话"就是将眼中所见、心中所感、口中所说用书面语言表达出来。新课标中对"写作"的目标做了如下阐述：第一学段定位于"写话"，第二学段开始"习作"，这是为了降低学生写作起始阶段的难度，培养学生的写作兴趣和自信心。

小学低段语文教学主要聚焦于识字、写字，让学生在阅读中开启语文学习之旅。教材通过四次看图写话设计落实训练，虽然占比很轻，但是很重要。写话活动，一方面能顺应学生心理发展特点，引导学生由浅入深、由易至难提升个人表达、写作能力；另一方面还能有效培养学生写作兴趣及信心，为高年级的自主习作奠定兴趣与能力基础。

（二）看图写话的价值

看图写话指学生通过对图画观察、分析、想象和总结，将心中所想诉诸笔端的过程，即以图片为载体，引导学生观察图片，发挥想象，结合主题展开文字表述。

戴旨君在《小学低年段看图写话过程性指导的实践探索》中指出，看图写话是以图画为素材、以写话为形式的写作教学过程。学生观察图片后，思索所要表达的含义，然后加入自己的想象，按照一定的顺序排列组合，有条理有组织地用书面语言写下来，最终完成一篇写话作品。看图写话是写话活动中的重要形式之一，是提升学生语言表达能力的重要途径。

二、彰显看图写话之育

看图写话教学应根据新课标要求，结合小学低段学生特点，将不同教学要素进行统一安排，制订合理可行的教学计划。

看图写话教学应着力解决 3 个层面的问题：一是激发兴趣，点燃学生学习语文和表达自我的兴趣，培养自信表达的乐学者，更好地激发学生的创作热情和创作动力，达成教学效果。二是发展思维，促进学生完成从单一静态到多维动态的观察，从低阶到高阶的认知，从静态到动态的联动和想象，从直观形象思维到抽象逻辑思维转变，最终实现创意表达、思维综合发展。三是语言运用，看图写话中"观""思""议""写"的过程，既是学生将积累的语言进行自主建构与创造的过程，也是学生将表达方式进行综合运用的过程，能使学生核心素养得到进一步提升。

逐步实施看图写话教学，不仅能有效激发学生的写作兴趣，还能综合提升学生的观察能力、想象能力、表达能力，达到事半功倍的写作教学效果。可见看图写话教学是培养学生语言综合能力的一种重要途径。

统编版小学语文二年级教材看图写话的图画形式、教学目标、教学内容和教学特点梳理如下：

表一　统编版小学语文二年级看图写话内容统计表

教材册数	图画形式	教学目标	教学内容	教学特点
二年级上册	单幅图	1. 细致观察并按照一定顺序介绍自己喜欢的玩具（重点） 2. 了解写话格式，规范书写常用标点（难点） 3. 准确表达自己的喜爱之情，养成爱护玩具的好习惯	介绍自己最喜爱的玩具是什么，它是什么样子，它好玩在哪里	1. 说说写写自己最喜欢的玩具 2. 提示写话的基本格式——"写在方格纸上""标点符号也要占一格"
	单幅图	1. 对写话有兴趣，留心周围事物，用自己的话写想象中的事物（重点） 2. 乐于运用阅读和生活中学到的词语（难点） 3. 根据表达需要，规范使用逗号、句号、问号和感叹号	小老鼠深夜觅食时，看到了电脑屏幕上有一只怒目圆睁的猫	观察图片，针对图片反映的内容写一段话
二年级下册	多幅图	1. 仔细观察，鼓励学生大胆想象（重点） 2. 借助词语按照时间顺序把小动物的一天经历写下来（难点） 3. 感受想象的神奇，体会生活的美好	小虫子、蚂蚁和蝴蝶一天中用鸡蛋壳当作了跷跷板、热气球、降落伞和摇篮	1. 注意图片"连续性"，以及图与图之间的联系 2. 联想图与图之间的留白 3. 写话时正确分段
	单幅图	1. 对大自然中的事物或现象从不同角度不同方式来提问（重点） 2. 仿照例子，把自己对大自然的疑问写出来（难点） 3. 乐于分享，欣赏"问题"对大自然充满好奇	针对"大自然的奇妙"提出问题，再用卡片形式呈现	根据"大自然的奇妙"提出心中的疑问

三、探索看图写话之策

为了提升看图写话教学质量及学生语言运用能力，教师要制订有趣、有效的教学策略，在看图写话设计中要遵循由浅入深、由易到难的原则，最终确定"观""想""说""写""评"五字教学法，引导学生观察图画，跟进图画细节，推进情节，发挥想象，说清故事。有逻辑、有顺序地开展流程化、系统化教学，助力学生在看图写话中达到"观得细，想得美，说得好，写得妙，评得实"。

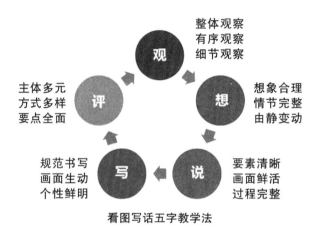

看图写话五字教学法

（一）观——引导学生对图画进行细致观察

看图写话教学中，教师首先要教会学生整体而有序地观察画面，并注意观察细节。借助"图中有什么事物""谁在干什么""什么怎么样"等问题，引导学生对图中各元素进行分析和串联，并正确把握其特点，形成一个"有头有尾"的故事，为后面的"合理想象"环节做铺垫。例如统编版小学语文教科书二年级下册第四单元《语文园地四》看图写话练习，教师应先引导学生整体观察图片，发现图片中的小虫子、小蚂蚁和蝴蝶；再引导学生观察它们——它们正在用一个鸡蛋壳做跷跷板；接着让学生有序观察每个小动物的动作、表情等；最后，让学生串联上述要素，浮现画面，为创造一个特别有趣的故事做铺垫。

（二）想——引导学生对图画进行合理想象

学生习得看图方法之后，可依据观察所得，围绕时间、环境、声音、人物等细节进行合理想象，将图中场景转变为跌宕起伏、情节曲折的生动故事。

看图写话练习中，每一幅图都包含着不同元素。学生首先要能以核心元素为中心、以故事框架为脉络对这些因素进行合理串联，从局部到整体、单一到多元地将其组建为一个完整的故事；其次，教师应引导学生对其中某些重点元素进行从静态到动态的合理联想与想象，例如，由一个元素联想到多个元素、一个动作联想到多个动作，一幅画面联想到多幅画面等，使故事内容更加丰富、情节更加新奇有趣、文章可读性更强。接着，学生要从自己想象的内容中筛选与故事内容相符的部分，将其融入其中，增加故事冲突与转折，使整个故事既在情理之中又在意料之外，主旨明晰且可读性强。教师要让学生明白，唯有展开想象的翅膀，看图写话的内容才能更精彩。

例如，统编版小学语文教科书二年级上册第七单元《语文园地七》看图写话，教师可以先引导学生观察图片，再让学生结合图片内容展开想象包括：从局部到整体地想象"什么时候小老鼠出来干什么""准备干坏事时看到了什么"；从单一到多元地想象"小老鼠看见猫后的反应会怎样（语言、动作、表情和心理）"；从静态到动态地想象"当小老鼠做好'必死准备'时，这只猫怎么没动？""此时小老鼠又有什么表现"。同时，教师引导学生链接前后画面，想象鼠妈妈得知小老鼠遇到猫后的反应。

教师引导学生对图画进行多角度的合理想象，有助于不断丰富学生积累，增强其情感体验，为学生想象力的发展奠定基础。

（三）说——引导学生对图画进行生动解说

学生在练习看图说话时，应先通过观察和想象初步构建出故事的框架与脉络，再进行合理、充分表达，避免创作出来的故事不完整、不具体、不生动、不精彩。在此过程中，教师需仔细聆听，同时提醒其他学生仔细聆听，在学生讲完故事后给出合理的指导意见，帮助学生明晰故事主旨，丰富故事细节，充沛故事情感，使学生所讲的故事更完整、更动人。教师引导学生把故事说好，是学生把故事写好的前提。

以统编版小学语文教科书二年级上册第六单元口语交际中"父与子"为例。

教师先引导学生抓住图片中的主要人物——爸爸、妈妈和儿子，再提醒学生关注时间、运用优美词句将图片内容补充完善，如"周末，妈妈做了一桌香喷喷的午餐等待着父子俩"。

教师引导学生通过想象图片中关键人物的语言、动作、表情来丰富故事内容，如"爸爸肚子饿得咕咕叫了，准备吃饭的时候惊讶地发现儿子不见了。与妈妈交流后，爸爸来到儿子房间，发现儿子正趴在地上看书。因为书中内容很精彩，爸爸也凑上前看了起来。就这样，父子俩在房间看书，一起沉醉在故事中，废寝忘食……"，又如"终于，妈妈生气地走到书房，严厉地呵斥着父子俩，可一转眼工夫妈妈也被书中的精彩内容给迷住了……"。

（四）写——引导学生对故事进行精彩描写

看图写话教学的核心在于帮助学生解决"写什么"以及"怎么写"的问题。一切教学都围绕着这一目的开展，"观""想""说""评"4个教学环节皆为"写"服务，"写"是整个看图写话教学的核心环节。完成教学环节"说"后，学生心中已经构建起一个完整、动人的故事。接下来，教师需要引导学生把自己所说的故事进行书面表达。如清代袁枚在《随园诗话》中说的"文似看山不喜平"，要想使学生描写的故事更精彩，教师就要教会学生"写故事"。

看图写话要做到主次分明，"画面前"的故事直接概述，讲清内容即可；"画面中"的故事则要重点描写，塑造故事人物鲜活的个性，所以应先"因"后"果"，使故事情节前后呼应，也可多"因"多"果"，使故事多变有趣；"画面后"的故事要与"画面中"的故事有所关联，点到为止。如此，学生才能在教师的指导之下写出完整而精彩的故事。

教师要帮助学生实现从看到想、从想到说、从说到写，可采取以下3种方法：

首先，教师在教学中引导学生一边观察图画一边交流想法，鼓励其进行故事创造，待学生想法成熟后再引导其边说边写，连句成段，连段成文。这种方法可操作性强，有实效，守正笃实，能有效培养学生的表达兴趣，助其树立表达自信。

其次，教师还可引导学生先观察图片，发散思维和激荡情感，鼓励其尽量做到看得清，想得美，说得生动，观点有创意。在聆听故事过程中，教师要充分肯定、表扬学生自由使用新学词汇表情达意，描述故事情节等积极行动，鼓励学生灵活使用已掌握的词汇。说完故事情节后，学生心中已经有一个完整的故事，此时教师可引导学生将之诉诸笔端，完成一篇优秀的看图写话作品。

最后，教师还可在教学中出示例文，让学生找寻灵感，再创作属于自己的精彩故事，帮助其感受表达的巨大乐趣——用文字定格发现，更大范围地定格、传递、分享快乐。

（五）评——引导学生对故事进行合理评价

评价能够激励学生不断努力、进步。在看图写话的评价环节，教师可采取主体多元、方式多样、要点全面的方式进行评价。例如，教师可对所有学生作品进行评价指导，学生做出改进后教师再评，督促学生进步；教师也可组织同桌互评，待学生根据同桌评价意见改正后，教师再评；教师还可通过网络互评、现场点评、将评语记录成册进行展示等多种方式帮助学生认识不足，获得进步。

总的来说，在看图写话教学过程中，教师要帮助学生学会看图，找到图画中的主要人物，理清图画之间的过渡关系及主次关系，并据此展开想象，构建故事框架、填充细节，有序实施口头讲述、书面表达、评价改进等环节，最终完成主次明确、详略得当、内容翔实、情节动人的写话作品。

小学低段的看图写话教学只是习作的一个支点，其目的是为中段的习作教学做铺垫。"观""想""说""写""评"看图写话五字教学法也适用于中段的习作教学，是学生打开习作大门的钥匙。例如，三年级上册第六单元的语文要素"习作的时候，试着围绕一个意思写"的习作片段。"观"是指观察图画中的具体事物，如湖面、草丛、月亮。"想"是指在脑海中呈现出相关画面。"说"指的是围绕关键句说说画面和想象中的内容。"写"指的是用留心观察的方法，围绕关键句进行片段描写。"评"指的是就故事是否"围绕一个意思写"进行师生互评、生生互评，从师生互动中深化学习，提升学生的书面表达能力，让学生将课堂上交流的内容写下来，并在互评中完善习作。

二年级上册《语文园地七》看图写话一课时教学设计

【单元解读】

统编版小学语文教材二年级上册第七单元，通过编排 3 篇课文《古诗二首》《雾在哪里》《雪孩子》，凸显本单元主题——想象，突出"展开想象，获得初步情感体验"的教学重点。

本单元是整套教材的第三次写话练习，其目的是引导学生借助图画展开想象，写出几句完整通顺的话；让学生通过生活中熟悉的小动物（猫和老鼠）展开想象，激发其看图写话的兴趣；再让学生把图中的内容和想象的内容写下来，体验看图写话的乐趣。

【文本解读】

本次看图写话练习紧扣第七单元主题，围绕"想象"展开。通过引导学生在看图后发挥想象力写话，为学生提供表达自我的机会，培养学生的创新思维，促进其进行个性化表达。本单元的 3 篇课文从不同的角度体现了想象之美，充满儿童情趣，为学生打开了看图写话的思路。此次看图写话以猫和老鼠为话题，引导学生展开想象，编写故事。学生对猫和老鼠比较熟悉，能从动画片、图画书中对猫和老鼠的关系进行多角度的解读。

【学情分析】

二年级的学生前期已对"自己最喜欢的玩具"和"留言条"进行过写话练习，积累了一定的优美词句，但灵活运用还有一定的困难。他们对写话方法已有初步了解，但不能清晰、系统地建构故事情节。本单元的教学重点是"展开想象，获得初步的情感体验"。学生虽然有一定的想象能力，但不能结合具体情境展开想象，从而很难获得初步的情感体验，也很难将所想内容生动流畅地表述出来。课堂教学中，教师依据图画和生活经验对学生进行写话指导，着重对"如何进行合理地想象"和"如何运用优美词语"展开指导，力图让学生在轻松愉悦的氛围中掌握看图写话的方法并爱上看图写话。

【教学目标】

①留心观察周围事物，对看图写话有兴趣，能用自己的言语描述想象中的事物。（重点）

②乐于运用从阅读和生活中学到的词语。（难点）

③根据表达需要，规范使用逗号、句号、问号和感叹号。

【教学过程】

一、视频导入，激发兴趣

教师播放动画片《猫和老鼠》片段，并让学生观察：片段中都有谁？他们在干什么？

【设计意图】此环节由视频导入，让学生联想生活实际，激发学生探究故事内容的积极性。

二、由主到次，着眼整体

（一）整体观察，了解画面内容

教师展示图片，让学生回答下列问题：图上都有谁？它们分别在什么地方，在做什么？

（二）紧扣画面，合理想象

教师引导学生思考下列问题，带领学生进行合理想象：

①这是一只怎么样的猫？（这是一只瞪着大眼睛的猫）

②小老鼠为什么会遇见猫？遇见猫之后小老鼠的表现是怎样的？（小老鼠觅食时遇见了猫，看见这只怒目圆睁的猫后，吓得直接瘫倒在地）

③它们之间发生了什么事情？（小老鼠在等待死神降临之时，猫却纹丝不动，小老鼠一骨碌爬起来逃跑了）

【设计意图】观察单幅图时先整体观察，再细致有序地观察，同时抓住主要人物、主要情节，能有助于看清图意。这是看图写话的重要前提。

三、由表及里，静中见动

（一）根据想象，生动讲述

教师引导学生结合以下要素根据想象，讲述故事。

①故事发生的时间、地点、人物。

②人物之间发生的故事、结果。

（二）重点观察，主次分明

教师引导学生重点观察猫和老鼠，回答以下问题：

①图片中的猫长什么样？它有什么表情？

②图片中的小老鼠长什么样？它为什么会瘫坐在地上？

③此时小老鼠的语言、动作、表情、心理又是怎样的？（详写）

例文：机灵聪明的小老鼠一见这只面目狰狞的猫，便浑身发抖，头皮发麻，一个趔趄就瘫软在地上，一颗又一颗豆大的、惊惧的、委屈的泪水夺眶而出，沮丧地说："啊，倒霉倒霉真倒霉，肚饿偏逢大恶猫，今天算是吾命休矣……"

在学生回答完上述问题后，教师出示要求，组织学生进行小组互说、小组汇报，开展教师评、生生互评。

【设计意图】此环节通过让学生观察画面上静止的猫和老鼠，引导学生合理想象它们的语言、动作、表情、心理等，由静变动，让画面更加生动立体。

四、认真书写，妙笔生花

1. 让学生回忆说话内容，"我手写我口"

2. 出示书写要求

①开头空两格，标点占格不顶格。
②把句子写完整、写通顺，不会写的字用拼音代替。
③写字注意"三个一"。

【设计意图】此环节让学生通过对图画进行细致的观察，展开丰富想象，在讲清楚故事的基础上写出自己的所见、所思、所述，从而达到教学目标。

五、现场展示，合理评价

1. 出示展评要求

具体要求：
①认真书写、格式正确。
②准确表达时间、地点、人物、事件、结果等。
③加入好词佳句。
④提出优点与建议。
优点：是否能有序观察图画，是否能展开丰富的想象把故事写完整。
建议：改正错别字、标点，对图片里的猫或者小老鼠进行自主评价。

2. 现场展评

①教师评。
②让学生之间按照要求互评。

3. 现场修改

【设计意图】此环节通过从书写格式、标点符号、写话要素等方面进行教师评、生生互评等方式，让学生在写话中愿学、乐学。

六、课堂总结

七、板书

老鼠遇见猫

看清图意 　　合理想象

变静为动 　　妙笔生花

【作业设计】

（一）课前预学单

1. 整体观察图中人物

①图中有_____和_____。

②这是一只_____的猫，一只_____的小老鼠。

2. 描述它们分别在什么地方做什么

①猫在_____（地方）_____（做什么）。

②小老鼠在_____（地方）_____（做什么）。

（二）课中导学单

①想象图中人物的语言、动作、表情、心理。

②按照想象说一说。

③根据图画内容，通过对人物的观察、想象以及与同伴的交流，把你想到的写下来。

（三）课后检测单

看看下面这幅图，想一想：3个小动物用鸡蛋壳做了什么事情？把你想到的写下来。

【教后反思】

本课教学首先引导学生从整体到细节进行有序观察，让学生养成良好的观察习惯，感受到自己在课堂中的进步，增强自信心的同时，提高口语表达和写话能力；再启发学生从局部到整体、单一到多元、静态到动态地想象，激活了学生思维，点燃了学生参与课堂活动的热情，收到了很好的效果；然后引导学生对自己所想内容进行生动讲述，不仅理顺了思路，还训练了口语表达能力；接着让学生把所观、所思、所议落到笔头；最后通过教师评、生生互评的方式，让看图写话变得完整、生动、有趣，促进学生表达能力和思维的发展，让学生体验高效学习的乐趣，完成一次精彩的看图写话。整个教学过程中仍有可能存在不足，例如，教师在引导想象时，学生们虽然很积极，但是他们的想象不够合理；在落实书面表达的过程中，部分学生不能"我手写我口"。教师如果能在这些方面下足功夫，未来的课堂呈现会更加精彩。

（供稿：四川省成都市盐道街小学通桂校区 李烬 王燕）

二年级上册《语文园地三》看图写话
一课时教学设计

【单元解读】

统编版小学语文教材二年级上册第三单元，通过编排《曹冲称象》《玲玲的画》《一封信》《妈妈睡了》等四篇课文凸显本单元教学目标——培养学生重视问题的讨论，给学生思考的空间与时间，突出"借助词句，尝试讲述课文内容"的教学重点。

二年级上册《语文园地三》看图写话是整套教材的第一次纪实类写话练习，其题目为"我最喜爱的玩具"，要求学生思考并写出"你最喜欢的玩具是什么？它是什么样子的？它好玩在哪里？"。在教学中，教师先让学生选择自己最喜爱的玩具，接着让学生用一句话介绍自己最喜爱的玩具是什么，它为什么是自己最喜爱的玩具；然后点拨学生从整体感官入手，观察玩具的特征，再由此联想到自己与最喜爱的玩具在"朝夕相处"的过程中发生的趣事，并写几句完整通顺的话将趣事表达清楚、完整，体验写话的乐趣。

【文本解析】

本课中，学生将第一次尝试看图写话。一方面，教师要教导学生清楚地表达、把话说完整，并让学生学会正确使用逗号、句号等标点符号；另一方面，要引导学生从颜色、形状等多种角度去介绍玩具，点拨学生，让其说话有逻辑有条理。教师只有一步一步地对学生进行由表及里的引导，才能充分调动学生的积极性，为看图写话打下扎实的基础。

【学情分析】

本次纪实类写话以"我最喜爱的玩具"为主题，要求学生写出玩具的样子和好玩之处。因二年级的学生初次接触纪实类写话，对纪实类写话的建构和认知都不够清晰，所以需要教师带领其搭建写话框架，由扶到放地建立学生对纪实类写话的初步认知。学生从一年级的看图写话过渡到二年级的纪实类写话，在标点符号的使用方面也不能做到完全规范和正确，需要教师在本册的几次写话练习中不断规范及教导。二年级的学生对玩具非常了解，像本课一样贴近生活的题目能激起他们表达的欲望，使其做到有话可说、有话可写，从而充分调动学生的积极性。此外，二年级的学生模仿能力较强，教师可提供正确的书写范例，让学生在模仿中掌握写话的方法；也可借助作品展示、同伴评价等多种方式，把评价融入写话过程中，让学生不断获得写话的成就感。

【教学目标】

①能清楚表达玩具特征（或者自己与玩具的故事），并按照一定的逻辑顺序写下来。（重点）

②在写话时做到格式正确，尝试运用课文生词或生活中积累的词语，正确使用逗号、句号等标点符号。（难点）

③在写话中感受到玩具带来的乐趣。

【教学过程】

一、图片导入，引导观察

①教师利用幻灯片展示各种玩具的部分图片。

②教师提示学生仔细观察并猜一猜这些图片里都是什么玩具。

【设计意图】让学生观察玩具的部分图片，联系生活实际猜一猜，从而激发学生的积极性。

二、聚焦具体，想象画面

（一）聚焦最喜爱的玩具

①让学生找出自己最喜欢的玩具的特点、功能、作用，回忆与它之间发生的故事。

②让学生说一说为什么最喜欢这个玩具。

（二）开展"最受欢迎玩具征集令"活动

教师指导学生仔细观察自己最喜欢的玩具并说一说其特点，试图让其成为全班"最受欢迎"的玩具。

【设计意图】写话时先确定要写的主题事物（如某一个玩具），这样才能抓住题意，这是写好看图写话的重要前提。在此基础上，再让学生对自己最喜爱的玩具进行细致观察，并引导其从哪些方面去观察。最后，让学生想象与它之间的有趣互动，让学生做到心中有话，下笔如神。

三、扶梯建立，由扶到放

（一）根据例句，填写完整的句子（说一说）

例句：你最喜欢的玩具是什么？我最喜爱的玩具是_____，因为____

_____。

（二）从整体到部分仔细观察玩具（以玩具狗为例）

①教师问学生：你觉得它是一只怎样的狗？

②教师问学生：玩具狗的可爱、调皮、漂亮、开心表现在哪些方面？

③教师引导学生仔细观察玩具狗的外形特征（眼睛、鼻子、嘴巴、耳朵、铃铛、身体、脚、皮毛），与师交流。

④教师指导学生如何向别人介绍这只玩具狗。

⑤教师提示学生按照由上到下的顺序（耳朵、眼睛、鼻子、嘴巴、铃铛、身体、脚）介绍玩具狗。

⑥让学生说一说：为什么最喜爱它（玩具）？在学生介绍理由时，教师要提示学生，帮助学生拓展思维。

⑦教师评、生生互评。

【设计意图】教师通过引导学生仔细观察，抓住观察事物（玩具）的外形特征（如：眼睛、鼻子、嘴巴、耳朵、铃铛、身体、脚、皮毛），并点拨学生，让其明白在写话中应体现条理性，让学生创作出来的文本更具体更有序。

四、认真书写，妙笔生花

（1）让学生说清楚自己对玩具的整体观感以及玩具的样子、特点

（2）教师出示书写要求

①开头空两格，每个字及标点占格不顶格。

②写话写完整、写通顺，不会写的字用拼音代替。

③写字做到"三个一"。

【设计意图】学生通过对最喜爱的玩具进行细致观察，回想其在生活中与自己朝夕相处的点滴，有序且具体地表达自己对玩具的喜爱之情，打破学生对第一次写话的惧怕心理，做到有话可说，从而落实教学目标。

五、现场展示，合理评价

1. 出示展评要求

具体要求：

①认真书写、格式正确。

②准确表达玩具名称、样子、特点以及与它的故事等。

③加入好词佳句。

④提出优点与建议。

2. 现场展评

(1) 教师评

(2) 生生按评价要求互评

3. 现场修改

【设计意图】学生只有掌握书写格式、标点符号、写话要素的正确使用方式，从第一次写话练习开始落实到位，才能为本学期后面几次写话练习奠定坚实的基础。教师以教师评、生生互评等方式，指出学生的优点与不足，提出修改意见，指导学生当场修改，帮助学生在初次写话练习中建立基本的写话框架。

六、课堂总结

七、板书

我最喜爱的玩具
整体观感：形容词
样子：外貌特征
特点、功能、作用、与它的故事

【作业设计】

（一）课前预习单

1. 让学生准备一个最喜爱的玩具

2. 让学生思考应按照怎样的顺序去观察玩具

（二）课中导学单

1. 以"玩具狗"为例，进行外貌描写

＿＿＿＿＿的眼睛（鼻子、嘴巴、耳朵、皮毛……）

2. 点评

（1）优点是＿＿＿＿＿＿＿＿

（2）建议是＿＿＿＿＿＿＿＿

3. 想一想

除了对其进行外形特征的描写，我们还可以从哪些方面进行描写？

（三）课后检测单

观察自己最喜爱的文具，说明为什么最喜爱它，并清楚地写出来。

【教后反思】

本课是学生接触的第一次纪实类写话，二年级写话是三年级习作的过渡。教师在教学中要想方设法地让学生初次走进写话里，激发学生的写话兴趣。教师在教学过程中以玩具狗为例，引导学生看图写话，既贴近学生生活，也便于学生从各角度仔细观察，解决学生无话可说无话可写的难题。接着，教师引导学生领悟观察方法——从整体到局部、由上到下，使学生在观察时更加深刻地感受到"有顺序"的重要性，为学生在本册书后几次的写话中奠定如何写话的意识基础。在"说"的基础上，教师指导学生注意书面表达形式，帮助学生养成良好的写作习惯，为学生今后的习作打下了扎实的基础。

教师从观、想、说、写、评一步一步地引导学生搭建写话的框架，带领学生掌握写话的正确格式及标点符号的正确用法，在引导学生习得观察方法的同时培养与锻炼学生会话的条理性（逻辑性），避免学生在未来的写话练习中出现逻辑混乱的问题。

（供稿：四川省成都市盐道街小学通桂校区　曾铃苏）

二年级下册《语文园地四》看图写话教学实录

在《语文园地四》看图写话中，一只小虫子、一只蚂蚁和一只蝴蝶用鸡蛋壳做了一件有趣的事情。本次看图写话要求是"让学生根据图画内容清楚、具体地写出它们做了什么"，旨在通过引导学生观察图片，创设情境，让学生愿意写，有东西可写。

【教学过程】

一、创设情境，引起话题

（一）师生对话，激发兴趣

师（设置悬念）：今天，老师给小朋友们准备了一个小小的礼物！瞧瞧看，这是什么呢？（在课件上出示半个蛋壳的图片）

生（齐声回答）：半个蛋壳。

师（激发兴趣）：是的，就是半个蛋壳。现在我就要把这个礼物送给你，你会把它做成什么呢？开动你的小脑筋。

生（迫不及待）：晴天娃娃、花盆、脸谱……

（二）设置疑问，引出故事

师（声情并茂）：森林里的3只小动物相约一起玩耍时也发现了这半个蛋壳，于是和你们一样开动脑筋，想要用这半个蛋壳做点什么。猜猜它们会做什么呢？（在课件上出示图片）

二、指导看图，创编故事

（一）初步观察，了解画面

（教师在课件上出示小虫子、蚂蚁和蝴蝶的图片）

师：瞧，图上都有谁？

生：有小虫子、蝴蝶和蚂蚁。

师：除了这 3 只小动物，还有什么？

生：还有一个跷跷板。

师：请你再仔细观察，还有吗？

生：还有草坪和半个蛋壳。

师：你观察得可真仔细呀！图片里不仅有我们可爱的小动物，还有草坪和半个蛋壳。

（二）聚焦人物，初步表达

1. 仔细观察，初知图意

师（继续引导）：请认真、仔细地观察第一幅图，想象它们是怎么玩的？

生 1（仔细思考）：小虫子和小蚂蚁正在玩跷跷板，有一只蝴蝶飞过来看它们玩。

生 2（补充说明）：小蚂蚁和小虫子一起找来了一块木板，把木板放在了蛋壳上，于是它们的跷跷板就做成了。小虫子和小蚂蚁便一起玩跷跷板，小蝴蝶就在旁边观看。

师（表扬）：你们都有一双明亮的眼睛，发现了它们把蛋壳改造成了跷跷板。你们也都有一张巧嘴，能简单地说清楚它们是如何玩耍的。真不错！

2. 展开想象，活化画面

师（调动兴趣）：现在老师想看看谁的眼睛更亮，请你们再仔细地观察小虫子、小蚂蚁、小蝴蝶的动作和表情，插上想象的翅膀，思考 3 个小动物玩耍的具体过程。谁来说一说。

生 1（积极发言）：小虫子和小蚂蚁迫不及待地爬上了跷跷板。它们都想要快一点玩到跷跷板。小虫子爬上去用身子使劲往下一压，跷跷板就翘了起来。它心想：我可是玩跷跷板的高手，小蚂蚁绝对不是我的对手。就在这时小蚂蚁就被顶了起来。此时的小蚂蚁心里别提有多着急了。

生 2（开心地说）：小虫子不费吹灰之力就把小蚂蚁跷了起来。它得意地说："我可是玩跷跷板的高手！"小蚂蚁听了下定决心：我一定可以赢了小虫子的。于是它竭尽全力地压着跷跷板。在一旁观看的小蝴蝶大声喊道："小蚂蚁，你一定可以的，加油，使劲！"

师（总结）：听了你们的回答，老师眼前仿佛出现了 3 个小动物玩耍时情景。真是太棒了！你们让 3 个小动物动了起来，让这幅图画也动了起来，真是太有趣了！

（三）生生互说，激情互动

师（引导）：听了同学们的发言，你一定也跃跃欲试了。接下来和你的同桌来说一说这幅图，看看谁说得更有趣！如果他说得好，请你表扬他；如果需要改正的，请你帮帮他。（全班反馈，师生评价）

生（兴趣高涨）：一天早上，小虫子、小蚂蚁和小蝴蝶一起来到草坪上玩耍。忽然，小虫子看到草地上有半个蛋壳，于是他们决定将这半个蛋壳做成跷跷板来进行比赛。小虫子爬上跷跷板，一爬上去就用自己的身子使劲往下一压，跷跷板就翘了起来。它心想：我可是玩跷跷板的高手，小蚂蚁绝对不是我的对手。于是它得意地对小蚂蚁说："我可是玩跷跷板的高手，你可不是我的对手。"小蚂蚁被小虫子一下子顶了起来，本来就着急得很，听到小虫子这样说，心里更着急了。于是它竭尽全力地压着跷跷板。在一旁观看的小蝴蝶大声喊道："小蚂蚁，你一定可以的，加油，使劲！"

师（认真倾听，认真评价，饶有兴趣）：你能抓住图片中最重要的部分，不但有小动物的动作、表情，还添加了它们的语言、心情，把图片内容更完整地说了出来。

三、尝试写话，修改评价

师：同学们已经能够说出自己通过图片所看到的、想到的。现在到了考验你们的时候了。请你把这幅图内容写下来吧！

师：有的小朋友已经写完了，现在要迫不及待地向我们分享他的作品了。（投影展示学生的作品）

四、生生互评，共生共长

师（饶有兴趣）：他的这段话写得怎么样？你有补充吗？

生（跃跃欲试）：他写得很好，语句通顺，用词恰当。我有补充：小虫子也不甘示弱，于是奋力一跷。就这样，它们两个在小蝴蝶的加油声中快乐地玩耍。天渐渐黑了，它们也依依不舍地回家了。

师（满意）：同学们互帮互助，完成了一篇精美的看图写话，你们也快快让自己的写话更精美吧。

【同伴点评】

学生在课堂上仔细地观察图片，展开想象，对图片进行口头的讲解，并落到笔头上。最后，教师通过生生互评、教师评的方式，完成了一次精彩的看图写话，让看图写话变得生动、有趣，促进学生表达能力和思维能力的发展。教师在教学过程中要关注提高学生的参与度，如多展示一些学生的作品。这样，课堂将会更出彩。此外教师还应进行精准及时的点评。

（供稿：四川省成都市盐道街小学通桂校区　李佳芯）

三年级上册第 19 课《海滨小城》随文小练笔教学实录

在三年级上册第 19 课《海滨小城》的课堂教学中，教师在引导学生学习课文第四、第五和第六自然段，充分感受到关键句在一段话中的作用后，组织学生进行了随文小练笔，让学生围绕两个关键句写一段话。这两个关键句分别是："车站的人可真多"和"我喜欢夏天的夜晚"。本次随文小练笔的目的在于让学生根据课文所学，联系生活，举一反三，学以致用。

一、思维碰撞，边看边说

师（调动学生兴趣）：你能试着像作者这样选择一个场景来说一说吗？（出示两幅图）请同桌两个人从这两幅图中任选一幅图展开交流。请试着围绕关键句，留心观察。

二、说出精彩，自信表达

生（开心地说）：我选第二幅图"我喜欢夏天的夜晚"。我喜欢夏天的夜晚。走在静谧的湖边，我总能听到昆虫的叫声，头顶的月亮像一个大圆盘一样映照在平静的湖面上。这画面可真美呀！

三、智慧引领，教师点评

师（听后评价）：围绕"我喜欢夏天的夜晚"，你的描绘中有看到的、听到的、想到的。如果你能再用上"闻"这个观察方法就更好了。谁来帮他补充？

生（兴趣高涨）：我来补充。走在绿草地上，我还能闻见花草树木的清香，让人沉醉其中。

四、妙笔生花，写下片段

师：这样就更加完整了。我们不仅会说，还要会写，快把你们刚才交流的内容写下来吧！拿出学习单，完成小练笔。

生根据老师提示认真书写片段。

师（开心点赞）：有的小朋友已经迫不及待地要和大家交流他写的内容了，请你给大家读读自己写的这段话。（投影展示学生习作片段）

生（自信）读：车站的人可真多。有的在售票厅买票，有的在候车厅等车，还有的坐在行李箱上看手机。这时广播响了：请乘坐 D1896 次列车的旅客检票进站。人们纷纷从座位上站起来，像豹子一样冲向检票口。

五、共生共长，生生互评

师（饶有兴趣）：他写的这段话怎么样？你有补充吗？

生（踊跃发言）：他写得很好，用上了观察方法中的"看""听"和"想"。我补充"闻"。坐在座位上的人们时不时会闻到从商店里飘出来的饭菜香，真诱人啊！可惜时间来不及了，他们要乘车了。

生：我觉得"像豹子一样冲向检票口"不太合适，可以改成"人们纷纷从座位上站起来，有序排队通过闸机。回家的感觉真好！妈妈包的饺子味道好极了！"

师：互相帮助、互相学习，快完善一下你们的小练笔吧。

【同伴点评】

教师紧紧抓住"围绕关键句写一段话"这一语文要素，从观、想、说、写、评 5 个方面指导学生写一段生动、具体的话。在这个过程中，教师通过教师评、生生互评的方式，让学生积极地参与到课堂中来，从而达成教学目标。如果时间允许，教师可以多展示几个学生的作品，增强学生的成就感。

（供稿：四川省成都市盐道街小学通桂校区 秦雪美）

抓关键词提纲挈领　提取信息丰富形象储备

——小学中段概括能力提升优化策略

一、概括能力的含义和概括能力训练

（一）概括能力的含义

概括是指分析、归纳文章的主要内容。概括能力是指分析和概括作者在文中所要表达的情感，最后用简明扼要的语言把所阅读的内容准确表达出来的能力。在阅读学习中，不管是内容信息提取、文章主旨把握、学习方法获得，还是策略形成、认识提升以及表达能力提高，都离不开概括能力。

概括能力是小学生阅读理解必备的基本能力，是理解能力的核心，是自主语用的前提，是参与文学创作的基础。

（二）概括能力训练

教师要提升学生的概括能力，需要引导学生紧扣文题，分析段落层次，理清人物关系和事件内部联系，通过要素串联，形成人、事、景物等的统整。

概括能力训练重点发展学生的抽象思维能力。教师通过板块化教学设计，依托观察、发现、演绎、归纳等手段，引导学生找到归纳完整信息的有效方法和策略。

二、小学中段概括能力提升的课标要求和教材支撑

（一）课标要求

新课标重视概括能力的训练。第二学段的阅读目标中明确提出"能初步把握文章的主要内容"的要求，第三学段提出"阅读说明性文章，能抓住要点""阅读叙述性作品，了解事件梗概，简单描述自己印象深刻的场景、人物、细节""阅读诗歌，大体把握诗意"等要求。从这些表述中可见，概括能力的提升在小学语文新课标中占据重要地位。

（二）教材支撑

统编版小学语文教材从二年级开始安排概括能力训练，内容从段落、短文、长文再到长篇小说，方法包括借助语句提取主要信息，借助关键词句把握起因、经过、结果三要素，关注人物、事件等。相关单元的概括能力训练编排要点如下表所示：

小学语文概括能力训练编排表

年级	单元	要求
二年级上册	第六单元	借助词句，了解课文内容
二年级下册	第六单元	提取主要信息，了解课文内容
三年级上册	第六单元	借助关键语句理解一段话的意思
三年级下册	第三单元	了解课文是怎么围绕一个意思把一段话写清楚的
	第四单元	借助关键语句概括一段话的大意
	第七单元	了解课文是从哪几个方面把事物写清楚的
	第八单元	了解故事的主要内容，复述故事
四年级上册	第四单元	了解故事的起因、经过、结果，学习把握文章的主要内容
	第七单元	关注主要人物和事件，学习把握文章的主要内容
	第八单元	了解故事情节，简要复述课文
四年级下册	第六单元	学习把握长文章的主要内容
五年级上册	第三单元	了解课文内容，创造性地复述故事；提取主要信息，缩写故事
	第八单元	根据要求梳理信息，把握内容要点
五年级下册	第一单元	体会课文表达的思想感情
六年级上册	第五单元	体会文章是怎样围绕中心意思来写的；从不同方面或选取不同事例，表达中心意思
	第六单元	抓住关键句，把握文章的主要观点
	第八单元	借助相关资料，理解课文主要内容
六年级下册	第二单元	借助作品梗概，了解名著的主要内容

此外，课后习题也是概括能力提升的重要途径。其设置目的或是夯实基础知识，或是为教师提供指向性教学目标，提高学生学习能力。在课后习题中设置相应的概括内容题型，有助于进一步提升学生的概括能力。

例如，统编版小学语文教材四年级上册第15课《女娲补天》的略读提示

"默读课文，说说故事的起因、经过和结果"，为学生概括课文内容提供了方向指导。

三、小学中段概括能力提升的教学策略

我们在梳理统编版小学语文教材时不难发现，用于训练学生概括能力的文本常以记叙文和说明文为主。以记叙文为例，教材有意识地将此类文本概括能力训练的要素、方法、策略、注意事项进行功能归类，帮助学生提高概括能力。

题目入手，预测内容　尝试验证，任务驱动　**扩展题目**　**聚焦要素**　勾画圈找，提炼要素　巧借支架，分步合并

明确主体，统一线索　结构工整，简洁明了　**串联要素**　**理清内容**　划分段落，把握结构　提取信息，分层概括　调整顺序，顺畅表达

小学中段概括能力提升的教学策略

（一）扩展题目

从题目入手预测文章内容，是概括文意的基本策略。题目具有高度的概括性和简约性，或揭示主旨，或统领全文。学生通过文章题目，可以预测文章内容。例如，统编版小学语文教材四年级上册第12课《盘古开天地》，学生通过课文题目串联记叙文六要素便可了解课文大意。

（二）聚焦要素

记叙文以时间、地点、人物、事件的起因、经过、结果这六要素作为基础。抓住记叙文六要素，能够帮助学生快速概括课文主要内容，通过勾画圈找和句式支架，初步概括文本内容。

1. 勾画圈找，提炼要素

提取信息是学生的基本阅读能力之一，也是进行文意概括的前提。统编版小学语文教材四年级上册第六单元明确指出学生要学会运用批注的方法阅读，这就为提取记叙文六要素提供了方法指导。又如，统编版小学语文教材四年级上册第12课《盘古开天地》一文中，让学生在文中勾画出关键词句，提炼相

关信息。如果教师再引导学生对文意进行适当梳理，学生就能较快地把握文本大意。

2. 巧借支架，分步合并

提取信息后如何将信息进行整合，对于初学概括的学生来说有一定难度，教师可以给学生搭建支架。例如，统编版小学语文教材四年级上册第 22 课《为中华之崛起而读书》，学生通过默读提取出以下信息：时间（十二岁那年）、地点（沈阳）、人物（周恩来）、事件（对中华不振感到疑惑）、感受（要为中华之崛起而读书）。在此基础上，教师可以为学生搭建支架，将课文内容概括为：十二岁那年，在沈阳，伯父告诉周恩来中华不振，周恩来对此感到疑惑，下决心"为中华之崛起而读书"。

（三）理清内容

1. 划分段落，把握结构

对于篇幅较长的记叙文，学生无法通过文章题目直接把握课文内容，教师在教学时应先引导学生把握文本结构，理清文本层次，再对学生进行概括能力培养。

例如，统编版小学语文教材四年级上册第 17 课《爬天都峰》，教师在教学时可先引导学生理清文章结构，按爬山前、爬山中、爬上峰顶后划分段落，为之后提取信息做好铺垫。

2. 提取信息，分层概括

学生虽然可以通过提炼记叙文六要素概括文章大意，但如果遇到多重叙事文，学生通过记叙文六要素概括主要内容时就会有难度。这是因为在多重叙事文中，学生或是对主要事件定位不当，或是对次要事件概括不全。这就需要学生对课文内容进行分层概括。

例如，在《为中华之崛起而读书》一课中，教师可引导学生从文中抓关键词句，提取信息进行总结概括。教师可向学生提供一个表格，引导学生分层概括课文。学生根据表格信息，以"什么时间，谁在什么地方做什么事情"的句式将每件事分别表达清楚。

3. 调整顺序，顺畅表达

记叙文是以记人、叙事、写景、状物为主要内容的一种文体，常以顺叙、倒叙、插叙来体现，学生在概括记叙文的主要内容时常常会出现表述内容不连贯的问题，或是因为连接词使用不当，使文章不通顺；或是因为未理清事件内部联系，使表述无重点。

例如，《为中华之崛起而读书》一文记录了 3 件事，学生在对每件事进行概括总结后会发现，课文并不是按照事情发展的先后顺序写的，而是先写的结果再写原因。教师可以启发学生用"之所以……是因为……"的句式来连接第一件事和第二、三件事，从而使学生能够按照课文的顺序说清楚主要内容。同时，教师可以进一步启发学生思考：怎样按照事情发展的时间顺序概括课文主要内容？首先，教师要引导学生理清文中 3 件事的时间顺序，用表示时间变化的句式将 3 件事连起来，从而实现按照事情发展的顺序说清楚课文主要内容的目的。

（四）串联要素

1. 明确主体，统一线索

对于长课文，教师可要求学生在快速阅读文章后从不同角度列出小标题。例如，教师可引导学生聚焦主人公，以主人公为主体，归纳主人公做的事情，并总结其具有什么特点或品质。再比如，教师可引导学生围绕文章线索概括小标题，把小标题串联成规范概括语，以达成教学目标。

在统编版小学语文教材四年级下册第 20 课《芦花鞋》中，若聚焦主人公青铜，可拟出小标题：编芦花鞋、卖芦花鞋、雪中坚持卖鞋、卖了自己穿的鞋；若聚焦文章线索"芦花鞋"，则可以拟出小标题：编芦花鞋、卖芦花鞋、爱芦花鞋、最后一双芦花鞋。上述两种方法，都可以较快地完成文章大意的概括。

2. 结构工整，简洁明了

教师在引导学生列小标题时要注意保持标题结构对仗工整，以"主人公＋做什么""主人公＋怎么样"或"文章线索＋怎么样"的形式出现。

例如，统编版小学语文教材五年级上册第 2 课《落花生》，可用"种花生、收花生、尝花生、议花生"4 个小标题概括课文主要内容。

四年级上册第23课《梅兰芳蓄须》
一课时教学设计

【单元解读】

本单元以"家国情怀"为主题，选取《古诗三首》《为中华之崛起而读书》《梅兰芳蓄须》《延安，我把你追寻》4篇课文。在家国大义面前，不同历史时期的人们展现出了不同的风采。在本单元的4篇课文中，有建立军功、保家卫国的戍边将士；有将个人命运与国家命运视为一体的勇士；有立志为中华之崛起而读书的伟人；有蓄须罢演、临危不惧的名人；还有推动革命斗争和祖国建设的普通人。

本单元的语文要素是"关注主要人物和事件，学习把握文章的主要内容"。这一要素是对三年级"了解故事的主要内容"的进一步提升。

【文本解读】

《梅兰芳蓄须》讲述了抗日战争时期，著名京剧表演艺术家梅兰芳先生的义举：为了不给日本人演戏，他蓄须明志；即使没有经济来源，只能靠卖房度日，他也坚决不给日本人表演；为了拒绝日本人，他甚至打针装病，险些丢掉性命。直到抗战胜利，他才剃掉胡须，重新登台演戏。本课教学侧重于引导学生掌握"了解故事的起因、经过、结果，学习把握文章的主要内容"这一方法，把握课文的主要内容，进一步提升学生对复杂文本信息的概括能力。

【学情分析】

学生在三年级下期初步学习了如何概括文章内容，在学习本册第四单元时系统掌握了"了解故事的起因、经过、结果，学习把握文章的主要内容"。在学习本单元时，学生可在此基础上继续学习如何把握含有多件事的文章的主要内容，充分夯实概括能力。

【教学目标】

①认识"蓄、迫"等11个生字，读准多音字"宁、要"。

②能说清楚梅兰芳用了哪些方法拒绝日本人以及他所经历的危险和困难。（重点）

③学习掌握多件事归纳文章主要内容的方法。（难点）

④感受梅兰芳高尚的爱国情感和坚定的民族气节。

【教学过程】

一、导入揭题

1. 齐读课题，自主质疑

2. 了解人物，丰富认知

学生根据课前搜集的资料，分享对梅兰芳的了解。教师补充人物资料。
教师出示课件：

（1）旦角：文字资料＋图片。

（2）了解代表作。

（3）出示媒体对梅兰芳的评价。

（4）出示课文对梅兰芳的介绍，拉近学生与文本的距离。

二、初读课文

1. 检查生字词

①出示生字，小老师教读。

②齐读多音字所在的句子。

2. 自读课文：批注关键信息

①读：读准字音，读通句子。

②圈：圈出表示时间的词语。

③想：梅兰芳给你留下了什么印象？哪些自然段描写了梅兰芳拒绝为日本人演戏的事情？

【设计意图】据题质疑，创设情境，可以让学生对文本阅读产生期待；通过对课文进行简单的圈画批注，学生可以理清课文大致内容，初步感知梅兰芳的形象。

三、概括内容，感知形象

（一）学生活动一：共同提取概括梅兰芳 3 次拒演的信息

1. 引导学生概括梅兰芳第一次拒演的信息

教师引导学生在课文中提取梅兰芳第一次拒演的信息，例如：梅兰芳用了什么方法拒演？梅兰芳经历了什么困难和危险？并要求学生找关键句，教师相机勾画，用文中的关键词进行总结（板书内容：藏身租界、深居简出、不再登台）。

找出关键句（师相机勾画）。

2. 总结学法

①勾：用横线勾画拒演方法，用波浪线勾画出描述梅兰芳经历困难和危险的句子。

②找：找出关键词。

③说：与同桌交流。

3. 让学生完成课中导学单的前三部分

梅兰芳 3 次拒演情况表

时间	拒演方法	困难和危险
第一次	藏身租界、深居简出、不再登台	虚度生命
第二次	蓄须明志	卖房度日
第三次	打针装病	险丢性命

4. 概括练习

教师引导学生再次回到相关段落，寻找梅兰芳每次拒演的原因，完成课中导学单第四部分并按照下列模板做概括练习。

因为_____（原因），梅兰芳_____（办法＋困难）。由于_____，他决定_____，即使_____。他宁可_____，也不_____。直到_____，他才_____。

5. 归纳多件事文章主要内容的概括方法

①勾画圈找，提取信息。

②归纳概括。

③合并信息。

【设计意图】精当点拨，由扶到放，学生在教师的引导下完成对梅兰芳三次拒演情况的梳理后，通过总结和学习，掌握提取和归纳信息的方法。在此基础上，教师放手让学生进行多件事信息的梳理归纳，理清课文内容，培养学生独立思考的能力。

（二）学生活动二：通过梅兰芳拒演行为，感知人物形象

教师导入：梅兰芳先生面对蛮横无理的日本侵略者，他一次又一次想办法拒演，最后险丢性命。这就是先生身上让人敬佩的民族气节。

1. 自主思考

教师提出要求：梅兰芳在一次次拒演过程中经历了许多危险和困难。给我们留下深刻印象的是哪一次？用"（　　）"括出关键词句，并批注出你的感受。

2. 同桌交流

模板：

_____给我留下了深刻的印象，当我读到_____，我感受到_____。

3. 全班交流

四、总结提升，升华情感

教师带领学生总结全文，感受梅兰芳身上的民族气节。

教师带领学生齐读"作为艺术家，梅兰芳先生高超的表演艺术让人喜爱，他的民族气节更令人敬佩！"在朗读中再次感受梅兰芳的精神，升华主题。

【设计意图】聚焦重点词句，体会人物气节。学生通过勾画关键词句，批注阅读感受，在交流中感知人物精神。

【作业设计】

（一）课前预学单

①浏览思考：本文一共有（　　）个自然段。
②再读课文，在课文中圈画生字新词。
③我把课文读了（　　）遍后，能做到不漏字、不加字、不错字并且流利、有感情地朗读课文。

（二）课中导学单

导学单

时间	拒演方法	困难和危险	原因

时间	拒演方法	困难和危险	原因

（三）课后检测单

梳理课文中的 3 件事，并将其串联成课文主要内容。

第一件：＿＿＿＿＿＿＿＿＿＿＿＿＿＿＿＿＿＿＿＿＿＿＿＿＿＿

第二件：＿＿＿＿＿＿＿＿＿＿＿＿＿＿＿＿＿＿＿＿＿＿＿＿＿＿

第三件：＿＿＿＿＿＿＿＿＿＿＿＿＿＿＿＿＿＿＿＿＿＿＿＿＿＿

主要内容：＿＿＿＿＿＿＿＿＿＿＿＿＿＿＿＿＿＿＿＿＿＿＿＿＿

【教后反思】

通过本课的学习，学生的概括能力得到了有效提升，情感得到了升华，爱国主义扎根心中。教师应使用更加精练的语言促学促思，体现学生的主体性，提升要素达标，掌握方法运用，获得成功体验。

（供稿：四川省成都市盐道街小学通桂校区　陈玲）

四年级上册第 2 课《走月亮》一课时教学设计

【单元解读】

本单元以"自然之美"为主题，《走月亮》是本单元第二篇课文，本课主要描写了"我"和阿妈在秋夜月光下散步时的所见所想，为我们展现了一幅静谧优美的乡村夜景图。

本单元的语文要素为"边读边想象画面，感受自然之美"，旨在将静态丰富的语言文字转化为动态的画面，帮助学生理解语言文字，并能通过概括小标题，加深对文本内容的深刻感知，让学生的理解来源于文本且超越文本内容本身，使学生掌握阅读思维和阅读方法。

【文本解读】

《走月亮》是一篇散文，全文共有 9 个自然段，描述"我和阿妈走月亮"的三个场景：一是"我"和阿妈在洒满月光的小路上走月亮；二是"我"和阿妈在溪边走月亮；三是"我"和阿妈在村道和田埂上走月亮。这 3 个场景共同构成一幅灵动的诗意月景图。让学生通过丰富的想象，加深对文本语言的理解和感知，是本篇课文的学习重点。

【学情分析】

小学中段学生对于语言文字的理解由具象向抽象过渡。因此，为了帮助学生更好地把握课文内容，教师要给学生搭建适切支架：一是带领学生概括"走月亮"的 3 个场景；二是引导学生联系生活，调动多种感官，边读边想象，收获阅读美感体验。

【教学目标】

①认识"鹅、卵"等 8 个生字，会写"淘、牵"等 15 个字，会写 14 个词语。

②有感情地朗读课文，背诵第四自然段。（重点）

③概括月下画面，能边读边想象课文中描写的画面，和同学交流印象最深刻的语段。（难点）

【教学过程】

一、赏月吟诗，导入揭题

①教师带领学生齐读课题，对题目进行自主质疑。

②教师引导学生回顾之前学过的和月光有关的诗句。

【设计意图】教学初始，教师引导学生对课题进行质疑，有助于提高学生的阅读积极性。教师引导学生诵读相关诗句，有助于学生创设情境，丰富积累。

二、初读课文，整体感知

①自读课文，概括课文主要内容。

②自主识读生字，关注多音字"假"。

③关注行文线索"我和阿妈走月亮"，明确这句话在文中的作用。（反复抒情、移步换景）

④概括文本中"走月亮"的 3 个场景，并在课件上出示要求：

"我"和阿妈走月亮时，去了哪些地方？用▲标注。

"我和阿妈走月亮"在课文中反复出现，在文中用"//"给课文分段。

⑤教师在学生根据上述要求提取信息、划分段落、把握课文结构后，引导学生讨论，将课文内容总结如下：

地方：溪边；村道；田埂。

结构划分：以"我和阿妈走月亮"一句为线索，划分了3个部分。每个部分为一个场景。

场景概括：在小路上走月亮；在溪边走月亮；在村道和田埂上走月亮。

【设计意图】学生自主识读生字，有助于提高自主识字能力；通过简单标注提取关键信息，可以抓住行文线索，对课文进行初步划分，从而整体把握文意。

三、精读细品，理解感悟

（一）引导学生学习第一个场景

1. 教师出示学习要求

读：朗读第一个场景所对应的文字。

勾：勾画出最能打动你的句子，批注关键词。

说：试着描绘第一个场景所呈现出来的画面。

2. 学生完成部分导学单，展开小组交流

学生在学习方法的指导下完成部分导学单，并与小组其他成员交流。

3. 全班反馈

4. 教师重点指导

教师指导学生调动多样感官感知"看到""听到""闻到"的内容；感受拟人修辞手法在描述小水塘的形状以及倒映在水中的月影时所起到的重要作用。

（二）学以致用

1. 四人小组活动

教师让学生用上述方法自主学习第二个和第三个场景，继续完成导学单。

2. 全班反馈交流

3. 教师重点指导

【设计意图】教师借助导学单，由扶到放，引导学生感受第一个场景的迷人，并适时迁移学法，让学生用小组合作学习的方式学习剩下的两个场景，强化学生语言的建构与运用。

四、情感升华，总结全文

①教师播放歌曲《母亲》，拉近文本和学生之间的距离。

②教师组织"我笔写我心"活动：让学生回忆和自己母亲在一起的点点滴滴，找出让自己印象最深刻的一次经历，用文字记录下来。

【设计意图】语文教学的本质就是进行语言运用，引导学生调动多种感官，运用适合的修辞手法，记录生活，并不断发挥想象，在相关场景中培养学生感受生活和表达生活的能力。

【作业设计】

（一）课前预学单

①默读思考：本课一共有（　　　）个自然段。

②再读课文，在课文中圈画生字。

③我把课文读了（　　　）遍后，能做到不漏字、不加字、不错字并且流利、有感情地朗读课文。

（二）课中导学单

地点	干什么	表达亮点	体会

（三）课后检测单

梳理课文中的 3 个地点及对应事件，并串联成课文的主要内容。

第一处：＿＿＿＿＿＿＿＿＿＿＿＿＿＿＿＿＿＿＿＿＿＿＿＿＿＿＿＿

第二处：_____

第三处：_____

主要内容：_____

【教后反思】

学生在教师的引导下，概括能力有所提升，能快速划分文章的结构，提取地点信息并概括主要内容。教师应注意在引导学生品味语言方面不要参与过多，要重视学生自己的自主感受。在今后的教学中，教师应精炼语言，尊重学生的感受，智慧导学，致力于学生自读能力的扎实提升。

（供稿：四川省成都市盐道街小学通桂校区　张小迪）

五年级上册第10课《牛郎织女（一）》一课时教学设计

【单元解读】

本单元以民间故事为主题，汇编了《猎人海力布》《牛郎织女（一）》《牛郎织女（二）》3篇课文。民间故事是古代劳动人民口耳相传的有趣故事，极富乡土气息，表达了劳动人民的美好愿望。民间故事情节曲折，蕴含着丰富的想象和人们对美好生活的期盼与追求。

本单元的要素是"了解课文内容，创造性地复述故事"。由于民间故事的篇幅较长，内容较丰富，教师在教学中首先要带领学生概括故事情节，把握课文主要内容，在学生的大脑中形成框架，让其有身临其境之感，才能将"创造性地复述故事"这一要素落地。

【文本解读】

《牛郎织女（一）》是一篇民间故事，属于叙事作品，讲述了牛郎从小被哥哥嫂子虐待，和老牛相依为命，后来在老牛的帮助下认识了织女，组成美满家庭的故事。本课课文情节曲折，想象丰富，结局圆满。教师在教学中应指导学生认识到：把握文章主要内容是开展"创造性地复述"的前提。

【学情分析】

本单元的要素是"了解课文内容，创造性地复述故事"。因此，教师在引导学生复述故事之前，需要引导学生概括故事的主要内容。教师在四年级上册已系统训练过学生以小标题的形式概括文章主要内容，现阶段学生基本可以做到学以致用、举一反三，将之前所学自主运用到本课之中，享受"创造性地复述"的快乐。

【教学目标】

①认识"嫂、恳"等 10 个生字，读准多音字"落"，会写"郎、爹"等 14 个字，会写"嫂子、剩饭"等 13 个词语。

②能用较快的速度默读课文，把握故事主要内容。（重点）

③能展开想象，把课文中写得简略的地方讲具体，并演一演。（难点）

【教学过程】

一、故事溯源，导入新课

①教师要求学生朗读课题，进入学习。

②教师要求学生在预习时搜集与本民间故事相关的资料，感知《牛郎织女》故事创编的历史，并在全班范围内进行交流。

③教师带领学生感知民间故事的特点源远流长，版本丰富，生动有趣。

【设计意图】让学生以《牛郎织女》为例，感知民间故事的特点：源远流长，历史悠久等，有助于激发学生对民间故事的研读兴趣，鼓励学生去探寻民间故事口耳相传的内在原因。

二、整体感知，把握故事情节

1. 学生自主识读生字，关注多音字"落"

2. 学生自读课文，划分自然段，理清结构

①按"童年—成人—成家"3 个阶段划分课文。

②以小标题概括每个过程所呈现的故事情节。在确定小标题时可以文本主人公为主体，也可以行文线索为主体。

导学单

阶段	概括故事情节（小标题）
童年	身世凄苦，相依为命
成人	赶出家门，照看老牛
成家	老牛相助，结识织女

【设计意图】让学生概括故事情节，既是在帮助学生温习旧知识，也是在帮助学生整体感知文意，为下一步复述故事搭好梯子。

三、品读语段，详细复述

（一）聚焦童年阶段

1. 朗读并感受

教师带领学生朗读第三和第四自然段，感受作者是怎么把牛郎和老牛的亲密关系写具体的。教师可在课件上出示下列内容：

牛郎照看那头牛挺周到……牛舒服，自己也舒服。

①圈：牛郎如何周到地照看牛。

②梳理内容：围绕关键字，梳理第三自然段的细节。

③同桌合作讲这一情节，并上台展示，评价是否保留了重要信息。

2. 同桌合作学习，练习复述故事

3. 展示评价

教师带领学生通过教师评、生生互评等方式，检查学生们在复述故事时是否漏掉了关键情节。

（二）学法迁移：聚焦成人、成家阶段

1. 学法出示

教师在课件上出示下列学法：

①圈：如何照顾牛以及如何与织女相识。

②梳理内容：围绕关键字，梳理细节。

③同桌合作讲这一情节，并上台展示。

④评价：是否保留了重要信息。

2. 4人小组合作，练习复述故事

（三）详细复述

1. 简单复述全篇

教师引导学生简单复述《牛郎织女（一）》全篇故事情节，说清故事的来

龙去脉。

2. 大胆想象，详细复述

详细复述是指把主要人物看到什么、说了什么、怎么做的讲详细、讲具体。教师应最大限度地包容并表扬学生在复述中表现出来的特点，如"添油加醋""活灵活现""角色扮演"等，并适时点评共享。

学生复述语例：

生1：一天，牛郎正牵着老牛在溪边休息。这时，牛郎看见邻居王爷爷正在辛苦耕地，看着王爷爷满头大汗，牛郎摸了摸老牛的头，轻轻靠在老牛身边说道："老牛啊，你看王爷爷一个人，还要耕这么多的地，多不容易啊，要不我们去帮帮他吧。"老牛微微抬起头，蹭了蹭牛郎的脸，"哞——哞——"叫了两声，好像在说："当然可以呀，你可真善良，我们现在就去吧!"

生2：此刻，众仙女们正围坐在一起，叽叽喳喳说个不停。一位仙女说："姐妹们，我们在这天宫每天除了织布，还是织布，这日子真是太无聊了，一点自由也没有。"这时，一位仙女悄悄探头，低声说道："我听说人间可有意思啦，街上有各种各样好玩的、好吃的……要不我们趁着王母娘娘打瞌睡或是喝醉的时候，偷偷溜下去玩玩吧!""好呀好呀!"众仙女异口同声地说。

3. 同桌合作交流，全班交流评价

【设计意图】教师组织学生先学习如何把一个简单的故事情节说具体、说完整，再让其通过具体的事例、丰富的细节把全篇故事讲具体、讲生动，层层递进，减轻了学生负担，增加了创造性复述的乐趣。

【作业设计】

(一) 课前预学单

①快速默读思考：本课一共有（   ）个自然段。
②再读课文，在课文中圈画生字。
③我把课文读了（   ）遍后，能做到不漏字、不加字、不错字并且流利、有感情地朗读课文。
④搜集与民间故事《牛郎织女（一）》相关的资料信息。

（二）课中导学单

导学单

阶段	概括故事情节（小标题）

（三）课后检测单

牛郎结识织女的部分，原文写得很简单，展开想象，丰富这个情节。

_____

_____

_____

【教后反思】

有了四年级的学习铺垫，学生能快速完成故事情节的概括，简单复述故事情节。在丰富故事情节部分，如果学生呈现出想象力不丰富的问题，教师可以在教学中增添视频微课，学生的创造性复述就会更好地展现。

（供稿：四川省成都市盐道街小学通桂校区　蔡晨熙）

四年级上册第22课《为中华之崛起而读书》
一课时教学设计

【单元解读】

《为中华之崛起而读书》是统编版小学语文教材四年级上册第七单元的课文。本单元课文主要是围绕"家国情怀"这个专题进行编排，包括《古诗三首》《为中华之崛起而读书》等两篇精读课文和《梅兰芳蓄须》《延安，我把你追寻》等两篇略读课文。上述 4 篇课文从不同角度讲述了名人的成长故事。"天下兴亡，匹夫有责"是单元的人文主题。"关注主要人物和事件，学习把握文章的主要内容"是单元的语文要素之一，也是本课的教学重点。

【文本解读】

《为中华之崛起而读书》讲述了周恩来少年时代的经历。他耳闻目睹了中国人在外国租界里受尽欺凌却无处说理的事情，从中深刻体会到伯父说的"中华不振"的含义，立志要为振兴中华而读书，表现了少年周恩来的博大胸襟和远大志向。本文结构严谨、层次清晰，是引导学生学习在阅读中体会人物的思想感情，激励学生将自己的学习生活与国家繁荣和民族复兴大业联系在一起的好文章。

【学情分析】

课文所写的内容距离学生生活比较远，对学生来说比较陌生，但学生对敬爱的周总理并不陌生。教师在课前可布置学生查找与旧中国"外国租借地"有关的资料、帝国主义侵略者侵略中国的资料，并了解周总理为振兴中华所做的贡献，让学生在课前交流，以便学生更好地理解课文。四年级的学生已具备了一定的理解、分析、归纳、朗读、感悟、小组合作学习等能力，本节课教学将进一步加强以上能力的培养。

【教学目标】

①认识并会写生词，正确读写词语。

②能默读课文，理清课文线索，把几件事串联起来概括课文的主要内容。（重点）

③能借助查资料的方法了解当时的社会背景，理解少年周恩来立志"为中华之崛起而读书"的原因，并联系实际，思考自己读书的目的。

④学习作者用因果关系来构段的写作方式。（难点）

【教学流程】

一、谈话导入，拉近生活

1. 联系生活实际，交流读书目的

2. 朗读题目，理解词语"崛起"

3. 审题目，猜主要内容

【设计意图】该板块设计意图有二，其一是联系学生生活，拉近文章与学生之间的距离，增强学生的认同感；其二是理解关键词语，帮助学生更准确地理解文章题目，进一步加深对课文的理解。

二、初读课文，感知大意，理清线索

1. 朗读课文

教师在课件上出示要求：

①读：读通全文，读准字词。
②勾：勾画介绍周恩来的信息。

2. 易错字读音正音

3. 介绍周恩来

①教师引导学生根据勾画信息介绍周恩来。
②教师要求学生汇报课前查找的有关周恩来的资料。

4. 初步感知，定位事件

①教师引导学生快速默读，定位事件段落
②学生交流："课文一共讲了 3 件事，第一件事是一至十自然段，第二件事是十一至十四自然段，第三件事是十五至十七自然段。"

【设计意图】以简单明了的要求帮助学生初步感知文章，整体把握事件。这也是概括策略之一。整体把握和理解篇章，明确文章线索，是为后面概括课文主要内容迈出的第一步。

三、再读课文，概括多件事课文的主要内容

1. 借助导学单，归纳每件事的主要内容

教师在课件上出示下列内容：

①默读课文一至十自然段，圈画关键信息，填写导学单。
②根据导学单信息，概括第一件事的主要内容。

导学单

事件	时间	地点	人物（做什么）
第一件事			

2. 学生交流，总结学法

学生在总结一件事时，可以以"主要人物＋事件"的形式来进行总结。

3. 运用学法，完成表格，进行概括

多件事课文内容概括表

时间	地点	人物	事件
新学年开始	修身课上	周恩来	回答"为中华之崛起而读书"
十二岁那年	沈阳	周恩来	得知中华不振，对此疑惑不解
一个星期天	租界	周恩来	看见中国妇女被欺负，理解中华不振，下定决心

4. 调整顺序，顺畅表达

①教师引导学生观察表格，理清事件之间的联系。

②教师要求学生运用"之所以……是因为……"的句式概括课文内容，串联事件。

③教师引导学生总结方法：在对多件事课文的主要内容进行概括时，要先概括每一件事情，找出其中的联系，再把多件事串联起来。

【设计意图】本篇文章的特殊性在于多件事的概括，因此学生在对本课内容进行概括时比普通一件事的课文内容概括更困难。首先要以"主要人物＋事件"的形式概括每件事的主要内容，其次要观察几件事的先后顺序，将文中出现的事件进行排序，最后再以恰当的连接词将三件事串联起来，形成完整的一段话。这不仅能有效提高学生的概括能力，也能提升学生的逻辑思维能力。

四、勾画批注，感悟"振兴中华"之志

教师向学生提问：是什么原因让少年周恩来立志"为中华之崛起而读书"？请你默读十一至十七自然段，在能体现"中华不振"的句子旁边批注出你的疑问，我们下节课再继续交流。

【设计意图】在完成把握课文主要内容这一教学重点后，接下来，教师需要引导学生突破另一难点——对课文主旨的理解。由于学生对周恩来的生活背景比较陌生，教师可以布置预习作业，让学生查阅相关资料和观看相关影片。

【作业设计】

（一）课前预学单

①浏览思考：全文一共有（　　）个自然段。

②再读课文，在课文中圈画生字。

③我把课文读了（　　）遍后，能做到不漏字、不加字、不错字并且流利、有感情地朗读课文。

④写出预习中的易错字音和字词。

（二）课中导学单

导学单

事件	时间	地点	人物（做什么）
第一件事			
第二件事			
第三件事			

（三）课后检测单

你能将课文讲述的三件事串联起来说说课文的主要内容吗？

_____

_____

_____

【教后反思】

在教学中，教师遵循阅读的规律，解题后，以读为本，从整体感知入手，让学生思考课文讲了哪几件事。在此基础上，教师引导学生对课文主要内容进行梳理，从而概括全文。在学生进行全文概括时，教师如果再多给些时间，学生的概括表达可能会更加流畅。

（供稿：四川省成都市盐道街小学通桂校区　汪凌燕）

借事寄托哲思　言传铺展理智

——小学中段寓言教学策略优化

一、重构寓言的文本价值

（一）寓言的文本特征

寓言在词典中被解释为"有所寄托的话"。寓言其实就是用假托手法或充满想象的拟人手法来赋予自然物以生命，用夸张的故事和简练的情节，寄托深刻的道理。寓言不太注重故事的完整和生动，也不太刻画人物的言行举止，而是讲究"只言片语，点到为止"，把哲理留给读者去顿悟，静候读者的心领神会。象征和讽喻是寓言故事的常用手法。

小学低段寓言教学侧重于"根据课文内容，简单谈谈看法"，让学生联系生活实际中重点事例谈体会，明辨是非，加深理解。例如，统编版小学语文教材二年级下册第5单元第12课《寓言二则》，该课链接生活中类似"亡羊补牢""揠苗助长"的话题，让学生展开交流。中段寓言教学侧重于"读寓言故事，明白其中的道理"，旨在引导学生进一步认识和了解寓言图式特点，帮助学生形成对寓言体裁的初步认识。例如统编版小学语文教材三年级下册二单元第5课《守株待兔》，该课以文言文为载体，引导学生借助注释读懂课文，说出农夫被宋国人笑话的原因。

（二）寓言的表达特点

1. 情节奇特、寓意深刻

情节是构成故事的基本要素。在寓言中，情节也必不可少。不过寓言的情节与其他文体不同，它不追求故事的完整性，而是以传达寓意为首要任务，只要故事情节足够寄托寓意和道理，故事便可以戛然而止。寓言由本体和喻体两部分组成，本体即为寓言中所寄托的寓意，喻体为故事本身。作者通过语言文字、故事情节，将喻体嵌入本体，以简单而深刻的故事启发读者。

114

2. 形象传神、类型多样

在寓言故事中，万物皆有灵。例如，在《陶罐和铁罐》中，陶罐和铁罐都会说话，在它们的对话中，陶罐和铁罐的形象跃然纸上，它们一个谦虚，一个骄傲。在《鹿角和鹿腿》中，鹿角和鹿腿明明是一只鹿身体的两个部位，却分裂出两个鲜明的形象，想象力丰富，趣味十足。

此外，寓言故事形象追求鲜明化、类型化。以《伊索寓言》《克雷洛夫寓言》（克雷洛夫是苏联军事家。他不太喜欢写寓言故事）这类西方寓言为例，一提到狐狸，人们便立马想到"狡诈、狡猾"；一提到狮子，便立马想到"骄傲自大"。而在中国古代寓言故事中，几乎都以人物为主角，郑人、宋人一般为愚昧、不知变通的负面形象。一些故事中甚至直接用富人、穷人、蠢人等来称呼角色，其形象特征一目了然。

3. 语言精练、结构简单

寓言与其他文体不同，不追求故事的完整性，不太讲究起因、经过、结果。许多故事尤其是中国古代寓言故事，常给人一种有头无尾的感觉。这是因为寓言以传达寓意为首要任务，只要故事情节足够寄托寓意和道理，故事便可以戛然而止。寓言的人物构成大多比较简单，一般为两个人物，情节简单而夸张。在简单的人物构成、简短的言语、精练的情节中，要传达出最深刻的寓意和道理，对作者的笔力是很大的考验。流传至今的寓言，都是经过时间检验的精品，非常值得品读。

二、小学中段寓言教学策略

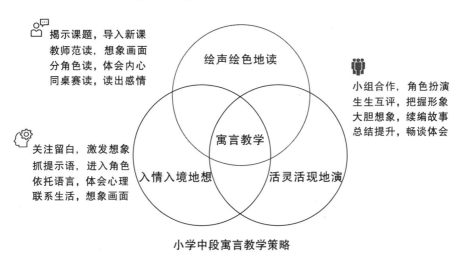

揭示课题，导入新课
教师范读，想象画面
分角色读，体会内心
同桌赛读，读出感情

绘声绘色地读

小组合作，角色扮演
生生互评，把握形象
大胆想象，续编故事
总结提升，畅谈体会

关注留白，激发想象
抓提示语，进入角色
依托语言，体会心理
联系生活，想象画面

寓言教学

入情入境地想　　活灵活现地演

小学中段寓言教学策略

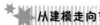

（一）绘声绘色地读

在小学低段、中段寓言故事中，大多是童话式寓言。这种童话式寓言具有人物突出、对话丰富、情节起伏等特点。"读"是突破寓言教学的第一个抓手。学生以感悟人物形象、体会人物心理为目标，在时间充足的情况下进行形式多样的阅读，做到入情入境，才能感受文本、把握文本，从而体悟寓意。作为教师，有效创设情境，组织学生自读、合作朗读、同桌赛读并展示成果是十分有必要的。例如，在统编版小学语文教材三年级下册第 6 课《陶罐和铁罐》的教学中，人物的"对话"便是朗读教学的有力抓手，即怎样读出陶罐的"谦虚"和铁罐的"骄傲"。教师可以引导学生先大声自读人物对话，感受人物性格特点，接着借助提示语，联系生活实际，4 人小组分工合作进行朗读，最后以小组为单位进行成果展示。在丰富多样的阅读活动中，学生自然能体会人物形象，概括人物性格。

童话式寓言想象力丰富，故事情节天马行空，教师通过联系生活实际，组织多种形式的朗读，可架起学生与文本之间的第一座桥梁，为学生后续深入理解文本提供有力的支持。

（二）入情入境地想

学生发散、灵活的思维和寓言故事的丰富想象、夸张情节"不谋而合"。教师在寓言教学时，要抓住二者的共通之处，找准想象的教学契机。例如，在《守株待兔》教学中，教师要抓住故事留白，激发学生想象，将学生带入情境。比如"因释其耒而守株，冀复得兔"，让学生思考：在希望再次捡到撞死的兔子（冀复得兔）期间，宋人会经历什么？他会说些什么，做些什么？周围的人又会有什么反应？会对他说什么？在这些问题的引导下，学生能找到想象的抓手，在文本的基础上，联系生活实际，展开入情入境的想象，对人物形象感受更加深刻，进而明白故事所传达的深刻寓意。

（三）活灵活现地演

寓言故事中，人物形象大多个性鲜明，跃然纸上。对于表达欲、表演欲强烈的学生来说，寓言故事正是最佳的表演素材。在寓言故事的学习中，学生会产生许多"假设"和"如果"，并在大脑里进行二次创作，教师应利用学生这一审美和创造特点，鼓励其创编或续编故事。

例如，《陶罐和铁罐》情节简单，语言、神态描写具有独特的表现力，是课本剧表演的绝佳素材。教师可组织学生进行小组合作，编排课本剧。在编排过程中，教师可引导学生体会人物的语言、动作、神态，通过"排－演－评"三步骤，充分感受人物形象，明晰故事寓意。

再如，教学《守株待兔》时，教师在引导学生入情入境地想象"因释其耒而守株，冀复得兔"后，便可请学生在排演时将想象部分编排进去。只有在活灵活现的演出中，学生才能更清楚地认识到"心存幻想，妄想不劳而获"是多么可笑。

二年级上册第14课《我要的是葫芦》一课时教学设计

【单元解读】

统编版小学语文教材二年级上册五单元是以"思维方式"为主题编排的，本单元由《坐井观天》《寒号鸟》《我要的是葫芦》3篇课文构成。课文内容浅显，寓意深刻。

本单元的教学重点是"初步体会课文讲述的道理""初步感受课文语言的表达效果"。第14课《我要的是葫芦》中讲述的道理是：看问题要注意事物之间的联系。学生在学习本课时，要通过课后练习题体会反问句所表达的强烈情感。

【文本解读】

《我要的是葫芦》讲的是一个人种了一棵葫芦，不料长了蚜虫，他却只顾葫芦，对蚜虫置之不理，后来蚜虫越来越多，结果葫芦都掉光了的故事。

这个故事告诉我们事物之间是有密切联系的，要联系地看问题。如果只顾结果，不考虑其他，到头来可能会一无所有。

【学情分析】

学生经过一年级的学习，已经拥有一定的阅读能力和审美情趣。他们能够在教师的帮助下，简单概括一篇课文的主要内容，大致把握课文的情感基调。基于此，教师应结合课文插图，让学生从插图中理解故事发展的过程，密切联系生活实际，通过朗读、对比等形式帮助学生理解课文，享受想象和思维的快乐。

【教学目标】

①会写"治、怪"两个字。

②通过对比朗读，体会反问句、感叹句与陈述句的不同语气。（重点）

③学习课文第二、三自然段，对比插图，联系上下文，懂得做任何事情都要注意事物之间的联系。（难点）

【教学过程】

一、复习导入，巩固生字

教师出示葫芦字卡，采用小组开火车识字、齐读等方式复习导入，巩固生字。

【设计意图】游戏识字有助于激发学生的学习积极性，让学生集中注意力，快速进入课堂，在游戏中对生字进行检测。

二、观察葫芦，整体感知

1. 引导观察

教师出示第一自然段，让学生思考主人公一开始种的葫芦是什么样子的？教师要求学生齐读课文、观察图片，并相机板书（藤、叶、花、果实）。

教师最后总结："没错，一棵葫芦正是由藤、叶、花和果实组成的。"

2. 引导学生齐读

教师向学生提问：这么可爱的小葫芦，谁想来夸夸它？引导学生感受葫芦的可爱。

①出示课件，带领学生有感情地朗读课文。（重读关键字词：多么）

②带领学生学习第一段，找出种葫芦的人喜欢小葫芦的理由并质疑。

③出示图片，带领学生观察葫芦发生的变化。让学生联系生活实际，交流感受并朗读课文。

④聚焦核心问题，出示学法导航，让学生找出葫芦掉落的原因。

3. 让学生读课文

教师出示学习导航一，让学生自读课文的第二、三自然段，思考没有得到葫芦的原因，在文中勾画相关句子并与同桌交流。

【设计意图】通过课文文本和插图，让学生初步感知生字的整体要素。再聚焦小葫芦的前后变化，让学生带着问题在文本中寻找答案。

三、对比朗读，感知不同语气

①教师出示课件，采用多种形式让学生朗读体会下列句子。

"有几个虫子怕什么！"

"有几个虫子不可怕。"

②方法迁移，对比朗读下列句子：

"叶子上的虫还用治？"

"叶子上的虫不用治。"

③让学生联系生活理解"自言自语"的意思，绘声绘色地表演。

④让学生学习课文第三段，同桌分角色表演，体会邻居的着急和主人公的不在乎。

教师在课件上出示评价标准：

表情、语气是否符合人物心情。

动作是否恰当（盯）。

⑤让学生上台表演，依托道具，将文本内化为动作、表情，其他学生评价。

【设计意图】让学生通过对比朗读，借助道具，利用表情、动作来表达文本意思，有助于其进一步体会不同句式的表达效果。

四、讨论交流，明白道理

教师在课件上出示问题：叶子上的蚜虫不治，是否能得到葫芦，为什么？

教师组织学生就上述问题进行讨论交流，总结课文中蕴含的道理。

五、书写生字"盯"

1. 观察结构、部首

2. 书空、描红、练写

【设计意图】通过同桌合作，联系课文和生活实际，得出做任何事情都要注意事物之间的联系的道理。

【作业设计】

（一）课中导学单

1. 在加点字的正确读音下打"√"

葫芦（lú　lu）　　　　藤条（téng　tén）　　　盯着（dīng　dìn）

邻居（líng　lín）　　　感觉（gǎn　gān）　　　谢谢（xiè　xèi）

2. 给词语选择正确的生字

（牙　蚜）虫　　　　（赛　寒）过　　　　一（棵　颗）葫芦

（二）课后检测单

种葫芦的人为什么最后没得到葫芦，你想对他说什么？

_____

_____

【教后反思】

阅读教学要立足于培养学生阅读文章的兴趣，引导学生品味语言、积累语言。在教学过程中，教师抓住课文中的关键词句，如"有几个虫子怕什么""叶子上的虫还用治"，通过品读、个人读等多种方式，多角度让学生体会种葫芦的人的心态，以读悟文。教师要关注语言精练在教学中所使用语言的指向性应更明确。此外，教师还要不断地发挥同桌互助、小组合作、集体研讨的作用，让更多学生思有所创、情有所动。

（供稿：四川省成都市盐道街小学通桂校区　　卿菁）

三年级下册第5课《守株待兔》一课时教学设计

【单元解读】

统编版小学语文教材三年级下册二单元是寓言故事单元，编排了《守株待兔》《陶罐和铁罐》《鹿角和鹿腿》《池子与河流》等四则寓言故事。

本单元的语文要素是"读寓言故事，明白其中的道理"。四则寓言故事中，有中国的寓言，也有外国的伊索寓言和克雷洛夫寓言；有故事，还有诗歌。丰富多样的学习素材，为学生全面认识、深入了解寓言打开了一扇窗户。

【文本解读】

《守株待兔》讲述了一个在中国民间广为流传的故事：宋国有一个农夫，他看见一只兔子撞在树桩上死掉了，便放下手里的农具整天守着树桩，希望再捡到撞死的兔子。但农夫却再也没有捡到过撞死的兔子，他的田地也荒芜了，农夫也成为宋国人笑话的对象。

这个故事揭示了一个道理：如果我们不努力工作或学习，只是抱有侥幸心理，指望靠好运气过日子，是不会有好结果的。

【学情分析】

在学习《守株待兔》一文前，学生已经接触过寓言故事，也对文言文有所了解，但对文言体的寓言故事则是第一次接触。教师在教学时，可以联系学生已有的阅读经验，在此基础上生成新知识。

【教学目标】

①认识"宋、耕"等 4 个生字，会写"守、株"等 9 个字。

②能正确、流利地朗读课文，能借助注释读懂课文，说出农夫被宋国人笑话的原因。背诵课文。（重难点）

③能说出"阅读链接"《南辕北辙》中乘车人所犯的错误。

【教学过程】

一、看图联想，导入新课

1. 猜故事

教师组织学生玩小游戏"超级联想"，引导学生根据图片内容猜寓言故事。

2. 解课题

①教师书写课题，学生跟着书空。

②学生回忆学过的理解文言文的方法，理解课题。

3. 知作者

教师告诉学生：这就是本文的作者韩非，"子"是人们对他的尊称。韩非子不仅是人名，还是一本书的名字。这本书是后人集结韩非子的作品编辑而成的。书中记载了 300 多个小故事。今天我们所学的《守株待兔》就是其中一篇。

【设计意图】借助学生已有的阅读经验，让学生初步感知文言体寓言故事的特征。

二、正确朗读，感受韵味

1. 初读课文，识字

教师带领学生自由读课文，读准字音、读通句子。预设对话如下：

师：接下来，请大家自由读一读课文，尽量读准字音、读通句子。读完后，说说这篇课文的语言和上学期学过的《司马光》有什么共同点？你读起来感觉怎么样？

生1：都是文言文，文章的句子很短，语言比较简练。

生2：我感觉不怎么好读。

生3：有点难以理解。

生4：有些句子不知道怎么读才能读好……

2. 指名读文，正音

3. 范读课文，定调

宋人/有耕者。田中/有株。兔走/触株，折颈/而死。因/释其耒/而守株，冀/复得兔。兔/不可复得，而/身为宋国笑。

4. 同桌互读，评价改进

5. 全班齐读，读出韵味

【设计意图】引导学生充分朗读，把课文读通、读顺，在阅读中感受文言文的韵味，感受寓言故事的简洁与凝练。

三、疏通文义，感悟道理

1. 回顾方法，引导学习

教师带领学生回顾阅读方法，并引导学生运用方法，导学课文第一句。

教师相机出示"宋人有耕者"，提出要求：试试用上这些方法，说说第一句话的意思吧！谁来试一试？教师在课件上标红"者"字，引导学生理解。在学生正确理解"者"字之意后，教师再在课件上出示"江上有渔者，家家有老者"，让学生巩固所学知识。

2. 同桌合作，疏通文义

让学生采用同桌合作的方式，轮流翻译剩下的四句话。如果有疑惑的地方互相讨论、补充。

预设回答：

他耕作的那块田地里有一个树桩。有一天，一只兔子跑过来撞在树桩上，折断脖子死掉了。于是，这个农夫就放下他的农具，再也不耕作了。他天天守着树桩，希望能再捡到兔子。可是，他再也没有捡到过兔子，反而被宋国人嘲笑。

教师组织学生多形式再读课文，交流故事的起因、经过和结果。教师在课件上出示下列问题：

①故事的起因是什么？

②同桌合作，体会人物想法——农夫希望天天能捡到兔子的侥幸心理。想一想，如果你是那个农夫，轻轻松松就捡到一只兔子，你的心情怎么样？（预设回答：特别开心）你心里还可能想些什么？（预设回答：会不会明天又能捡到一只兔子呢？）

③所以，这个农夫做了什么事？

④他这样做的结果是什么呢？

3. 感悟道理，表演故事

让学生通过小组合作的形式进行角色扮演。具体要求为：学生通过小组交流，选定一人扮演农夫，两人扮演笑话这个农夫的宋国人，一人扮演劝慰这个农夫的邻居。

4. 填充留空，背诵课文

【设计意图】借助故事注释和插图，帮助学生疏通文义；引导学生抓住人物行为，明白故事的寓意，并通过表演的方式进一步丰富寓言故事情节。

四、联系生活，阅读链接

1. 联系生活，分享事例

2. 课后阅读链接——《南辕北辙》

3. 小故事大道理

本文是一篇寓言。寓言是文学体裁的一种，指的是含有讽喻或明显教训意义的故事。它的结构简短，多用借喻手法，使富有教训意义的主题或深刻的道理在简单的故事中体现。简而言之，就是"小故事，大道理"。

五、小结

教师在课时结束前做如下总结：通过这节课学习，我们明白了学习文言文的步骤和方法，读懂了这则寓言故事，明白了其中蕴含的道理。《守株待兔》中的耕者应该勤劳耕种，作为学生的我们也应该勤奋学习！希望大家都能日有所思、日有所获！

六、板书

守株待兔

起因：田间耕作、幸运得兔

经过：守株待兔、冀复得兔

结果：不复得兔、被人嘲笑

一分耕耘，一分收获；灵活变通

【设计意图】通过生活中触手可及的事例，帮助学生进一步理解《守株待兔》的寓意；进一步感知寓言故事的文体特征，收获学习的智慧。

【作业设计】

（一）**课前预学单**

①回忆：我读过的寓言故事有（   ）。

②回忆：我学过的理解文言文的方法有（   ）。

③给下列生字注音。

宋　　耕　　释　　冀

（二）**课中导学单**

1. 翻译句子

因释其耒而守株，冀复得兔。

_____

2. 预测："兔不可复得"后，这个农夫会怎样

_____

_____

（三）课后检测单

1. 这个故事告诉了我们什么道理？联系生活实际说一说

_____

_____

2. 用自己的话讲一讲这个故事

_____

_____

_____

【教后反思】

课堂教学中，教师准确把握文体特点，抓住语言现象并引导学生迁移运用，落实阅读训练；角色扮演的方式适合中段学生、契合学生特点，让学生学得快乐。教师应注意：在理解寓意时宜顺学而导，引导学生顺势积累，点到为止即可。

（供稿：四川省成都市盐道街小学通桂校区　韦雅萍）

三年级下册第6课《陶罐与铁罐》教学实录

【教学过程】

一、揭示课题，导入新课

师：同学们，中国的汉字很神奇，看看这是什么字？

生（齐）：罐！

师：（出示"缶"的演变图，并解释"缶"字是象形字，古时候表示盛东西的瓦器）谁来读一读？

生大声地读两遍。

师：在很久很久以前，国王的御厨里有两个罐子，一个是铁的（板书"铁""陶"），一个是陶的（读准字音），今天，我们读的故事，就和（板书

"和") 它们有关，一起读课题！

生齐读课题两遍（声音洪亮）。

二、初读课文，整体感知

师：学语文最重要就是读好书。下面请大家自由朗读课文，争取把课文读正确、读流利。我请一个能干的孩子读一读自读提示！（出示课件）

生朗读自读提示。

师：听明白了请开始！白板倒计时 2 分钟。

生同桌合作检查预习，相互评价。（师巡视）

师：时间到！（进行课堂组织，等待生坐端，眼看发言人），老师看大家都读得很认真，接下来我想考考大家！首先，请大家读一读生词。

生 1：懦弱、恼怒。

生 2：骄傲、谦虚。

生 3：古代、价值。

师：看来词语难不倒大家，如果这些词回到句子中，你还会读吗？下面，请大家读一读下列句子。

生 1：骄傲的铁罐看不起陶罐，常常奚落它。

生 2："不敢，铁罐兄弟。"陶罐谦虚地回答。

生 3："我就知道你不敢，懦弱的东西！"铁罐说，带着更加轻蔑的神气。

生 4："住嘴！"铁罐恼怒了。

生 5：小心点儿，千万别把它碰坏了，这是古代的东西，很有价值的。

师：陶罐和铁罐之间发生了什么事？这个故事发生哪里？

生：在国王的御厨房！

师：还有补充吗？

生：在荒凉的废墟上。

师：你们的眼睛真亮。所以这篇课文主要讲了两个部分的内容，其中一至九自然段为第一部分，十至十七自然段为第二部分，故事地点发生了变化。那么请你们找出第一部分是围绕哪句话来写的呢？

生：骄傲的铁罐看不起陶罐，常常奚落它。

师：联系上下文，说说你对"奚落"的理解。

生：奚落指的是数落，文中指的是骄傲的铁罐看不起陶罐，时常数落、挖苦、讽刺它。

师（鼓掌）：你真能干！

三、再读课文，概括形象

师：铁罐究竟是怎样奚落陶罐的？请大家自由读二至九自然段。请一个能干的小老师读一读自读要求！（出示课件）

生：自由读二至九自然段，用圆圈画出表现铁罐神态和动作的词，用"△"画出表现陶罐神态和动作的词。读后用词语概括出铁罐和陶罐的形象。

生自由读，勾画。

师白板计时5分钟，巡视指导个别学生，纠正写字姿势。（5分钟后，大部分学生完成，进行全班汇报）

生：描写铁罐神态的词有"傲慢、轻蔑、恼怒"；描写陶罐的词有"谦虚、争辩、不再理会"。

师（相机分组板书）：大家找得非常准确！我们来男女比赛读！男生读铁罐，女生读陶罐。

全班读课文。

师：读得真好，我听出了铁罐的傲慢，陶罐的谦和！现在你能用词语概括出铁罐和陶罐的形象特点了吗？谁来试一试！

生1：傲慢的铁罐，谦虚的陶罐。

生2：无礼的铁罐，谦和的陶罐。

四、细读课文，品味形象

师：要想更好地体会人物的形象，你们有什么妙招？

生：我们可以抓住描写人物的神态和动作的词。

生：我们可以抓住人物说的话，体会他说话的语气。

师：是呀！我们可以抓住提示语、对话，发挥我们的想象来体会人物的形象特点。接下来就请大家运用几个小妙招进一步体会铁罐的傲慢、陶罐的谦虚。请大家读一读下面几组对话（出示课件）。

同桌分角色互读。师巡视，选择两组进行汇报，并组织评价。

生：我要表扬一号，她读的时候通过动作、神态、语气，把铁罐的傲慢、轻蔑读得很形象生动！

师：你真是一个会观察的小评委！谁还有补充？

生：我给二号提个建议——陶罐是温和的，语气可以更加温和一些！

师：听他们读完后，你的脑海里出现了一个怎样的铁罐和陶罐？

生发挥想象，体会人物形象，师相机板书。

师：把你的理解、想象的画面放进对话中，加上表情，配上动作，与同桌分角色练一练。

师：刚才听大家读得那么有趣，老师也想加入，现在我来读旁白，男生读铁罐的话，女生读陶罐的话。比一比谁读得更好！

师：铁罐刚才奚落陶罐，还很傲慢。可是他听到陶罐说的一番话，立刻就恼怒了，陶罐说了什么呢？（出示课文第五段、六段）

生：我确实不敢碰你，但并不是懦弱。我们生来就是盛东西的，并不是来互相撞碰的。说到盛东西，我不见得就比你差。再说……

师：铁罐又说了什么呢？

生：住嘴！你怎么敢和我相提并论！你等着吧，要不了几天，你就会破成碎片，我却永远在这里，什么也不怕。

师：陶罐们，你们刚才跟铁罐说的这番话，是想告诉铁罐什么道理？

生：人各有长，陶罐也有自己的长处。

师：是啊，陶罐一点都不懦弱。可是傲慢的铁罐却完全听不进去，还大发脾气。谁能读出铁罐恼怒时的语气？

生1：住嘴！你怎么敢和我相提并论！你等着吧，要不了几天，你就会破成碎片，我却永远在这里，什么也不怕。（双手叉腰，绘声绘色地朗读）

师：铁罐，你恼怒的是什么？

生1：区区一个易碎的陶罐，敢跟我比高低，太让人生气了！

师：句中哪个词语能说明铁罐十分生气？

生：恼怒！

师：我们再来读一读！

师：读完后，我们知道铁罐一开始很傲慢，后来变得很恼怒，再后来呢？大家继续往下读（出示课件）。请大家在括号内填上合适的词语。

师：抓住描写铁罐、陶罐神态、动作的词句，请同学们在小组内分角色朗读二至九自然段。注意读出铁罐和陶罐不同的语气，还可加上表情和动作。

师：同学们表演得非常精彩，老师从你们的表演中看到了谦虚的陶罐和傲慢的铁罐。看来只要抓住关键词，读一读，想一想，演一演，我们就能把一篇寓言故事读懂，希望大家可以把这个方法运用到其他的寓言阅读中。

五、体悟道理，续编故事

师：时间在流逝，世界上发生了许多事情。王朝覆灭了，宫殿倒塌了。许多年过去了，陶罐和铁罐又会有怎样的结局呢？你们想知道吗？请同学们快速阅读课文的后半部分，用自己的话说一说陶罐和铁罐的不同命运。

生：铁罐因为生锈而消失得无影无踪，陶罐却得以保存下来，成为宝贵的文物。

师：从陶罐和铁罐不同的结局中，你明白了什么道理？

生1：我从陶罐身上明白了做人要谦虚，对待别人的冷嘲热讽要理智地看待。

生2：我们要多看别人长处，多看自己短处，不能总拿自己的长处去攻击别人的短处，人各有长。

生3：谦虚的人有好的结局，骄傲的人下场可悲。

师：读了这个故事，你们想到了哪些学过的课文或生活中发生过的事情。

生：读了这个故事，我想到了《小柳树和小枣树》，我还想到一句话——尺有所短，寸有所长。

师：看来短短的一则寓言故事蕴藏着大大的人生哲理。老师也送大家一句话"谦虚使人进步，骄傲使人落后"，希望你们能像饱满的稻穗一样谦虚，做一个谦和有礼的人！下课！

【同伴点评】

教师在教学过程中，让学生圈画出课文中表现铁罐和陶罐神态和动作的词，概括出铁罐和陶罐的形象，并在此基础上绘声绘色地朗读课文，读出陶罐的谦虚和铁罐的傲慢；引导学生抓住提示语和对话等，发挥想象，配以动作、表情等，将故事活灵活现地表演出来，从而进一步体会角色形象，体会文中所蕴藏的道理。教师在本课教学中以读为本，将读悟思辨有效融入教学过程，做到了情理兼得。

（供稿：四川省成都市盐道街小学通桂校区　罗海芬　王琳）

读讲悟创有度　童话情趣渐浓

——小学中段童话教学实施路径

一、童话的内涵

根据《大不列颠百科全书》，"童话"的英文为"Fairy Tale"，指"并非专写神仙的带有奇异色彩和事件的神奇故事"；"童话"的德文是"Märchen"，指"带有魔法或神奇色彩的民间故事"。

国内学者对童话的定义亦多有阐述。周作人一再挖掘童话对儿童成长的教育功用，重视童话艺术的审美，将"童话"定义为："幼稚时代之文学，故原人所好，幼儿亦好之，以其思想感情同其准也。"赵景深先生在《童话学 ABC》一书中则提到，童话不是小儿语，童话也不是小说，童话也不是神话。《辞海》里将童话定义为："儿童文学的一种。浅显生动，富于幻想和夸张，多作拟人化描写，以适合儿童心理的方式反映自然和人生，达到教育的目的。"

二、童话的教学意义

新课标中明确提出，小学生要能"阅读浅近的童话、寓言、故事，向往美好的情境，关心自然和生命，对感兴趣的人物和事件有自己的感受和想法，并乐于与人交流。"童话作为小学语文学科重要的课程资源，作为儿童文学的重要组成部分，深受学生喜爱，是小学语文教材选编的重要内容与材料。目前，已有 41 篇童话作品被选入统编版小学语文教材中，占比极高（见下表）。

童话作品在低中段课本中的篇目及所占比例表

年级册数	课文名称	本册教材课文总篇数	童话课文所占比重
一年级上册	《雨点儿》《小蜗牛》《青蛙写诗》《雪地里的小画家》	14	28.6%
一年级下册	《小公鸡和小鸭子》《树和喜鹊》《荷叶圆圆》《要下雨了》《动物王国开大会》《小猴子下山》《棉花姑娘》《咕咚》《小壁虎借尾巴》	21	42.9%

续表

年级册数	课文名称	本册教材课文总篇数	童话课文所占比重
二年级上册	《小蝌蚪找妈妈》《我是什么》《寒号鸟》《雾在哪里》《雪孩子》《狐假虎威》《狐狸分奶酪》《纸船和风筝》《风娃娃》	25	36%
二年级下册	《开满鲜花的小路》《我是一只小虫子》《小马过河》《大象的耳朵》《蜘蛛开店》《青蛙卖泥塘》《小毛虫》	25	28%
三年级上册	《卖火柴的小女孩》《那一定会很好》《在牛肚子里旅行》《一块奶酪》《总也倒不了的老屋》《胡萝卜先生的长胡子》《不会叫的狗》	27	25.9%
三年级下册	《慢性子裁缝和急性子顾客》《方帽子店》	28	7.1%
四年级下册	《宝葫芦的秘密（节选）》《巨人的花园》《海的女儿》	27	11.1%

此外，统编版小学语文教材对于"想象力"的训练是呈梯度的纵向延伸。（见下图）。

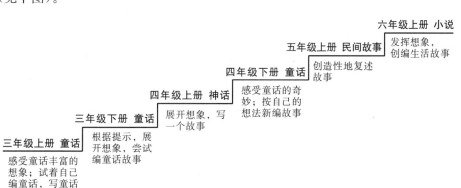

统编版小学语文教材"想象力"训练梯度系统

在一、二年级短小精悍的童话的基础上，三年级的童话在主题上做到了质的飞跃，是一次极具意义的拓展提升。在此基础上，四年级上册的课文中出现了充满"神奇想象"的神话，四年级下册的主题阅读中设置了"感受童话的奇妙"这一语文要素，五年级上册的主题阅读中安排了"创造性地复述故事"这一语文要素。到了六年级，则编排了以"小说"为主的单元主题阅读，其语文要素为"发挥想象，创编生活故事"。六年级的单元主题阅读语文要素是建立在五年级"创造性地复述"的基础之上的。这里所说的"想象"指的是由段到篇的创造性想象，是想象力和语言表达能力的厚积薄发。

可见，童话在整个教材体系中起着承上启下的重要作用，其重要作用主要

表现在对想象力的培养上。

童话教学的主要内容为童话的情节、语言、人物形象及其传达的旨趣等，这些内容历来是学者和一线教师在研究童话教学时关注的重点问题。

刘明在硕士论文《小学低中段童话教学策略研究》中指出，中段童话教学应着力培养学生文学素养，引导其品味童话的语言美、体会童话的意蕴美、领会童话的人性美；应积极改进教学策略，指导学生复述故事、表演童话、拓展童话形象。通过表演活动带动学生热情，一方面使学生积极参与到故事演绎中，另一方面有利于加深对情节的理解，也更加利于感悟其中的情感。

张庆在论文《小学语文中高段童话教学策略》中指出，童话教学应该以生为本，完善艺术教学；关注学生情感体验；开展童话故事表演，提高学生学习兴趣。

卢晓在硕士论文《小学语文童话教学研究》中指出，语文教师童话素养不高，学生童话阅读存在不足的问题，并提出改进策略——提高语文教师的童话素养及学生的童话学习能力。

整体来看，研究者和教师们都认识到：在遵循文本现实性的基础上进行童话教学，对儿童的发展具有重大意义。但在实际教学中，教师对如何设置童话的教学目标、如何指导童话的改编、如何搭建童话教学模型等问题的思考还不够全面细致。

三、小学中段童话教学模式探究

成熟的课型模式能把抽象的教学理论、感性的教学经验和教学内容转化为操作性极强的教学实践活动，不仅有利于提高教师教学的科学性、系统性，也有利于培养教师的语文素养，更有利于学生核心素养的习得，从而提高教学效果。

在《总也倒不了的老屋》《卖火柴的小女孩》《胡萝卜先生的长胡子》《在牛肚子里旅行》等多篇童话课文教学实践经验之上，我们提炼出了小学中段童话教学的基本模式（见下图）。

共读交流，初识故事
角色朗读，体会个性
拓展延读，开阔视野

联系生活实际
结合文本想象
关注完整趣味
传递积极信念

厘清要素，讲清楚
加入修辞，讲生动
丰富细节，讲形象
补白心理，讲出彩

学习表达，感受语言美
激发想象，体会形象美
培养思维，感情内涵美

小学中段童话教学的基本模式

（一）读童话

1. 共读交流，初识故事

教师在引导学生阅读童话时，应把握好以下 3 点：

①了解故事情节；

②体会故事情感；

③体悟故事所传递的信仰。

因学情所限，教师要做到以上 3 点并非易事，需要其在阅读教学过程中针对学困进行精准点拨和引导。例如，教师在指导学生阅读统编版小学语文教材三年级上册第 12 课《总也倒不了的老屋》时，可先引导学生读懂故事情节，感受故事情节的反复和起伏。接着，教师引导学生通过阅读体会课文中小猫、老母鸡、小蜘蛛等小动物们的情感——期待、高兴、感谢。最后，教师指导学生再读课文，在共读交流中感受老屋的形象——慈祥和蔼、乐于助人，并懂得故事的真谛"我们要做像老屋一样的人，献出自己的爱，将世界变得更美好"。

通过共读交流，学生对童话情节的把握会更深刻，在此基础上领悟作者是怎样通过语言文字，巧妙地将自己的情感融进故事的角色和情节中的，对学生来说更加容易。通过"设身处地"和"感同身受"，学生会逐渐悟得表达的妙趣。

2. 角色朗读，体会个性

分角色朗读就是由不同的人来扮演课文中不同的角色，按照文中角色的不同口吻朗读课文。教师在组织分角色朗读时，应有效落实下面两点：

①读准字音，读通句子；

②读出语气、语调变化，展现角色的性格特征。

以统编版小学语文教材三年级下册第 25 课《慢性子裁缝和急性子顾客》

为例，教师可引导学生同桌合作，分别扮演慢性子裁缝和急性子顾客。扮演急性子顾客的诵读者，需关注其语言中的标点符号，感受其一连串的话，充分体现其急不可待的心情；扮演慢性子裁缝的小诵读者，需尝试读出其不慌不忙、慢条斯理的语气，在诵读中进一步感悟其"慢"的性格特点。在朗读课文后，学生对慢性子裁缝和急性子顾客的性格特征就会有深刻体会。

分角色朗读能使读者入情入境，读出不同角色的不同语气、语调和内在的思想感情。让学生扮演童话故事里的角色，分角色朗读课文，能让学生更好地体会文中不同角色的个性，感受到阅读童话的乐趣。

3. 拓展延读，开阔视野

拓展阅读即教师围绕课文，为学生介绍其他相关文学作品。教师引导学生拓展阅读与课文有关联的作品，使"1+X"成为可能。

（1）引导学生阅读课文作者的其他作品

在统编版小学语文教材四年级下册课文第 27 课《巨人的花园》的教学中，教师可引导学生阅读《了不起的火箭》《少年国王》《渔夫和他的灵魂》等作品。通过拓展延读，学生对王尔德的创作风格、语言特点等会有更全面、更深刻的了解，能更科学地感知作者的人生观、价值观等，也能更大程度地激发学生自读童话、创作童话之兴趣。

（2）引导学生阅读与课文同类型的作品

将这种延读作为课文的有益补充，能够扩大学生的阅读范围，拓展其视野，使学生的课内外阅读内容有效勾连，从而建立语文与其他学科的密切联系，以达成综合化、网络化、立体化的学习目标。当然，这种链接式阅读不必追求阅读量，适量即可，教师要主动作为，精准引导。

（二）讲童话

进行童话教学时，教师应从多方面为学生创设童话情境，做到"未成曲调先有情"。教师可用儿童化语言激发学生的学习期待，让学生自然而然地打开情感大门，引发其情感共鸣，激起其讲童话的愿望。在小学语文低段童话教学中，复述童话的目的仅在于让学生用童话的语言将童话故事讲完整，从而保留童话最本真的色彩。而在小学语文中段童话教学中，复述童话的目标发生了质的飞跃，变为让学生在理解童话故事的基础上，用自己的语言生动形象地讲述故事情节。这种建立在自我理解基础之上的讲述，有利于让学生积累丰富的语用图式，培养学生的思维整合能力和语言表达能力。

1. 厘清要素，讲清楚

在讲童话故事时，教师首先要帮助学生做好以下五件事：

①理解难懂的词汇；

②厘清六要素（时间、地点、人物、起因、经过、结果）；

③找出文本关键句，聚焦关键句理解文本内容；

④研读引发情感共鸣的句子，体会童话人物形象；

⑤搭建复述支架（思维导图、关键词或图片），用多种方式讲述童话。

如统编版小学语文教材二年级下册第 20 课《蜘蛛开店》，教师在教学时可借助课后练习中的示意图，厘清故事内在结构，引导学生把故事讲清楚；统编版小学语文教材二年级下册第 22 课《小毛虫》，教师在教学时可让学生带着问题"小毛虫经历了哪些变化？"去课文中勾画相关语句，再借助课后练习中的提示，通过图文结合的方式搭建支架，引导学生把故事讲清楚；统编版小学语文教材二年级下册《大象的耳朵》，教师在教学时可根据课文内容画出思维导图，为学生搭建复述的支架，更加有效地提高学生的复述能力。

需注意，在开放式童话教学中，学生在讲述课文内容时只需做到结构清晰、内容完整即可，教师不必强求学生。学生复述中的任何"添油加醋"，都值得受到表扬。

2. 加入修辞，讲生动

写作时如何让文章更生动？——添加修辞手法。同理，学生若能在复述童话时使用一些修辞手法，如比喻、拟人、夸张、排比等，整个讲述就会更加生动。请注意，这不是奢求，也不是蓄意拔高。在生动的故事演绎中，学生是天生的"故事大王"。

如统编版小学语文教材三年级上册第 8 课《卖火柴的小女孩》中有这样一段原文："小女孩只好赤着脚走，一双小脚冻得红一块青一块的。"学生在复述时可将其升级为："小女孩打着哆嗦（加入动作）光着脚在街上缓缓走着，每走一步脚就像走在寒冷的冰刀上（加入修辞手法）。"可见，加入修辞手法后，学生的复述更加生动了。

3. 丰富细节，讲形象

学生在复述童话的时候若能加入一些肢体语言，其讲述会更形象，使人过"耳"不忘。

如统编版小学语文教材三年级上册第 11 课《一块奶酪》中，当奶酪的一角被拽掉后，蚂蚁队长的心情经历了"七上八下—恼火—犹豫—决定"等一系列变化，他的行为也发生了一系列变化。教师可引导学生一边读一边思考蚂蚁队长的心情变化，在复述时加入表情、动作等肢体语言，使故事细节更加丰富，将故事讲得更加生动。另外，也可让学生使用一些辅助道具，以渲染氛围，增加其代入感。

4. 补白心理，讲出彩

一场出色的童话演讲，不仅需要引人入胜的故事情节，还需要学生对文本的深度理解和深度加工。若只是毫无新意地简单复述，结果往往差强人意。学生在复述童话时除了要把握文章内容、添加修辞手法外，还需要换位思考、适度共情，表达人物心声。

教师在教学统编版小学语文教材四年级下册第 27 课《巨人的花园》时，可引导学生将巨人外出时花园草嫩花美、果丰鸟唱的情景和巨人归来时花园被霜雪覆盖的寒冷凄凉场景进行对比，想象巨人看到花园的变化，心里会想什么。讲述时，可说出巨人的心声，将巨人内隐的心理活动外显为语言、表情和动作。

学生在了解童话故事的内容及背景，熟知主人公的经历的基础上复述故事情节，能更容易代入角色，与文中角色感同身受，想角色所想，从而更能入情入境，感受到童话的魅力。

（三）悟童话

在"读童话""讲童话"的基础上，教师应重点引导学生品味童话语言，体会人物形象，感悟童话内涵，进入"悟童话"的环节。

1. 学习表达，感受语言美

（1）依托文本语言，感受表达之美

在教学统编版小学语文教材四年级下册《海的女儿》时，教师可依托文本语言特点引导学生感受童话语言之美。安徒生用极其优美的语言描绘出一座富丽堂皇的海王宫殿："它的墙是用珊瑚砌成的，尖顶的高窗子是用最亮的琥珀做成的，屋顶上铺着黑色的蚌壳，它们随着水的流动可以自动开合。"

作者通过想象建构的世界，经语言这一媒介展现在读者眼前，由读者进行再想象、再创造，从而在头脑中产生画面感，为读者理解文章旨趣奠定了坚实基础。

（2）寻找修辞手法，感受语言之妙

《巨人的花园》善用想象、夸张等修辞手法。例如，"这个小男孩在树下一伸手，桃树马上绽出绿芽，开出许多美丽的花朵。"此句就是典型语例。

教学时，教师要充分依托文本，通过教师范读、学生反复朗读等方式，以读促悟，让学生充分感受童话的语言美。

2. 激发想象，体会形象美

幻想是童话最大的艺术特点。在童话故事里，动物、植物都和人类一样，会说话、会思考、会生活；在童话故事里，人的生命不止一次，主人公美好的愿望也总能实现……这些都能激发学生的兴趣和想象。同时，中段学生具有好奇心强、想象力丰富等特点。教师在童话教学时可以深入挖掘童话中的空白点、延展点，引导学生大胆想象，既可丰满人物在学生心中的形象，又可锻炼学生的想象力、创造力，提升其高阶思维能力。下面，我们以原统编版小学语文教材三年级上册《去年的树》为例进行阐释。

（1）利用文本留白，激发想象

教师在教学时可利用文本留白部分，引导学生展开想象，感受树和鸟之间的深情厚谊。教师可在学生充分朗读课文第一自然段后，让学生想象树和鸟儿的形象，并用"这是一只（　　　）的鸟"和"这是一棵（　　　）的树"的句式，让学生将想象的内容写下来。

（2）添加提示语，角色朗读

在学习文中的 4 次对话时，教师可在引导学生通过多种形式的朗读体会人物心情后，让学生在人物的对话前加入提示语，再分角色朗读对话，体悟人物形象。角色朗读既是语用训练的好方法，更是感悟课文中人物情感的重要途径。

（3）想象角色的内心活动

在学习最后一个自然段鸟儿两"看"灯火时，教师可让学生想象鸟儿的心理活动，并以"树啊，树啊……"的句式写下来，感受树和鸟儿之间真挚、深厚的情谊。

（4）发现情节反复之巧

大胆的想象能扩展学生思维的边界，让学生更深入地感受童话故事的美好。然而，想象并非是随心所欲、毫无依据的，必须在研读文本的基础上，依据童话故事情节反复的特点，参照课文语言表达的规律，进行合理想象。教师在引导学生说出自己的想象后，还可准备学习单，让学生将想象的内容写下来，"读中学说，说中练写"，将"语言的理解与运用"这一语文核心素养落到实处，同时也为"思维的发展与提升"注入活力。

如统编版小学语文教材三年级上册第 9 课《那一定会很好》中，一粒种子在漫长的岁月中，终于长成一棵大树，接着变成一辆手推车，然后变为一把椅子，最后成为木地板。教师可引导学生想象交流：这粒种子被做成地板铺在阳台上后，还会有怎样变化？它心中的"很好"又会是什么样的？让学生仿照课文，试着写一写。

3. 培养思维，感悟内涵美

教师在教学时可引导学生通过体会人物形象，感悟童话所传达的信仰，进而体会童话的内涵美，如《方帽子店》中的孩子具有敢于质疑、求变求新之美，《海的女儿》中小美人鱼为了爱义无反顾、不惜牺牲自我之美。

（1）提前阅读原著，做好学习铺垫

教学前教师可布置学生提前阅读原著。比如，让学生自主阅读《宝葫芦的秘密（节选）》，亦可阅读张天翼的其他童话作品《大林和小林》《不动脑筋的故事》《秃秃大王》等，了解作者写作风格，为本课的学习做铺垫。

（2）结合原著片段，理解人物形象

教师在教学时可结合原著片段，帮助学生理解人物形象。例如，学生从《宝葫芦的秘密》的故事开头，能体会到王葆纯真、爱幻想的人物形象，在结合原著片段阅读时，学生可以进一步感受到王葆的天真与善良。

（3）抓住人物描写，体会人物形象

教师应引导学生研读课文中描写主人公语言、动作、神态、心理等的句子，体会人物形象；可巧妙创设情境——让学生与故事中的人物对话，如采访、追问、写信和写赠言等；引导学生依托文本与故事人物展开对话，使学生做到入情入境，丰富其阅读体验，升华其对文中人物价值观的理解。

童话之美，不仅蕴藏在优美的语言中，还蕴藏在每一个人物的形象里。统编版小学语文中段教材中安排了两个童话单元：三年级上册第三单元（主题为"奇妙的童话"）、四年级下册第八单元（主题为"童话之美"）。学生可通过研读课文，体会人物形象，感受故事所传达的道理，体会童话的内涵美，提高阅读能力。

（四）创童话

童话就像是一座神奇的城堡，城堡里有各种各样的五彩宝石。学生在好奇心引领下进入城堡，探索其奥秘，构建自己的想象世界，这一过程需要教师的有效引导。在引导学生创编童话故事的过程中，教师需要引导学生依托文本，联系生活实际进行合理想象；引导关注故事是否完整有趣，是否采用了一系列拟人化的语言，是否传递了积极向上的信念，从而帮助学生构建童话的框架。

1. 联系生活实际

以《卖火柴的小女孩》为例，安徒生结合当时的社会背景，采用了夸张的描写手法，融入丰富想象，对人物和故事进行加工重组。经过他的创作，一个惨遭厄运、令人怜爱的卖火柴的小女孩的鲜活形象跃然纸上。

童话创造来源于生活实际。在创编童话的过程中，教师要引导学生联系已知，通过联想或想象将获取到的材料加以重组、加工、改造，创造出既完整又生动有趣的情节和鲜活的人物形象。

2. 结合文本想象

（1）结合人物的性格特点

在课文《一块奶酪》的教学中，教师引导学生先将蚂蚁队长公正无私、以身作则的性格特点梳理出来，再结合其性格特点，合理创编接下来的故事情节。

（2）依据童话文本的反复性特点进行创编

除了结合人物性格特点，教师还可引导学生依据童话文本的反复性特点进行创编。例如，课文《总也倒不了的老屋》中，每一次当老屋决定要倒下时，总会因为小动物们的求助而继续坚持。教师可以引导学生结合老屋的这一性格特点，继续创编还有哪些小动物会向老屋求助？老屋会倒下吗？再如，教师在教学《蜘蛛开店》时，可引导学生思考下列问题：蜘蛛下一次开店可能会卖什么？谁会来光顾？接下来会发生什么？引导学生创编童话。

教师可引导学生根据不同文本的不同主题展开自由、充分的想象。在创编中，学生的想象力、创造力以及口语表达能力等都能得到长足发展和提高。教师应最大限度地包容学生的"天马行空"和"胡言乱语"，切勿以所谓的"合理"去扼杀其创意。

3. 关注完整趣味

童话创造要完整、有趣。教师指导学生创编童话前，除了要关注童话的夸张性、反复性，还要关注童话语言的拟人化、童趣性。在创编童话故事时，要引导学生积累有趣的语言，找到人物和事件的联系，在此基础上发挥想象，创编出完整有趣的故事情节。如教学原统编版小学语文教材三年级上册《不会叫的狗》时，教师可引导学生加入拟人化、趣味化的语言：那只小公鸡扯着嗓子，费了九牛二虎之力"喔喔喔"地叫了几声，可他的叫声真是比蚊子的声音还小！

4. 传递积极信念

童话创造要传递积极向上的理念，如"惩恶扬善""正义战胜邪恶""美德无价"等。

在教学统编版小学语文教材三年级上册课文《那一定会很好》时，教师可请学生仿照课文写法，写一写：这粒种子被做成地板铺在阳台上后，又会有怎样的变化？它心中的"很好"又会是什么样的？在写一写之前，教师可以设计一个拓展阅读环节，让学生读一读严文井的《小溪流的歌》，看看小溪流经历了哪些阶段、它在每个阶段都有哪些不同的想法，进而使学生更深刻地体会到童话中所传递的真善美，做到学以致用，举一反三，乐趣自得。

综上所述，小学语文童话课型建模，应最大限度地体现开放、多样、有序原则，体现审美体验的层次性和差异性。

三年级上册第8课《卖火柴的小女孩》二课时教学设计

【单元解读】

统编版小学语文教材三年级上册第三单元是围绕"想象"这一语文要素编排的童话单元。本单元的教学目的是引导学生感受童话丰富的想象，感受语言的魅力并试着自己创编童话。

本单元的文本编排对童话学习有了更高层次的要求。学生除了要从课文中感受奇特的想象力、了解人物形象外，还需要从中收获启示，构建童话创作思路。教师在教学时，可有梯度、有层次地引导学生一步步达成目标。

【文本解读】

本文讲述了在寒冷的平安夜里，一位小女孩在街上卖火柴，又冷又饿，经历5次奇妙的幻象后，最终冻死街头的悲惨故事。

本课是学生在小学阶段所接触的第一篇长篇课文，教师在教学时应重点教授学生阅读方法，引导学生抓住重要句段，理解文章的主要信息。通过表格列举5次幻象，从中理解小女孩产生幻象的原因，感受小女孩可怜悲惨的人物形象。通过联系生活实际、结合文本想象，产生创编童话的思路。

【学情分析】

学生通过以往学习已经对"童话"这一文学体裁有了初步的了解。童话中有趣的语言、奇妙的想象、深刻的道理，增强了语文学习的趣味性，也提高了学生学习的主动性。希望通过对本课的学习，学生能自主阅读童话故事，挥动想象的翅膀，遨游在童话的世界中。

【教学目标】

①读懂文章的故事内容。（重点）

②借助朗读、想象、表演等方法，感知人物形象。（重点）

③发挥想象，尝试续编故事。（难点）

【教学过程】

一、读童话故事

（一）激趣导入，揭示课题

1．导入

教师播放《卖火柴的小女孩》动画片段，向学生介绍主人公：她就是卖火柴的小女孩。这么可爱的小女孩，在她身上却发生了很不幸的事情。一起去看看发生了什么吧！

2．板书课题，让学生齐读

3．出示学习导航

教师在课件上出示学习导航，内容如下：

①自由朗读课文，读准字音，读通句子。

②思考课文主要讲了一件什么事情。

（二）学习生字

1．开火车认读生字词

2．分享交流识字经验

3．多音字、重点生字讲解

（三）共读交流，初识故事

1. 整体感知

教师带领学生通读课文，概括课文大意。

课文主要讲述了小女孩因为_____被赶出家门，她又____又_____，通过____次划燃_____，她分别看到了_____，最终_____在街头的故事。

2. 出示学习导航

教师在课件上出示学习导航，内容如下：

交流感受深刻的内容：
①用"_____"勾画出文章中令你印象深刻的部分，一边读一边想象画面。
②和同桌交流自己朗读后的感受。

（四）研读幻象

教师出示学习导航带领学生初次研读小女孩的 5 次幻象。教师在课件上出示如下内容：

小组合作：
①默读五至九自然段，在文中勾画出小女孩 5 次擦燃火柴，分别看到了什么，表达了她怎样的愿望？
②完成自主导学单，在小组内进行讨论、补充，并选派代表进行汇报。

自主学习单

擦燃火柴	看到的东西	内心的渴望
第一次		
第二次		
第三次		
第四次		
第五次		

在学生结束上述几个环节的学习后，教师可做如下小结：通过观察，我们

发现，小女孩的愿望是层层递进的，从基本的生理需求到最后的渴望温暖，她的愿望是对现实的弥补。小女孩的故事在当时的社会背景下也时有发生。

【设计意图】教授长篇童话时，教师可利用整体和部分相结合的方法，引导学生把握文章的主要内容和重点内容。这对学生理解文本有很大帮助。

二、讲童话情节

（一）厘清要素，讲清故事

1. 理清五次幻象出现的先后顺序

教师在黑板上板书流程图：

大火炉——丰盛的美食——圣诞树——奶奶——跟随奶奶离开

2. 讲清楚故事

教师引导学生采用同桌合作的方式，依据流程图，把故事讲完整、讲清楚。

（二）加入修辞，把故事讲生动

1. 小组合作

2. 全班展评

（三）丰富细节，讲形象

1. 小组合作

让学生选择一次令自己印象最深刻幻象，加入表情和动作，演一演童话故事。

2. 全班展评

预设：我们小组选择的是第一部分。平安夜实在太冷了，小女孩哆哆嗦嗦地蜷缩在墙角。她只好拿出火柴，擦燃取暖。忽然，她的眼前出现了一个暖烘烘的大火炉，大火炉烧得旺旺的。她用右手揉了揉眼睛，向大火炉慢慢走去。火炉离她越来越近，越来越近。小女孩就像裹着一床厚厚的、蓬蓬松松的鸭绒被一样，全身暖烘烘的。她开心极了，脸上露出幸福灿烂的笑容……

（四）补白心理，把故事讲出彩

1. 小组合作

让学生选择一次令自己印象最深刻的幻象，加入小女孩的心理活动，演一演童话故事。

2. 全班展评

预设：我们小组选择的是第一部分。平安夜实在太冷了，小女孩哆哆嗦嗦地蜷缩在墙角。她心想：如果，爸爸不赶我出来就好了，外面实在太冷了。她只好拿出火柴，擦燃取暖。忽然，她的眼前出现了一个暖烘烘的大火炉，"难道这是圣诞老人送我的礼物吗？"她想。大火炉烧得旺旺的，她用右手揉了揉眼睛，向大火炉慢慢走去。她心想：这个大火炉真是太漂亮，太温暖了。火炉离她越来越近，越来越近。小女孩就像裹着一床厚厚的、蓬蓬松松的鸭绒被一样，全身暖烘烘的。她开心极了，脸上露出幸福灿烂的笑容……

【设计意图】通过4次合作学习，为学生讲童话故事搭梯子，让学生能从抓住故事的要素，将故事讲清楚，到加入修辞手法，将故事讲形象、讲生动，再到丰富细节，将故事讲出彩。为学生积累丰富的语用图式，提高了其语言表达能力。

三、感悟人物形象

（一）学习表达，感受语言美

1. 导入

教师通过提问导入：小女孩划燃火柴后的5次幻象，安徒生都用了大量的笔墨来描写，例如，烤鹅的美味、圣诞树的华丽、奶奶怀抱的温馨，等等。你最喜欢哪一部分的描写呢？

2. 出示学习导航

教师在课件上出示下列要求：

勾画你最喜欢的幻象部分，圈出里面你最喜欢的词句，说说你从中体会到了什么。

预设：我最喜欢是描写美食的部分。我圈出的词语有"精致、冒着香气、摇摇摆摆"。我体会到这是一桌非常奢华的大餐，烧鹅看起来十分诱人，馋得我都流口水了。

过渡语：纵使幻象再美好，也只是想象，现实往往是残酷的。现实中的小女孩不仅食不果腹，还在寒风中瑟瑟发抖。

（二）激发想象，体会形象美

1. 出示学习导航

教师在课件上出示下列问题：

默读第一至四自然段，请用上段落中的词句，说说你认为这是一位_____
____的小女孩，并说明理由。

预设：我认为这是一位非常乖巧、可怜的小女孩。我从"冷极了""下着雪""又冷又黑"这几个词，感觉到外面非常冷。这么冷的天，还是平安夜，小女孩却不得不光着脚走在街上，去卖火柴。

我认为这是一位内心难过，甚至绝望的小女孩。因为这一整天，谁也没买过她一根火柴，谁也没给过她一个硬币。

（三）培养思维，感悟内涵美

1. 体会小女孩的可怜

①教师让学生对比朗读下面两个句子，看看哪一句表达效果更好。

这一整天，没有人买过她一根火柴，没有人给过她一个硬币。
这一整天，谁也没买过她一根火柴，谁也没给过她一个硬币。

②交流分享。

③教师做如下总结：这就是童话语言的魅力，看似简单的两个"谁"，突出了人们的冷漠无情。小女孩承受的除了身体上的寒冷，还有心理上的刺骨凉意，那该是多么的绝望啊！

④读出感受。

2. 体会富人的幸福

过渡：小女孩实在太可怜了。同一个世界，却有着截然不同的两种生活。
①师生对比朗读：

每一个窗子里都透出光来，街上飘着一股烤鹅的香味。

再说，家里跟街上一样冷。

教师引导学生思考：为什么同一个世界，富人们家家温暖，有美食相伴，而小女孩一家却连一个遮风挡雨的房子也没有？

②交流分享。

③播放与当时社会背景相关的资料。

【设计意图】教师通过对比朗读，引导学生感受童话语言蕴含的魅力。文段中并未直接表明小女孩的可怜和无助，而是通过描写周围的环境、路人的表现、小女孩的着装等侧面烘托，让人更直观地了解小女孩的困境，对小女孩产生同情心，展现更加鲜明的人物形象。

四、创编想象

（一）联系生活实际

教师在课件上出示学习导航：

思考：如果，这时候你路过小女孩的身边，你打算做些什么？

预设：把小女孩所有的火柴都买下来。

给小女孩买一件厚厚的羽绒服，买一双温暖的雪地靴。

带小女孩去吃一顿美味的大餐。

（二）结合文本想象

1. 引导

教师引导学生思考：文中，小女孩一共划燃了5次火柴，看到了不同的幻象，感受到了久违的幸福。请你们结合文本想一想，如果小女孩没有被冻死，她第六次划燃火柴时，她可能会看到什么？

2. 小组交流，发挥想象

3. 班级展评，师生评议

（三）关注完整趣味

教师在课件上出示学习导航：

同桌合作：

一人讲：加入平时积累的有趣的语言，把故事讲完整、讲有趣。

一人听：听听讲的同学是否把故事讲完整了，用到了哪些有趣的语句。

两人讲完后，互相评价。

（四）传递积极信念

教师引导学生思考：如果，你的身边也有像小女孩这样需要帮助的人，你会怎么做？

预设：我会尽力帮助他。

我会请求爸爸妈妈资助他上学，让他接受良好的教育。

【设计意图】教师引导学生联系生活实际，结合文本进行想象，传递积极信念，在学以致用的过程中不断打开学生的思路，巧妙提升学生的创编能力。

【作业设计】

（一）课中导学单

①请快速阅读五至九自然段，在文中找一找，小女孩一共看到了几次幻象，每次擦燃火柴看到了什么，表达了她怎样的愿望。

②完成自主学习单。

自主学习单

幻象	看到的东西	内心的渴望

（二）课后延伸

课外阅读篇目：安徒生的《海的女儿》《坚定的锡兵》。

【教后反思】

本课紧紧围绕教学目标，引导学生运用多种方法对故事情节进行感悟，续编故事。学生在教师引导下，抓住重要句段，理解文章的主要信息；通过朗读、讲解、角色扮演，体会人物的鲜明形象，感受童话的语言魅力；通过创编，延展学生的想象空间，提升其语用能力。

（供稿：四川省成都市盐道街小学通桂校区　刘依依）

三年级上册第13课《胡萝卜先生的长胡子》
一课时教学设计

【单元解读】

统编版小学语文教材三年级上册第四单元是围绕"预测"这一阅读策略编排的策略单元。本单元的教学目的是引导学生将无意阅读转变为有意阅读，并在阅读过程中不断主动进行预测，形成快乐阅读的内驱力。

本单元的教材文本编排对预测学习做了有层次、有梯度的支撑。教师在组织教学时要注意教学目标的层层推进，关注起点，依据学生阅读能力开展教学，达成预期的教学目标。

【文本解读】

本课课文讲述了胡萝卜先生漏刮了一根胡子，胡子蘸上果酱越长越长后发生的一段趣事。本课是一篇略读课文，教师应给予学生更多自学时间、更大的交流空间，让学生充分运用在单元精读课文《总也倒不了的老屋》中学到的预测方法，边读边预测，在读中思考，在读中感悟，在想象中创编故事，了解预测的合理性及续编故事的趣味性，培养想象能力，提升表达能力。

【学情分析】

学生通过前一课的学习已经对"预测"这一阅读策略有了初步的了解，知道了可以根据题目、插图、文章内容里的一些线索对课文内容进行预测。为确保预测的真实性、有效性，教师在教学前需要提醒学生——本单元课文不需要提前预习。

【教学目标】

①能一边读一边预测课文内容，感受"预测"的好处和乐趣。（重点）

②能根据一定的依据进行预测，并根据故事的实际内容及时修正自己的预测。（难点）

【教学过程】

一、趣读童话故事

（一）齐读课题，预测故事

1. 出示谜语，引入课题

谜面：一个胖娃娃，埋在地底下，头顶绿巾穿红褂，夏天播种秋天拔，小兔子们最爱他。

谜底：胡萝卜。

2. 出示课题，预测故事

预设：

胡萝卜先生长胡子了。

长胡子可能会派上一些用场。

胡萝卜先生可能会因为自己的长胡子感到骄傲或烦恼……

（二）共读交流，练习预测

1. 自主读文，练习预测

①自由朗读，了解课文大意。

②默读课文，练习预测：接下来会发生什么？并做好旁批。

2. 交流讨论，说清依据

教师在课件上出示如下内容：

读到 _____ 时，我预测 _____ ，因为 _____ 。

①教师组织学生进行小组讨论。

预设：

读到第二自然段的末尾，我预测沾到果酱的胡子会发生一些变化，应该会变长吧！因为果酱是很好的营养品。

读到第五段，我猜想小男孩会剪一段胡子来放风筝，因为他的风筝线太短了。

②教师要求学生在全班范围内就课文内容进行交流。

③教师引导学生思考：预测跟课文内容是否一致？如若不一致，怎么办？

④教师做如下小结：预测时，可观察插图，可结合文本，可联系生活实际。当预测和故事内容不太一致时，可调整想法，接着阅读，接着预测。

【设计意图】教师引导学生运用预测策略，边读边预测，不断修正自己的想法；充分运用课文的插图，将其作为文本延伸的一部分。

二、趣讲童话情节

（一）厘清要素，讲清楚

1. 梳理文章结构

教师将下列内容写在黑板上：

胡萝卜先生漏刮胡子—胡子变长—帮助放风筝的男孩—帮助鸟太太

2. 讲清故事

教师引导学生采用同桌合作的方式，把故事讲完整、讲清楚。

（二）加入修辞，讲生动

教师引导学生采用小组合作的方式，加入恰当的修辞手法，使故事更生动。在学生讲完故事后，开展全班展评。

（三）丰富细节，讲形象

1. 小组合作

让学生在课文的 4 个部分中，选择出自己最喜欢的部分，加入表情和动作，演一演童话故事。

2. 全班展评

预设：我们小组选择的是第三部分。一天，风和日丽。一个可爱的小男孩站在街口放风筝。他的风筝线实在是太短了！风筝只能飞过屋顶。就在这时，他看到了一条很长很长的线，两眼放光。原来，那就是胡萝卜先生的长胡子。"这绳子可真长，就是不知道够不够牢固。"他嘀咕着，用双手使劲扯了扯胡子，觉得很牢固，就剪了一段很长的胡子来当风筝线。风筝越飞越高，小男孩高兴得跳起舞来。

（四）补白心理，讲出彩

1. 小组合作

让学生在课文四个部分中，选择出自己最喜欢的部分，加入小男孩的心理活动，演一演童话故事。

2. 全班展评

预设：我们小组选择的是第三部分。一天，风和日丽。一个可爱的小男孩站在街口放风筝。他的风筝线实在是太短了！风筝只能飞过屋顶。他心想"哎，该怎么办才好呢?"就在这时，他看到了一条很长很长的线，立刻两眼放光。原来，那就是胡萝卜先生的长胡子。"这绳子可真长，就是不知道够不够结实。"他嘀咕着，用双手使劲扯了扯胡子，觉得很牢固，就剪了一段很长的胡子来当风筝线。风筝越飞越高，小男孩高兴得跳起舞来。

三、趣悟童话形象

（一）激发想象，体会形象美

1. 帮助小男孩

（1）利用文本留白，展开想象

胡萝卜先生的长胡子是否能帮小男孩解决问题?

（2）想象角色的内心活动

教师向学生提问：我想采访一下刚才扮演小男孩的同学，因为风筝线太短，风筝飞不高，你的心情如何？有了风筝线，风筝在蓝蓝的天空翱翔，你的心情又如何?

（3）小结

教师做如下小结：胡萝卜先生的长胡子可真是派上大用场了，风筝在蓝蓝的天空中翱翔，小男孩高兴极了！胡萝卜先生也因为自己帮助了男孩，心里甜甜的!

2. 帮助鸟太太

（1）发现情节反复之巧

①教师引导学生与同桌进行交流：故事还没有讲完，你认为接下来会发生什么？说清楚依据。

②学生汇报，集体交流。

预设：鸟太太啄了啄胡萝卜先生的长胡子，她觉得足够粗，就剪了一大段用来晾尿布。

（2）小结

教师做如下小结：童话故事的情节具有反复的特点。胡萝卜先生的长胡子不仅帮助了小男孩，还帮助了鸟太太。本课课文的故事情节非常精彩，有些片段和我们的预测一致，有些和我们的预测不一致，在阅读过程中，我们可以不断地丰富我们的预测内容，不断修正我们的想法。

【设计意图】童话故事具有育人价值，教师应适时引导，激发学生想象，体会童话之美，帮助学生树立正确的人生观、价值观。教师还应依据童话情节反复之巧，续编故事。同时，由于这篇童话故事出现在阅读策略单元，教师还应引导学生预测故事的发展，分层突破。

四、趣创童话彰创意

（一）结合文本想象

1. 引导

教师引导学生思考下列问题：童话情节具有反复之巧，胡萝卜先生继续往前走，又会发生什么趣事呢？结合课文，展开想象，继续预测。

2. 小组交流

3. 班级展评，师生评议

预设：胡萝卜先生继续往前走，路过蚂蚁洞时，蚂蚁士兵正在搬运一个大西瓜，西瓜特别重，蚂蚁士兵根本搬不动，只好用绳子拉走。这时，蚂蚁团长发现了这根长长的胡子，说道："这绳子这么长，足够分给所有蚂蚁了，就是不知道坚不坚固？"说着他就咬了咬胡子，确定坚固后，就给每只蚂蚁都分了一段胡子，西瓜不一会儿就被拉进了洞里。

（二）关注完整趣味

1. 引导

教师引导学生思考下列问题：怎样可以让你续编的故事更有趣呢？
预设：加入平时积累的有趣的语言。

2. 小组交流、全班汇报

（三）传递积极信念

教师引导学生思考下列问题：当胡萝卜先生发现未经自己许可，自己的胡子一次又一次被别人剪掉时，他会不高兴吗？

预设：不会。因为帮助别人，能使自己身心愉悦。

【设计意图】教师引导学生继续运用预测这一阅读策略，结合文本想象、关注完整趣味并传递积极信念，在学以致用的过程中不断打开学生的思路，增强其预测积极性与兴趣的同时，巧妙提升学生的预测能力。

【作业设计】

（一）课中导学单

①初读预测：说说自己预测的内容以及理由。

读到＿＿＿＿＿＿＿＿，我预测＿＿＿＿＿＿＿＿，因为＿＿＿＿＿＿＿＿。

②发挥想象：故事还会继续，你认为接下来会发生什么趣事？仿照课文说一说，写一写。

＿＿＿＿＿＿＿＿＿＿＿＿＿＿＿＿＿＿＿＿＿＿＿＿＿＿＿＿＿＿＿＿＿

＿＿＿＿＿＿＿＿＿＿＿＿＿＿＿＿＿＿＿＿＿＿＿＿＿＿＿＿＿＿＿＿＿

＿＿＿＿＿＿＿＿＿＿＿＿＿＿＿＿＿＿＿＿＿＿＿＿＿＿＿＿＿＿＿＿＿

（二）课后练习

为胡萝卜先生画一幅漫画。

【教后反思】

本课紧紧围绕教学目标，引导学生运用多种方法对课文内容进行预测，续编故事，在增强学生预测积极性与兴趣的同时，提升学生的预测能力。学生在教师的引导下，趣读童话故事，趣讲童话情节，趣悟童话形象，趣创童话故事，使学生的想象力、创造力得到激发，语用能力得到提高，思想得到熏陶。

（供稿：四川省成都市盐道街小学通桂校区　韦雅萍）

153

三年级上册第10课《在牛肚子里旅行》教学实录

开课后，教师带领学生初读课文，用多种识字方法解决阅读障碍，帮助学生通读课文。接着通过圈画关键词，引导学生梳理出红头在牛肚子里的旅行路线，在共读交流中，把握课文内容。在趣悟童话形象和趣创童话的环节，学生再次身临其境，感受童话故事之语言美、形象美、内涵美，大胆展开想象，创编童话。

【教学过程】

一、趣悟童话形象

（一）学习表达，感受语言美

师：这就是红头的旅行过程，课文是通过红头和青头的对话来表现这个过程的。自由读八至十八自然段，分别用横线和波浪线画出红头和青头说的话。同桌合作读对话。

学生与同桌合作读对话。

师：哪一组同桌愿意来给我们读一读他们的第一组对话？

教师指名一组同桌读。饰演红头的学生语速很快，听起来很着急；饰演青头的学生声音很紧绷。

师：能说说你们这样读的理由吗？

生1：因为红头这个时候很着急。

生2：因为青头看到红头被牛吃到嘴里，它很紧张，怕红头受伤。

师：红头正面临着生命危险，它的好朋友青头做了什么？

教师指定一名学生读青头的话。

师：青头想告诉红头什么？

生：牛在这时候不会仔细嚼的，它会把你和草一起吞到肚子里去……

师："这时候"是指什么时候？

生：牛刚把草吃进嘴里的时候。

师：青头运用自己渊博的知识，给了红头活下去的希望。

师：青头安慰红头时，内心是怎样的呢？

生：很着急，可以说是焦急。

师：你从哪里看出来的？

生1：我是从"它一下子蹦到牛身上"的"一下子"感受到的。

生2：我是从"青头不顾身上的疼痛"中的"不顾"感受到的。

生3：我是从"一骨碌爬起来"中感受到的。因为青头虽然摔得很痛，可是它还是立刻爬起来了。这说明它很着急，想马上解救红头。

生4：我是从"大声喊"感受到的。它不是用正常说话的音量来说，而是大声喊，说明了它内心的焦急。

师：听了青头的安慰，红头还是哭了，它此时心情如何？

生：红头很害怕。

师（声音急促）：是啊，红头都害怕得哭出来了。我们一起来读一读它们的对话，读出红头的害怕和青头的着急。

师生绘声绘色地读，部分学生读红头的话时，带着哭腔。

师（眉头紧皱）：可怜的红头到了牛肚子里，又会发生什么事呢？让我们接着往下看。

师：此时的红头怎么样？

生：红头很伤心，很悲哀。

师："悲哀"是什么意思？

生：就是很难过。

师：你能想象它现在身处怎样的险境吗？

生（急得有些脸红）：它现在在牛肚子里，可能会被牛消化掉，就再也不能出来了。

师：你觉得青头的话有用吗？

生：有用，我在书上看过，牛就是有四个胃。

师：你的知识真渊博。青头这段话，有什么作用？

生1：青头先是安慰它的好朋友红头，希望它不要太害怕。

生2：青头还告诉了红头牛胃的构造和功能。

师：我想请两位同学来扮演红头和青头，谁想试一试？

两位学生声情并茂地表演。

师：你们声情并茂的演绎让我们感受到它们之间的深厚的友谊。

（二）激发想象，体会形象美

想象角色内心活动。

师：在青头的帮助和鼓励下，红头惊险地完成了在牛肚子里的旅行。这可真是个奇迹啊！

师：青头用它的身体在牛鼻孔里蹭来蹭去时，你认为它会想些什么？

生1（语气坚决）：我一定会救出红头的！

生2：我一定要使劲蹭牛鼻孔，让它忍不住打喷嚏，或许能把红头喷出来。

师：你真会联系上下文思考。还有吗？

生3：不管多么困难，多么危险，我一定要救红头。

师（舒展愁容）：这样惊险的旅行，最后它们却化险为夷。你认为青头和红头的形象分别是怎样的？

生1：我觉得青头很聪明，它的知识很渊博。

生2：我觉得红头也很勇敢，它在遇到危险时虽然很害怕，但还是能冷静地思考。

生3：我觉得青头和红头是一对好朋友，青头对朋友很关心。

二、趣创童话

（一）联系生活实际

师：同学们，在你的生活中，如果朋友帮助你解决了问题，你会怎么说、怎么做呢？

生1（眼泛泪光）：我会很感动。

生2（面带微笑）：我会好好谢谢他，送他一件我珍爱的物品作为礼物。

生3：如果他遇到困难，我也要主动帮助他。

师：看来你们都是有情有义、珍惜朋友的好孩子。

（二）结合文本想象

师（语速缓慢，饱含情谊）：红头"虎口逃生"，看见自己最好的朋友，激动地流下了眼泪，说："谢谢你……"此处的省略号表示红头还想说许多话，你认为它还会说些什么？

生1：它会说，要不是你——青头，我肯定出不来了。

生2：红头会说，真是太感谢你了，青头。我们要做一辈子的好朋友，以后你遇到困难我也会帮助你的。

师：你们都结合课文内容，为这个童话故事加上了一个动人的结尾。请你加入结尾，把故事完整地讲给同学听听吧。

【同伴点评】

在趣悟童话形象环节，教师通过引导学生分角色朗读红头和青头的对话，提示学生关注对话前的提示语，感悟童话故事中的语言之美、形象之善。

在趣创童话环节，教师引导学生联系生活发挥想象，想象红头从牛肚子里出来后，会说些什么。再通过课堂上的单生发言、小组讨论、全班交流等方式，让学生充分表达，充分锻炼学生的口头表达能力和语言组织能力。

通过趣悟童话形象、趣创童话两个环节，学生对童话有了更深的认识，在了解童话中所蕴藏的科学知识的同时，感悟到了红头和青头的人物形象，学习了课文活泼有趣的语言，并且在充分表达中积累了语用图式，提升了表达能力。

（供稿：四川省成都市盐道街小学通桂校区　黄弋洋）

借助注释入境　设身处地共情

——小学中段古诗教学三步法

一、领悟古诗的审美特质

古诗又称古风或古体诗，指产生于唐代以前并与唐代新出现的近体诗相对的一种诗歌体裁，其格律限制不太严格，集意境美、语言美、音韵美于一身。

所谓意境美，指诗中所描绘的画面与作者的思想感情融为一体而形成的艺术审美境界。诗人选取富有个性特征的事物、场景来抒情言志，让读者展开想象，领会诗中的情感与意境，受到熏陶，做到"诗中有画，画中有情"。语言美，指古诗用语凝练、跳跃、生动，常运用象征、比喻、夸张等多种手法再现自然美、社会美和艺术美。例如，"欲穷千里目，更上一层楼""飞流直下三千尺，疑是银河落九天""野火烧不尽，春风吹又生"等。音韵美，指古诗韵律饱满，节奏鲜明，适合诵读，以声传情，声情并茂，一咏三叹，朗朗上口，独具艺术感召力。

二、古诗教学的育人价值

统编版小学语文教材共有课文 287 篇，其中古诗词多达 59 首，约占课文总数的 20.6%。古诗教学是语文教学的重要内容，是提升学生文化自信的重要依托，是传承中华优秀文化的重要载体。学生通过学习古诗，可领悟自然之美，感悟人生哲理，明晰人生方向，培养爱国情怀。例如，学生可以从"白毛浮绿水，红掌拨清波"中，感受古代儿童的生活情趣；从"横看成岭侧成峰，远近高低各不同"中，学会认识复杂事物的有效方法；从"人生自古谁无死，留取丹心照汗青"中，读懂文天祥视死如归的高风亮节；从"王师北定中原日，家祭无忘告乃翁"中，体会陆游至死不忘收复失地的家国情怀。学习古诗既可提高学生的文学修养和审美能力，也能提升学生的思想境界。

三、古诗教学的有效路径

（一）解诗题，知作者

诗题具有高度浓缩性，或概括古诗内容 ，或抒发诗人情志，是作品的"眼睛"。因此，我们在进行古诗教学时，解诗题是达成教学目标的重要抓手和依据。

解诗题是学习古诗的关键环节，有助于整体把握全诗内容，初步体会诗人情感。例如，学生在学习《乞巧》一诗时，可结合民间故事《牛郎织女》理解诗意：在七夕节夜晚，少女们向织女乞求智巧。又如，在学习王维《九月九日忆山东兄弟》时，学生结合重阳节相关习俗将诗题理解为在重阳节这天怀念兄弟。学生还可以抓住诗眼"忆"字，理解这首诗抒发的游子思乡之情。

由于古诗创作年代久远，加上小学生缺乏阅读古诗的经验，很难入情入境地体会诗歌的内涵。教师在教学时应创设适切场景，提供微课或资料，帮助学生深入了解诗人的创作场景及所处的时代背景，领会诗人的写作意图和所要表达的思想感情。例如，《示儿》是南宋诗人陆游创作的一首千古流芳的爱国主义佳作，这首诗在字里行间都洋溢着诗人至死不渝的爱国热情。在学生理解诗题后，教师可相机向学生介绍陆游生平及临终前题写《示儿》的心情，运用五年级语文要素"结合资料理解课文内容"，让学生课前搜集相关资料，了解陆游少年立志后漂泊不定的人生经历，结合北宋被金军所灭、南宋统治者醉生梦死的历史背景，更深刻地体会主战派诗人陆游临终前的心情——他耿耿于怀的不是个人的得失与生死，而是对收复失地的强烈渴望和对祖国山河统一的热切期待。

（二）读古诗，懂诗意

诵读是传统诗歌教学中常使用的方法。"书读百遍，其义自见。"学生大声朗读古诗，低吟浅唱，在读中整体感知，在读中联想感悟，在读中建立语感，在读中升华情感，陶冶性情。通过反复阅读和仔细思考，学生自然能够领悟诗意。正如苏轼所言，"旧书不厌百回读，熟读深思子自知"。教师在教授王维《九月九日忆山东兄弟》时，可首先指导学生反复诵读古诗，理解诗意，静读品味，共鸣传情。在朗读训练时，教师可以先进行简单讲解和示范。教师在示范诵读时要注意读出诗的节奏和重音，读平声时要注意将语速放慢，语气绵长，读仄音时要语速放快，语气果断。教师通过多种形式、目的明确的练习，帮助学生在理解诗意的基础上熟读成诵。

学生第一次接触课文时，教师可以实施如下教学步骤：教师范读—学生自读—抽生练读—正音朗读—优化语调、句读—师生美读。

读懂诗意是理解诗情的前提。教师在此环节应侧重于帮助学生理解诗意，尤其是那些难以理解的部分，引导学生借助注释、插图，联系生活实际探究诗意，通过小组交流、全班分享等方式巩固理解。理解越深，情志越丰沛，朗读的"含金量"就会越高。

（三）展想象，悟诗情

教师引导学生根据诗句所蕴含的意象展开丰富的想象，进入诗文意境，品味诗人深蕴于诗文中的浓浓情怀，读出诗歌之神韵，做到读中入境，读中悟情。

1. 触景生情

教师引导学生抓住诗歌景物，想象诗句画面。例如，在教学王维古诗《山居秋暝》"明月松间照，清泉石上流。竹喧归浣女，莲动下渔舟"这四句时，可让学生先圈画出诗歌中的意象，再把这些意象通过想象串联成一幅幅画，将"借景抒情""写景抒情"等进行可视化的思维体验，感受诗情画意。

2. 借曲引情

优美的音乐极具感染力，能把学生带进特定的艺术氛围中，为学生体会古诗情志创造条件。学生在学习古诗时，如果可以听到与古诗场景相匹配的乐曲，展开艺术想象，便可以自然而然地置身于诗境，感受诗歌的审美特色。教师在选择乐曲时，要特别注意乐曲的主题、内容、所表述的情感基调与诗意的高度契合。例如，在教学《伯牙鼓琴》时，为了让学生理解体会"知音难觅"与"心灵相通"的意思，播放琵琶曲《十面埋伏》肯定是不合适的，只有用古琴演奏的《高山流水》才是最适切的选择。

3. 借画染情

诗中有画，画中有诗，诗情画意融为一体。教师在进行古诗教学时要抓住诗歌中最有感召力的审美特点，把诗和画结合起来，通过创作"诗意画"再现古诗意象。教师可以通过示范作画、师生同画、学生自画等方式，引导学生把诗意融于画面，唤起学生的丰富想象，帮助学生理解诗意，让学生穿越时空，走进作者所创设的情境中，受到情感的熏陶和美的教育。

4. 借象悟情

诗词偏重于抒情言志，诗人情感的变化贯穿于整首诗歌中。要捕捉和体会作者的感情，需要分析诗歌。以《卜算子·咏梅》为例，全词借梅明志。我们联系诗人生平就会发现，词中梅花的境遇体现出诗人的遭遇，梅花的品格也正是诗人品格的真实写照。梅花的孤寂形象概括了诗人自己被弃之不用的尴尬命运；梅花承受风雨侵袭的困难处境表现了诗人遭受打击迫害的凄苦情景；梅花的铮铮硬骨和高尚情操体现了诗人的雄图大略与高尚志趣。梅花"零落成泥碾作尘"的结局正是诗人终生坎坷但却洁身自好、不甘沉沦的现实写照。"只有香如故"表现出诗人至死不渝的坚贞气节。整首诗作，诗人借梅花形象抒发了自己报国无门的苦闷和炽热的爱国情感，读之令人动容。

小学中段古诗教学策略

四年级上册第 21 课《古诗三首》一课时教学设计

【单元解读】

统编版小学语文教材四年级上册七单元以"家国情怀"为主题，结构化编排了《古诗三首》《为中华之崛起而读书》《梅兰芳蓄须》《延安，我把你追寻》四篇课文。上述四篇课文呈现了不同历史时期和不同背景下的典范人物在家国大义面前的精神风貌。例如，戍边将士为保家卫国奋不顾身；少年周恩来为中华之崛起而读书，志向远大；本单元的语文要素是"关注主要人物和事件，学习把握文章的主要内容"，教材所选文本能够精准支撑语文要素的达成。

【文本解读】

《出塞》是四年级上册第 21 课《古诗三首》中的一首。这是一首感慨边战不断、国无良将的经典边塞诗作，诗歌意象苍凉悲壮，意境伟岸崇高。诗人从"明月照边关"的意象写起，用"秦时"和"汉时"两个时间定语向读者介绍防边筑城的措施始于秦汉，可见边关忧患存在时间之长。"万里长征人未还"写出了历史上边塞保卫战中战士们的精忠报国与壮烈牺牲。诗歌后两句"但使龙城飞将在，不教胡马度阴山"借对前朝名将英勇事迹的怀念，表达了诗人希望良将报国、人民安居乐业的美好愿望。

【学情分析】

《出塞》是学生在小学阶段学习的第一首边塞诗。四年级学生历史知识储备少，对唐朝边患缺乏了解，很难设身处地去理解边关战士远离亲人、缺乏良将、苦战无果的悲凉心情。教师在教学时需要通过补充背景资料和创设情境等方法，帮助学生加深对诗境、诗情的情感体验。

【教学目标】

①有感情地朗读课文，背诵课文。

②能借助注释理解诗句的意思，说出自己的体会。（重难点）

【教学过程】

一、导入解题

1. 知诗人

让学生交流课前搜集的有关作者王昌龄的背景资料和边塞诗体裁特点。

2. 解诗题

教师引导学生解释诗题，思考"塞"是什么意思？"出塞"又是什么意思。

【设计意图】通过对诗人以及边塞诗体裁特点的了解以及对诗题的理解，学生能整体感知诗歌的情感基调，在心中营造出相关场景，做到"未成曲调先有情"。

二、初读明意

1. 自主读诗

教师带领学生运用多种形式自由朗读诗歌，不仅要读准字音，读通诗句，还要读出节奏，读出诗的韵味。教师可采用学生自读、抽生朗读、全班共读等方式，并相机纠音。

2. 读中知意

《出塞》的诗歌大意用白话文可翻译为：依旧是秦汉时期的明月和边关，远征万里的大军仍然没有回还。只要有飞将军李广守卫在龙城（边塞），胡人战马绝不敢踏过阴山半步。

教师带领学生在读通诗句的基础上，思考诗句的意思，以四人为一小组，在小组内交流自己的体会，并在全班范围内分享。

【设计意图】教师通过个人读、小组读、齐读等多种方式训练学生朗读课文，借助课文中的注释、插图以及学生在课前搜集的相关背景资料等理解诗意，读通诗句，读懂诗意，这是深入领会诗歌情感的前提。

三、再读悟情

（一）体悟"秦时明月汉时关，万里长征人未还"的悲伤情志

1. 体会征人之悲

教师带领学生朗读课文，并让学生思考下列问题。

①"明月寄相思"，在这样凄凉的夜晚，遥望一轮明月悬挂天边，征人在想什么？

②遥望明月，战士眼前会浮现哪些人？哪些事？哪些景？同一时代的边塞诗人高适写下"征人蓟北空回首"的诗句，为什么说是"空回首"？

③活着的人还能对着明月抒发自己的思乡之情，那些以身殉国、战死沙场的战士呢？请你读一读"黄尘足今古，白骨乱蓬蒿"，说说你是怎样理解这句诗的？心中涌起了怎样的情绪？

待学生交流完毕后，教师可作如下总结：是呀，战士们当初背井离乡，来到塞外戍边征战，他们以为只是与家人短暂分离，没想到竟成了永别，他们再也回不到魂牵梦萦的家乡！只有那一堆白骨遗留在了乱草岗，渐渐被人遗忘。孩子们，你们能读出这种悲壮之情吗？

2. 感受家人之悲

教师引导学生继续读课文，运用低沉、悲壮、哀伤的语气反复朗读课文，感受戍边将士家人之悲。教师可让学生思考下列问题。

①与戍边将士共享一轮明月，远在天边的亲人们又在做些什么？从高适写下的"少妇城南欲断肠"一句中，你体会到什么？

②妻子整日盼望丈夫早日平安归来，可盼到的却是"秦时明月汉时关，万里长征人未还"。仅仅是少妇在盼丈夫吗？还有谁在盼？

3. 感悟历史之悲

教师引导学生再次朗读全诗前两句，感悟历史之悲，预设对话如下。

师：为什么唐代的战士们看到的边关是秦汉时期的？

师：纵观历史，我们发现从秦代到唐代，中间隔着汉、三国、晋、南北朝、隋，一共隔了五个朝代八百多年的历史。

师：孩子们，再读这两句，你体会到了什么？

师：在这将近千年的历史中，冲突不断、战争不断。这样的思念何时休，这样的倾诉何时才是个头？唐朝的士兵和亲人们对着明月发出痛苦的呐喊：秦时明月汉时关，万里长征人未还。

师：宁静的夜晚，偏远的边关，一轮明月照在唐朝守边战士身上。带着这种悲情，想象这幅画面，随着琵琶独奏《塞上曲》，再读这句诗吧！

4. 体会报国之壮

教师引导学生再次朗读全诗后两句，体会戍边将士报国之壮烈。教师可在课件上出示下列要求。

这些士兵承受着战争给自己、家人带来的巨大悲痛，可他们在战场上又是如何表现的？联系王昌龄《从军行》中"黄沙百战穿金甲，不破楼兰终不还"，展开思考和体会。

最后，教师可作如下小结：唐朝有这样一群誓死卫国的战士，是何等的幸运，可是光靠这些忠勇的士兵就能够取得战争的胜利吗？还需要谁？请大家说一说。

（二）体会"但使龙城飞将在，不教胡马度阴山"的希冀

1. 引导

教师在课件上出示下列问题，引导学生思考。

李广将军是汉代的一位名将，武艺高超，射术惊人。卢纶曾经写诗赞叹"月黑雁飞高，单于夜遁逃"。全班齐读，说一说：你从这首诗中感受到了什么？

2. 全班交流，了解李广生平

师：是呀，这样让敌人都万分敬畏的将军，怎能不让战士们怀念呢！（板书：思李广）

生：但使龙城飞将在，不教胡马度阴山。

师：唐代的战士为什么会如此怀念汉代的将军？高适在《燕歌行》中还写到"战士军前半死生，美人帐下犹歌舞"（出示诗句）。请大家读一读。

师：是呀，即使在边关默默地忍受悲痛，可战士们却有着誓死卫国的铮铮铁骨和慷慨豪迈之情，他们是多么渴望期盼朝廷能派遣像李广那样的良将，带着他们打胜仗，待边疆战事平定，早日还乡！

【设计意图】教师在反复让学生诵读课文基础上适时补充其他边塞诗，以诗解诗，以读促思，借助李广的相关背景资料，加深学生对诗歌情感的体验。帮助学生做到朗读自然，情有所涌，声情并茂。

四、配乐诵读，升华主题

教师播放琵琶独奏《塞上曲》，带领全班在音乐中诵读课文。预设对话如下。

师：让我们回到全诗，假如你就是那万里长征未还的战士，此刻，静静伫立在千年古关，月光洒在你的身上，冷冷清清，遥望家园和故土，真是思绪万千，将你悲壮交织的情怀用诗的语言抒发出来吧！

五、整合拓展，发现典故的作用

1. 引导学生了解用典抒情的方法

教师提问让学生思考并在四人小组内讨论：为什么诗人不直接表达希望朝廷派遣良将的想法，而是借汉代李广将军的故事来表达？

2. 举一反三，巩固学习成果

教师告诉学生，正因为典故具有借古论今、委婉含蓄的作用，古典诗词中常常使用。并让学生默读《夏日绝句》"生当作人杰，死亦为鬼雄。至今思项羽，不肯过江东"，想想诗人用了什么典故，表达了怎样的情怀？

3. 小组学习，交流讨论

【设计意图】教师带领学生通过比较阅读，掌握诗歌表情达意的用典方法。

拓展学生的学诗角度，使学生的自主学习更为广泛和深入。

【作业设计】

（一）课前预学单

1. 请用"√"选择下面加点字的正确读音

出塞（sài　sāi）　　　秦朝（qín　qīn）　　　长征（zhēng　zhèng）

2. 看拼音写词语

zhēng zhàn　　　　　sài wài

（　　　　）　　　（　　　　）

（二）课中导学单

写出下列诗句的意思

但使龙城飞将在，不教胡马度阴山。

_____

（三）课后检测单

1. 结合课前预习和课中学习所得，为飞将军李广写一则人物简介（100字以内）

2. 搜集自己最喜欢的3首边塞诗作品，和同学交流感受

【教后反思】

基于学情，学生在读通诗句和理解诗意的环节能够很快达成学习目标，教师在教学过程中可投入更多时间帮助学生领悟诗情。通过补充背景资料、以诗解诗、创设情境等多种方法帮助学生理解诗歌情感，这样的方法是行之有效的。在比较阅读环节，学生理解"用典"的表达方法和效果有难度，教师应适可而止，点到为止，注意在具体引导时不讲解"用典"概念。"用典"的指导是为了帮助学生更深入地理解感情，迁移学法，而不是单纯地就法讲法。

（供稿：四川省成都市盐道街小学通桂校区　吕忠敏）

四年级下册第21课《芙蓉楼送辛渐》一课时教学设计

【单元解读】

统编版小学语文教材四年级下册七单元结构化编排了《古诗三首》《文言文二则》《"诺曼底号"遇难记》《黄继光》4篇课文。

上述课文中分别介绍了几位在不同历史时期和背景下的典范人物，他们在时间长河中熠熠生辉。他们分别是志向高洁的王昌龄、忧国忧民的卢纶、一身正气的王冕、勤勉求学的车胤、视死如归的哈尔威船长和以身殉国的黄继光，他们的崇高品质让后人为之动容。本单元的语文要素是"从人物的动作、语言中感受人物的品质"，教材所选文本能够精准支撑语文要素的达成。

【文本解读】

《芙蓉楼送辛渐》是唐代诗人王昌龄的组诗作品，教材中选取的是其一，创作此诗时诗人已被贬谪为江宁（今江苏南京）县丞。诗题揭示了诗歌主要内容和类别：这是一首送别诗，诗人在芙蓉楼送别自己的好朋友辛渐，表达了诗人与友人间的离情别意以及诗人洁身自好的品格。诗人用"寒雨""孤山"这类意象烘托了送别友人时诗人内心的凄凉之情，后两句中诗人以晶莹剔透的冰心玉壶自喻，既寄托了诗人对洛阳亲友的思念，又表明了自身高洁的情操。

【学情分析】

在二年级时，学生已经学习过送别诗《晓出净慈寺送林子方》，因而对送别诗并不陌生。在学习《芙蓉楼送辛渐》时，大部分学生能够调动旧知识，从整体上把握送别诗的情感基调。然而，四年级学生的历史知识储备少，对于王昌龄创作诗歌的背景也所知甚少，很难理解诗人背井离乡、连遭贬谪、仕途不顺的郁闷和借诗歌表达自己心性的做法。教师在教学时需要通过补充背景资料和创设情境等方法，加深学生对诗境、诗情的情感体验。

【教学目标】

①认识"芙、蓉、洛、壶"这4个生字，会写"芙、蓉"这两个生字。

②能有感情地朗读、背诵古诗，会默写古诗。（教学重点）

③能理解诗句的意思，感受诗句所表现的精神品格。（教学难点）

【教学过程】

一、解诗题，知诗人

1. 导入诗题

教师引导学生进入本课学习，预设引导如下。

师："相见时难别亦难，东风无力百花残。""离别"自古以来就是永恒、凄美的话题，多少文人墨客曾泼墨挥毫，留下了以"离别"为主题的一篇篇美文佳作，唐代被称为"七绝圣手"的大文豪王昌龄也不例外，这节课就让我们一起来学习他的一首送别诗《芙蓉楼送辛渐》。请同学们自读课题，并说说通过诗题你知道了什么？

2. 学生谈感受

教师引导学生谈一谈读诗题后的感受，并相机总结：辛渐是王昌龄的同乡，这次是要送好友辛渐回他们的故乡去，这一送就是一百多里啊！

【设计意图】教师导入诗题，引导学生了解诗人王昌龄的文学成就，从而激发学生对诗歌的浓厚兴趣，再通过交流对诗题的理解，帮助学生从整体上把握诗歌主要内容以及送别诗的情感基调。

二、读古诗，悟诗意

（一）读古诗

1. 初读古诗，读准字音，读通诗句

教师在课件上出示生字：芙、蓉、洛、壶，带领学生读准字音。注意读准"蓉""洛"二字。在学生读准字音后，教师指导学生书写生字，并指出："芙、蓉、壶"都是上窄下宽的字，"洛"左窄右宽。"壶"由 3 部分组成——士、冖、业。

2. 朗读古诗

教师指导学生通过指名读、男女生赛读、全班共读等多种方式朗读古诗，朗读中相机正音。

3. 再读古诗，读准节奏

教师让学生再读古诗并相机点拨，提醒学生注意七言绝句的断句和声断气连，读出节奏感。

（二）悟诗意

1. 理解字义

教师引导学生借助注释、插图，联系生活实际理解诗歌中每个字的字义。

寒雨：寒冷的雨。连江：满江。吴：三国时的吴国在长江下游一带，所以称这一带为吴。平明：清晨。客：指辛渐。楚山：春秋时的楚国在长江中下游一带，所以称这一带的山为楚山。孤：独自，孤单一人。洛阳：位于河南省西部、黄河南岸。一片冰心在玉壶：冰在玉之中，比喻人清廉正直。冰心：比喻心的纯洁。

2. 小组内交流诗意

教师让学生4人为一组交流诗意，并相机总结：昨夜，秋雨绵绵洒满吴地江天。清晨送走友人只留下孤独的楚山。洛阳的亲朋好友如果向你问起我，就请转告他们，我的心依然像玉壶中的冰一样纯洁。

【设计意图】教师通过让学生反复诵读课文，在学生脑海中形成了一幅幅画面，拉近了学生与文本之间的距离，让学生初步感悟诗歌的空灵之美。

三、展想象，懂诗情

1. 学习感悟诗歌中"寒"和"孤"

教师在课件上出示古诗的前两句"寒雨连江夜入吴，平明送客楚山孤"，引导学生理解。

（1）自然的"寒"与楚山的"孤"

师："一场秋雨一场寒"，这场趁着夜色潜入吴地的雨的确带点寒意，就连那楚山看起来都是那样孤零零的，让我们一起读出这场雨的寒意与楚山的孤寂吧！请齐读"寒雨连江夜入吴，平民送客楚山孤"。（齐读）

（2）离别的"寒"内心的"孤"

师：除秋雨自然的寒意之外，还有什么是令作者感到寒意与孤独的？请大家谈谈体会。

师：是啊，那寒意不仅弥漫在满江烟雨中，也沁透在两个离人的心头啊，这场雨使作者平添了几分孤独！我们该怎样读出那种寒意呢？

师：除此之外，你知道作者还会为什么感到寒心吗？这里还暗含着同学们所不了解的一些历史背景。

教师在课件上出示补充资料：

王昌龄曾在朝廷为官，为人刚正不阿，为官清廉，却屡遭奸佞小人诋毁诬陷，两次被贬官：开元二十七年，被贬为江宁丞；开元二十九年，又被贬到非常偏僻的龙标做县尉。但他始终不肯向恶势力屈服，顽强斗争，直到最后"安史之乱"时被濠州刺史闾丘晓所杀，终年不到六十岁。他一生壮志未酬，这首诗是他第二次遭贬时所作。

在学生读完上述资料后，教师相机向学生提问：对于这个"寒"，我们还能怎么理解？

（3）对世态心寒，更觉孤立无援

师：世态的炎凉，朝廷的不公，仕途的坎坷，使他更觉寒心啊，朋友的离去更让他觉得孤立无援，让我们一起读读这两句诗，感受作者那种复杂的内心。

2. 走进作者内心，展开想象，感悟人物品质

（1）引导学生走进作者内心

教师播放雨声及古诗后两句，创设情境，引导学生思考。

师：面对这苍茫的烟雨，孤峙的楚山，聆听着窗外传来的这淅淅沥沥的夜雨声，诗人思绪万千，辗转反侧，无法入眠，那个无眠之夜，他在想些什么呢？

（2）指名发言

（3）创设情境，引导学生激情朗诵古诗后两句

师：没有了对亲人报平安，也没有了封封家书中字斟句酌的牵挂，千言万语化作临别时的一句叮咛，"洛阳亲友如相问，一片冰心在玉壶"。请大家再次动情朗读古诗后两句。

师：望着朋友远去的背影，王昌龄决绝地转身，再也没有回头，难道是他不想回家吗？（想）可是他能回家吗？请大家自由发表见解。

师：是的，不屈服于误解和诽谤，即使遭遇再多的坎坷，他都永不屈服，坚持操守和人生信仰。

【设计意图】教师通过创设情境、激情引读等方式，充分调动学生想象，提高学生自主朗读的欲望，使学生能够入情入境地体会到诗人对家人、对朋友、对朝廷矢志不渝的忠贞和情操。与此同时，教师引导学生将"冰心""玉壶"这两个抽象的词语形象化，有助于学生理解诗情，让朗读成为一种情到深处的自然流露。

【作业设计】

（一）课前预学单

请用"√"选择下面加点字的正确读音
洛阳（luò　gè）　　芙蓉（fū　fú）

（二）课中导学单

写出下列诗句的意思
洛阳亲友如相问，一片冰心在玉壶。

（三）课后检测单

①结合课前预习和课中学习所得，思考诗人借"冰心""玉壶"表达了什么样的感情？
②联系"冰心"的含义，想想现代诗人谢婉莹为什么会以"冰心"为笔名？
③搜集自己最喜欢的 3 首送别诗作品，和同学交流感受。

【教后反思】

在教学中，教师通过"解诗题，知作者—读古诗，懂诗意—展想象，悟诗情"这三个环节，实施板块化教学，较好地达成了教学目标。在最后的环节中，教师通过抓住关键字"寒"体会诗人情感，但应注意，在学生谈感受时，教师不用预设固定答案，让学生做到言之有理即可。

（供稿：四川省成都市盐道街小学通桂校区　王烨）

五年级上册第 12 课《示儿》教学实录

开课后，教师通过介绍作者背景资料导入新课，饱含深情地介绍了陆游一生抗金复国的伟大抱负和曲折经历，帮助学生了解诗人的创作背景。接着，教师通过联系生活、借助插图、注释等引导学生理解诗意。在"展开想象，体悟诗情"环节，教师精心指导，引发多元对话，帮助学生身临其境，做到了读悟议诵交融，取得了显著的教学效果。

【教学过程】

（一）入境悟"悲"

师：全诗中有一个字能够直接表现出诗人的情感，是哪个字？

生：悲。

师（在课件上出示"靖康之耻"资料）：诗人为谁而悲？

师：靖康二年四月，来自北方的女真族（金军）攻破当时北宋都城东京（今河南省开封市），烧杀抢掠之外，掳走了宋徽宗、宋钦宗父子。北方的大好河山沦为金人的领土，生灵涂炭。陆游曾用"遗民泪尽胡尘里，南望王师又一年"描绘了流民的悲惨生活场景。谁能说一说"奴役"的意思？

生：给金人当牛做马。

师：请同学们齐读诗句。

师：这两句写出了沦陷区的百姓热切盼望收复失地的情景。多年以来，在金兵的铁蹄下，沦陷区百姓倍受磨难，他们的泪水早已流干。"泪尽"二字，包含着沦陷百姓内心无限的辛酸。他们眼巴巴地望着南方，盼望朝廷军队前来收复失地，可年复一年，日复一日，他们苦苦等来的只有失望和痛苦。同学们想想，诗人为谁而悲？

生：为人民而悲。

师：为人民的什么而悲呢？

生：为人民的苦难生活而悲。

师：请同学们用一个词语来形容一下人民的生活。

生：水深火热。

生：灾难深重。

师：哪位同学带着陆游的这种悲哀读前两句？

（生读）

师：读得不错，请大家齐读一遍。

（生齐读）

师：为什么人民望眼欲穿，却盼不来朝廷的军队？当权者在做什么？

师（出示资料）：宋钦宗之弟赵构逃到南方，在临安建立了政权，于绍兴十二年向金国皇帝自称臣子，并答应每年献银二十五万两、绢二十五万匹，跟金人划淮水为界。后来宋孝宗赵昚与金签订的"隆兴和议"：金宋两国皇帝以叔侄相称；改"岁贡"称"岁币"，银、绢各减五万，为二十万两匹；宋割唐（今河南唐河）、邓（今河南邓州东）、海（今江苏连云港）、泗（今江苏盱眙北）四州外，再割商（今陕西商县）、秦（今甘肃天水）二州与金。

师：当人民处于水深火热之时，南宋统治者却向金国屈膝投降，割地赔偿，俯首称臣。请大家回忆刚刚学过的《题临安邸》，齐背一遍。

生（齐背）：山外青山楼外楼，西湖歌舞几时休？暖风熏得游人醉，直把杭州作汴州。

师：结合这首诗，请大家想一想我们还能用哪些词语来形容统治者呢？

生：昏庸无能。

生：纸醉金迷。

生：花天酒地。

生：醉生梦死。

师：诗人看到这些，心情怎样？仅仅只是悲哀吗？

生：悲愤。

师：请大家带着这种悲愤齐读前两句。

师：重音要放在"悲"上，其次是"不见"上。（师范读）大家再齐读一遍。

（生齐读）

师：诗人为人民的生活而悲伤，为统治者的无能而悲愤，躺在病榻上的他只能空怀一腔报国之志，他又在为谁而悲伤？

生：为自己有心无力而悲伤。

师：请大家带着这些复杂的情绪再读前两句。

（二）悲中永怀"期盼"

师：同学们读出了陆游的悲愤！难道诗人就真的悲痛欲绝、肝肠寸断了吗？请大家齐读后两句。

生：他没有绝望。

师：临终前，他还在企盼什么？

生：他还在盼望着国家的军队收复中原的那一天。

师（板书：盼）：是啊，陆游没有绝望，他在临终之前依然盼望祖国的统一，并且希望孩子们在国家重新统一之际不要忘记把这个好消息在家祭的时候告诉他。读一读后两句，读出陆游深深的渴盼和对子女的谆谆嘱托。

（三）亘古不变"赤子心"

师：诗人在有生之年万事不悲，只悲九州不同；在九泉之下万事不盼，只盼朝廷的军队向北挺进，收复失地。这一悲一盼之间，同学们感受到一种什么情感？

生：对国家和人民的热爱。

师（板书：爱）：这种爱是对祖国的爱，是对人民的爱，诗人把这种爱深深地融入这短短的诗行，请同学们带着陆游的悲，带着陆游的盼，带着陆游对祖国和对人民的爱齐读全诗。

【同伴点评】

教师在教学过程中做到了环环相扣，从"知作者""懂诗意"到"悟诗情"，条理清楚。在"展想象，悟诗情"环节，教师重点着力于使学生产生螺旋式上升的情感体会，结合背景资料悟"悲"，抓住关键词句悟"盼"，创设情境悟"爱"，在层层递进的互动中，使学生的情感得到升华。为了更好地激发学生的情感体验，在全班齐读古诗时，教师相机配上豪迈悲壮的背景音乐，帮助学生更好地实现了情感共鸣，让学生将事、人、情融为一体，取得了良好的教学效果。

（供稿：四川省成都市盐道街小学通桂校区　罗永莲）

聚焦语体要素　提高信息转化

——小学中高段文言文"四读"教学策略

一、文言文内涵及特质

"文"为"纹",表修饰之意。"言"指的是写、表述、记载等。因此,"文言"指的是修饰过的语言。文言文是相对于"口头语言"的书面语言。根据相关资料记载,文言文指的是美好的语言文章。文言文作为古代的书面语言,是现代汉语的源头。著名语言学家、教育家王力先生在其专著《古代汉语》中指出:"文言是指以先秦口语为基础而形成的上古汉语书面语言以及后来历代作家仿古的作品中的语言。"

文言文与现代汉语最大的区别在字词、句式、结构3个方面。首先,文言文大多对仗工整、语言简练、意蕴深远,如"纵有千古,横有八方,前途似海,来日方长";其次,文言文常采用倒装句、省略句等特殊句型,如"三岁贯汝,莫我肯顾";另外,文言文往往篇幅短小,没有严格的要求,也没有固定格式。在内容方面,文言文主要记录当时的社会生活或表达作者的某一种观点,包括求知、为人、辩理、叙事等。

在文言文中,许多字的意思和用法与现代汉语有很大区别,部分文言文作品语言晦涩难懂。教师在教授文言文的过程中,要聚焦文言文的文体特征,激发学生的学习兴趣,想方设法让学生逐渐被文言文的有趣内容、丰富内涵以及特殊的表达所吸引。

二、小学文言文的教学价值

王崧舟在论文《从文化自觉到课程重建——小学文言启蒙课程的开发与实施》中认为,文言乃是民族文化的根源、儿童精神的底色、语言发展的血脉,"以为现在的学生只要会写白话文就不需要再读文言文了,这是一个巨大的认知误区"。

新课标将小学古诗词和文言文统称为"古诗文"。统编版小学语文教材非常重视中华传统文化传承,全套教材中共有古诗词113首,文言文14篇,另有 10 个单元的"语文园地"中出现了古诗文片段，文言文课文在全套教材中所占比例增加到总课文数的三分之一左右。文言文学习由五年级提前至三年级，选文时间自先秦到民国，选文体裁广泛，有人物传记、寓言、神话、成语、议论文等，内容丰富，题材多样（见下表）。

统编版小学语文教材文言文入选篇目

年级/学期	文言文篇目	年级/学期	文言文篇目
三上	《司马光》	三下	《守株待兔》
四上	《精卫填海》《王戎不取道旁李》	四下	《囊萤夜读》《铁杵成针》
五上	《少年中国说（节选）》《古人谈读书》	五下	《自相矛盾》《杨氏之子》
六上	《伯牙鼓琴》《书戴嵩画牛》	六下	《学弈》《两小儿辩日》

文言文作为中国古代文化的重要载体及现代汉语的源头，是小学语文教学的特殊构成部分，文言文阅读教学与白话文阅读教学有着密切的联系。文言文教学自身又具有独特的价值。对学生来说，学习文言文是接触中国传统文化的一种有效方式。通过学习文言文，学生可以完成对中国传统文化的初步认知和理解认同，甚至将中国传统文化发扬光大。文言文言简义丰，文质兼美，有利于学生形成语言简洁的意识，培养语感，发展思维，使学生的言语表达更具书卷气。

三、小学中高段文言文教学现状及追因

新课标强调："阅读要倡导学生进行个性化理解，不以教师的分析讲解代替学生的阅读实践，学生应在主动积极的思维和情感活动中理解和体验。"全国小语会名誉理事长崔峦认为："小学阶段的文言文教学，旨在体现小学与初中的衔接，主要是让学生见一见，感受一下，以至于到了初中不感到陌生。"也就是说，文言文教学可以借鉴古诗教学的基本模式和要求，但又与古诗教学不尽相同。

结合教材中对应的单元语文要素，我们可提炼出小学中高段文言文教学目标，主要有：第一，正确、流利、有感情地朗读文言文，感受文言文的语言形式及特点，激发学习文言文的兴趣；第二，能背诵文言文，了解文言文的大致意思；第三，初步感知人物形象，明确作者观点，感悟文章内涵，发展言语能力（见下表）。

教科书文言文篇目对应的单元语文要素

年级/单元	文言文篇目	单元语文要素	年级/单元	文言文篇目	单元语文要素
三上八单元	《司马光》	学习带着问题默读，理解课文的意思	三下二单元	《守株待兔》	读寓言故事，明白其中的道理
四上四单元	《精卫填海》	了解故事的起因、经过、结果，学习把握文章的主要内容。感受童话中神奇的想象和鲜明的人物形象	四下七单元	《囊萤夜读》《铁杵成针》	从人物的语言、动作等描写中感受人物的品质
四上八单元	《王戎不取道旁李》	了解故事情节，感受人物形象简要复述课文，注意顺序和详略			
五上四单元	《少年中国说（节选）》	结合查找的资料，体会表达的思想感情	五下六单元	《自相矛盾》	了解人物的思维过程，加深对课文内容的理解
五上八单元	《古人谈读书》	阅读时注意梳理信息，把握内容要点	五下八单元	《杨氏之子》	感受课文风趣的语言
六上七单元	《伯牙鼓琴》《书戴嵩画牛》	借助语言文字展开想象，体会艺术之美	六下五单元	《学弈》《两小儿辩日》	学会用具体事例说明观点

　　通过上表可以看出：文言文课文的单元阅读要素与白话文并没有太多区别。但是，如果教师在文言文教学中缺乏针对性，文言文独特的语体要素无法体现，导致学习有效性不高。

　　中国古代已有很多关于文言文阅读教学的方法，如常说的"文选烂，秀才半""读书百遍，其义自见"等。南宋学者朱熹经过系统研究，总结出读书"六步法"，即"循序渐进、熟读精思、虚心涵泳、切己体察、着紧用力、居敬持志"。国学大师南怀瑾和徐建顺致力于推广吟诵，以声音为主要手段、以诉诸感性为主要目标，同时也以个别教学为主、共学研讨为辅展开教学。陈琴推广的歌诀体教学法，也是对古诗文教学的大胆探索与尝试。

　　前人的反复实践证明：读是文言文学习自古有之、行之有效的基本方式。读可感知语言文字，理解语言，调节课堂节奏。小学文言文教学要运用不同形式、不同层次的诵读、比读、引读、美读，使学生领略文言文的魅力，学会阅读文言文的方法，在阅读文言文的过程中感悟人生哲理。

四、小学中高段文言文"四读"教学策略

　　语言和思维相互依存，密不可分。教师运用"变式通读，读中积累—巧用

支架，读中明义—创设情境，读中得法—多维拓展，读中明理"的"四读"策略优化小学中高段文言文教学，聚焦语体要素，能在发展语言的同时，有效地提升学生的理解、分析、概括、比较、推理等思维能力。

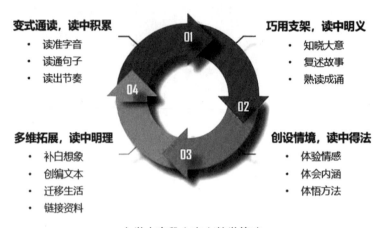

变式通读，读中积累
- 读准字音
- 读通句子
- 读出节奏

巧用支架，读中明义
- 知晓大意
- 复述故事
- 熟读成诵

多维拓展，读中明理
- 补白想象
- 创编文本
- 迁移生活
- 链接资料

创设情境，读中得法
- 体验情感
- 体会内涵
- 体悟方法

小学中高段文言文教学策略

（一）变式通读，读中积累

教师带领学生充分诵读课文，感知文言文魅力，积累语言能力。学生通过自读、全班读、男女对读、分组轮读等多种形式，读准字音与节奏。在不断诵读中，学生逐渐体会文言文的节奏美、韵味美、简洁美、哲理美，激发学习文言文的兴趣。

1. 读准字音

读准字音，即把字音读正确。读准字音是诵读最基础的要求。教师通过组织学生预习，让其在课堂上交流容易读错的字音，对比学习古音字、通假字、生僻字；教师可以精准预设，对学生容易读错的字音、容易理解错的词义等进行指导。

2. 读通句子

读通句子有助于初步感知文意。教师要根据文本内容与语言特点，选择不同的方式让学生诵读，如个人范读、文白对读、情境引读、自由读、小组接龙读、个人挑战读等。学生可以在多读中增强语感，领悟文意。

3. 读出节奏

读出节奏是指在阅读时停顿正确，有节奏感。这里的停顿，不是指有标点提示的停顿，而是指在句子较长时或需要强调语意时进行的短暂停顿。停顿既能体现朗读者的感情，也会使听者留下理解共鸣的可能。学生在刚开始学习文言文时，教师可以先范读，让学生听，再让学生根据教师的范读练习诵读课文。一次不对，可以多听几次，再模仿。例如，学生在学习文言文《司马光》时，教师在范读以后，可直接在课件上出示："群儿/戏于庭，一儿/登瓮，足跌/没水中。众/皆/弃去，光/持石/击瓮/破之，水迸，儿/得活。"让学生照着停顿读课文。等学生熟读课文后，教师可去掉"节奏线"，甚至去掉标点，还可以将课文进行竖行排列，回归文言文的原本形态。

随着学生学龄增长，其阅读文言文的经验也逐渐丰富，教师还可以结合课文梳理具有代表性的文言文词汇，让学生在朗读时结合语意进行停顿，培养语感。如《守株待兔》中"兔走/触株，折颈/而死。因/释其耒/而守株，冀/复得兔"。可以看出，上文中两个"而"的前面都有停顿。如果"而"在句中连接的是两个动词，即"动词＋而＋动词"，这时"而"后面就不能停顿，应和后一个动词连起来读。

（二）巧用支架，读中明义

教师在引导学生理解文意的时候精准搭建学习支架，能够更好地帮助学生掌握平时不常见的文言文知识。教师在设计学习支架时，既要凸显该课的训练重点，又要兼顾学生的语言发展点，给予学生思维生长的空间，如学习导航、任务单、思维导图等。学习支架是助推学生思维纵向深入的重要工具，可以贯穿于课前预学、课堂共学、课后研学 3 个阶段。

1. 知晓大意

学习文言文，了解文章大意至关重要。"授人以鱼不如授人以渔。"教师应引导学生由理解字词入手，连词成句，理解文意。学生在小学中段开始学习文言文时，可以采用以下方法自学字词：对照课文注释理解；借助工具书，理解文中出现的疑难字、词；组词放入文中理解；结合插图信息来帮助理解；联系上下文理解；联系生活实际理解。当书中出现注释时，学生可直接对照书本注解精准理解字词，将不会翻译的字、词、句做个记号，以便在后面的环节展开讨论。学生运用上述方法，初步理解文章大意，感受读懂文言文的快乐，避免了单纯倾听的枯燥和乏味，激发学生学习文言文的兴趣和信心，调动学生的学习积极性，提升学生的直译和意译能力。教师在教学中要重点关注学生的未知领域，对课文中未注释的、古今异义的、在不同语境中意义不同的词语，应相机精准点拨。

2. 复述故事

统编版小学语文教材采用"人文主题 ＋ 语文要素"的双主线编排思路，将语文要素落实到每一课的教学中。教师需要将教材呈现出的静态内容转化为真实情景中的动态内容。语文素养要经历一个由浅入深的螺旋式上升过程。统编版小学语文四年级上册文言文课文《王戎不取道旁李》所在单元的语文要素是"了解故事情节，能简要复述课文"。对比三年级下册的"详细复述"的学习要求，《王戎不取道旁李》明确要求进一步提升学生的阅读理解能力与概括能力。为了顺应学生的形象思维，教师可以用连环画来帮助学生复述课文内容。也可以将打乱顺序的图画发给学生，让学生排序，帮助学生理解记忆课文。另外，教师还可以通过抓关键词、关键句等方式帮助学生复述文言文。

3. 熟读成诵

统编版小学语文教材三年级上册《司马光》是出现在小学阶段的第一篇文言文。面对三年级学生学习文言文的实际困难，教师要设法将枯燥无趣的背诵变成有意义的理解和积累。教师在教学时要基于学生已有认知水平和能力基础，紧扣阅读要点，借助注释、插图，联系上下文讲解词义；通过为连环画配文、填写图示等策略梳理故事情节，增加学习趣味性，降低文言文理解难度，引导学生从简单图像图示记忆过渡升级到文字符号记忆，层层深入，提高语言能力、积淀语感、体味文章内涵，最终实现熟读成诵。教师通过建立要点图像化的诵读支架，能使不同层次的学生进入自己的"最近发展区"，也使得背诵教学更有思维含量和审美情趣。

（三）创设情境，读中得法

该环节要求学生读出文章情感、体会人物特点、感悟故事内涵。教师通过创设情境，进一步引导学生在阅读中提升思维，展开想象，在讨论与思辨过程中，体会作者情感，以及故事想表达的内涵。教师在教学时要紧扣文章关键词句、语言训练点、故事留白处，结合作者生活经历、作者所处的历史背景，帮助学生加深对文章内涵的理解。

1. 体验情感

以统编版小学语文教材三年级上册《司马光》一课为例，教师设计"一儿落水前后"的情境对比，让学生讨论"群儿会如何戏""群儿在庭院哪里戏""群儿是结伴戏还是分组戏"等问题串，并结合生活经验，想象"群儿嬉戏"的场景，模仿句式表达，学生的思维能力和语言能力得到了训练与发展。另外，教师还可以让学生表演课文故事情境，预测未来故事情节，发展学生品词析句的能力。

教师可以在课件上出示下列内容：

一儿扑蝴蝶，身隐草丛中；两儿放风筝，四处影无踪；三儿捉迷藏，身匿隐于林；四儿踢蹴鞠……

课堂预设情境如下：

师：从群儿戏于庭中，你们有什么新的发现？

生自由发言。

师：你们很善于观察和发现。群儿专注于游戏中，没有注意登瓮的小伙伴，这为后文做了铺垫。预测一下，接下来会发生什么？

生演绎小伙伴们惊慌失措的情境。再演绎司马光的举动。最后评价司马光的表现。

在上述课堂设计中，学生会历经"语句理解—情节预测—情境表演"三个环节，体验群儿的想法与情感，从"认识—理解—评鉴"三个层次发展对司马光的认识，实现多维创生。

2. 体会内涵

语言是思维的外壳。体会内涵是学习语文的核心主旨，而咬文嚼字、学习文章结构以及表达形式，能引导学生开拓思维，起到"一石激起千层浪"的效果。例如，课文《精卫填海》中"常衔西山之木石"的"常"最能体现精卫的品质。教师在教学时可以围绕"常"字设计问题：精卫在填塞东海的过程中经历了什么？发挥想象，描述你仿佛看到了怎样的画面。教师通过上述问题激发学生大胆想象精卫在填海的过程中遇到的困难，以及精卫是如何坚持不懈的。教师引导学生通过表达实践，为创造性讲述故事做好铺垫，也为更深刻地理解和体会精卫"执着追求"的人物形象埋下伏笔。

3. 体悟方法

高年级学生在学习文言文时，教材对他们提出了进阶要求。教师在教学时可引导学生同步完成课后习题，可发展学生的思维能力。如五年级上册课文《古人谈读书》，提出联系自己的读书体会谈启发，结合生活经验理解两位前人的观点；五年级下册课文《自相矛盾》中，教师在教学时可引导学生理解文章最后一句"其人弗能应也"的原因，引导学生分析故事逻辑；六年级上册课文《伯牙鼓琴》，教师在教学时可引导学生结合资料袋交流感受，进一步了解"知音"的丰富内涵；六年级下册课文《两小儿辩日》，教师在教学时可引导学生在理解文意的基础上，整理、分析文中两个孩子的观点，开展辩论会，提升思辨能力。

教师在教学课文《古人谈读书》时，可引导学生通过论述内容、表达方法、论述效果 3 个角度，比较阅读朱熹和曾国藩的名言，发现朱、曾两人观点的相同之处：两人都重视读书态度，都从正反两面来论述观点，都提出了对读书的三个要求。两人观点的不同之处在于朱熹总结了读书应有的态度和方法，他以反面论述为主，强调"心到"的关键性；曾国藩则提出有志、有识、有恒三个要诀，他以正面论述为主，以河伯、井蛙等典型形象为反证，使论述更加生动有趣。在课堂上，学生也可以表明自己观点，结合实际事例谈启发。在此过程中，教师可层层推进，把学生思维引向更深处。从体会、理解到反省、思辨，学生阅读视角不断变化，其视野广度、思维深度、语言表达力度都在不断提高，学生可以透过具象层，在深层阅读的"发现"中触摸蕴含其中的"道"之所在。

（四）多维拓展，读中明理

文言文教学从理解文字到欣赏文学，再到传承文化，教师可以适当开展拓展阅读。延展阅读的数量不必太多，内容不必太广泛，只要有助于学生理解本课内容，体会人物特点，把握课文的内涵意蕴，突破教学重难点即可。

1. 补白想象

教师通过创设具体的交际情境，重构全新语境，让学生身临其境，真切地体悟人物形象。如教学《伯牙鼓琴》时，教师可引导学生站在伯牙的立场上展开想象：如果你就是名满天下的琴师，受人尊敬的上大夫，你平时都会听到怎样的赞美之词？在上述问题的引导下，学生通过想象，将故事变成画面，读出文字背后的丰富意境，领悟到伯牙之前听到的赞美大多是虚伪空洞的，从而更好地认识到伯牙与子期之间超越阶层、职业、地位的知音情谊是多么弥足珍贵。

2. 创编文本

教师结合课文的语言表达特点，设计仿写或创编片段，激励学生用自己的语言表达观点，体会文本蕴含的情怀。例如，教师在带领学生学习四年级下册课文《文言文二则》时，可提出如下问题让学生思考：车胤喜爱读书，但"家贫不常得油"，故他在夜晚无法读书。为了解决夜间照明问题，他想到了什么方法，后来他又是怎样想到用练囊装萤火虫来照明的？出示原文，展开想象，隔空创编。教师通过提出上述问题，引导学生结合已有的生活经验和语言经验，想象车胤制作萤火灯、在灯下读书等画面，深刻体会车胤读书的勤奋刻苦，既读写融通，又言意共生。

3. 迁移生活

课文《两小儿辩日》采用了"提出观点，论证观点"的写作思路，作者运用具体事例说明观点，使文章表达有理有据。观察太阳，记录太阳在不同时间段的变化。学生在学习完该课文后，可将课文内容迁移到日常生活中，既锻炼了学生自主思维的能力以及自主解决问题的能力，又使学生获得了成就感，进一步品悟文本内涵。

4. 链接资料

为了呈现有思维张力的语文课堂，让学生获得真正成长，教师可以拓展学生的学习宽度，让学生结合视频资料、图文资料、音乐资料等阅读课文，帮助学生提升修养，从课内走向课外，探索更广阔的文言文天地。

小学中高段文言文的教学，既是文言文启蒙，更是文化启蒙。文言文"四读"策略充分把握了文言文的内涵与特质，聚焦核心要素，训练言语能力，让学生在积累、明义、悟法、明理、创生的课堂中，能学、善学、乐学文言文。

四年级上册第 25 课《王戎不取道旁李》一课时教学设计

【单元解读】

统编版小学语文教材四年级上册第八单元的单元主题是"历史传说故事"，语文要素是"了解故事情节，简要复述课文"。本单元要求抓住课文中主要人物和事件，整体把握课文主要内容，培养简要复述的能力。本课的学习重点是了解故事情节，简单复述故事，难点是感受人物形象。《王戎不取道旁李》是此单元的首篇课文，是四年级学习的第二篇文言文。

【文本解读】

王戎自幼聪明、沉着冷静，人称"奇童"，他是魏晋时期"竹林七贤"之一。在课文《王戎不取道旁李》中，作者通过"诸儿竞走取之"与"唯戎不动"的鲜明对比，让我们感受到了王戎天资聪慧、观察敏锐的人物形象特点。

【学情分析】

本课文内容难度适中，学生三年级已经学习过两篇文言文，掌握了一些学习文言文的方法，能够选择合适的方法，用自己的话描述文言文的大意。因此，学生在学习本课时，能适当地调动相关的学习策略，有意识地链接学习方法。

教师在教学本课时，可以让学生先回忆学习文言文的方法，再把它迁移到本篇课文的学习之中，充分调动学生的已有经验，教师可引导学生通过抓字词、读注释、借插图等多样化的形式读懂文言文，并围绕单元要素，适当进行思维拓展延伸，为学习文言文做好铺垫。

【教学目标】

①通过不同形式的朗读，读准字音，读通句子，读出节奏。

②运用看注释、看插图、联系上下文、联系生活实际等方法，理解文言文的意思。（教学重点）

③能熟读课文，抓住课文主要内容，用自己的话复述课文。（教学难点）

【教学过程】

一、变式通读，读中积累

（一）导入揭题

教师在课件上出示单元导语，带领学生认识"竹林七贤"，引入本课的主人公王戎。

师：在悠悠的历史长河中，能青史留名的大多是最出色的人物。在魏晋时代就有七位名士，他们善谈玄论道，常放歌长啸，被后人称为"竹林七贤"。其中年龄最小的那一位，就是王戎。今天我们一起学习他的故事，请大家齐读课题《王戎不取道旁李》。

【设计意图】教师通过链接单元导语，引入"竹林七贤"，为后面学习课文埋下伏笔，让学生了解王戎的成长经历，关注课文细节，激发学生的探究兴趣。

（二）变式通读

1. 读准字音

①学生自由朗读课文，熟悉文中已标注的字音。

②教师通过指名展示读的方式带领学生读字词，教师相机正音，例如，诸（zhū）、竞（jìng）。

③教师组织全班齐读课文，尽量做到发音的准确无误。

2. 读通句子

①大组赛读：教师将全班分为 4 个大组，让他们赛读课文，每一组读一句。

②男女赛读：男生读一二句，女生读三四句，看谁读得好。

3. 读出节奏

①教师范读，学生听，边听边划出节奏。

②教师在课件上出示正确停顿，让学生练习。

③教师播放音乐，让全班在音乐中读课文。

【设计意图】学生通过教师范读，学生听读、抽读等形式，感受文言文的节奏和韵味，让学生在反复的朗读中熟悉文本，达到熟读成诵。

二、巧用支架，读中明义

（一）回忆学法，初步理解

教师引导学生回忆过去所学，让学生回答：在理解文言文时，我们都有哪些好方法？

预设回答：看注释、组词、看插图、联系上下文、联系生活实际、根据近义词理解文言文、根据反义词理解文言文等。

教师引导学生运用以上方法，试着理解课文的意思，并与同桌交流。

（二）把握内容，质疑问难

教师在课件上出示下列问题：

①文中有一个字出现了多次，是哪个字？

②这两个"之"是什么意思？用什么方法理解？

教师组织学生通过分组合作的形式回答上述问题。待学生回答完毕后，教师再出示译文，让学生对照读。最后，教师再让学生带着理解读课文。

【设计意图】教师引导学生回忆学习文言文的已有经验和方法，激发学生自主探究与合作的意识，在学生已有经验基础上引入新知，掌握学生文言文的新方法，从而更快地熟悉课文，理解文本。

三、创设情境，读中悟法

（一）复述故事

课文是按照事情发展顺序展开的，教师可引导学生找出课文的起因、经过和结果，按照课文顺序复述故事。

预设对话如下：

生1：起因：王戎七岁，尝与诸小儿游。

生2：经过：看道边李树多子折枝。诸儿竞走取之，唯戎不动。人问之，答曰："树在道边而多子，此必苦李。"

生3：结果：取之，信然。

（二）品味人物

1. 勾画相关内容

教师在课件上出示下列问题，让学生回答：

面对多子折枝的道旁李，众小儿和王戎各有什么样的表现呢？请用横线在文中勾画出来。

2. 想象画面

预设对话如下：

师：从"竞走"一词，你们仿佛看到了怎样的画面？听到了怎样的声音？

生1：孩子们你争我抢，你追我赶，都大叫着冲向那棵李子树，恨不得自己是第一个吃到李子的人。

生2：孩子们瞪大了眼睛，露出了惊喜，嘴巴大大地张开，眼神死死地锁定了最大的那颗李子，迫不及待地就要开始爬树了。

生3：孩子们有的在说："你别抢，最大的一定是我的！"有的说："那才怪呢！我都已经爬上树了，最大的非我莫属！"还有的在说："哈哈，你们都比不上我，我现在站在最多的树干上呢！可以吃个够！"

3. 换位思考

预设对话如下：

师：那王戎呢？他是真的没动吗？说说你的理由。

生1：王戎动了，他观察到这棵李子树生长的位置，如此人来人往的位置却仍果实累累，说明一定有问题。

生2：王戎也是动了脑筋的，因为他没有跟着一群小孩子一起去摘，而且有理有据地说出了苦李的原因，说明他一直在根据线索思考。

4. 对比朗读

学生组织教师对比朗读课文，读出诸小儿的激动和兴奋、王戎的冷静。

5. 小结

教师做如下小结：原来，故事的经过竟是如此的精彩，而你们也抓准了这个最主要的部分，让它变得更生动了，恭喜你们获得了所有的讲故事秘诀！

【设计意图】教师通过抓住故事的主要情节，运用想象补白的方式，建立学生的感性化体验，丰富学生的基础认知，从而让学生明白复述故事如何做到精彩不琐碎。

四、多维拓展，读中明理

1. 资料链接

教师出示故事插图，引导学生讲故事。

2. 分组讲故事

教师在课件上出示要求，让学生四个人为一组讲故事。

3. 全班交流、点评

4. 总结

教师可以做如下总结：

今天的故事选自《世说新语》，里面还记录了许多和七贤有关的小故事呢，老师送大家一首小诗：小小故事通古今，言简义丰韵味足。熟悉故事多朗读，按照顺序抓主要。细节之处品人物，复述故事我能行！

【设计意图】教师通过创设生活性强的情景，让学生自然而然地优化表达，同时给予每个孩子充分表达的机会；让学生在小组合作中完善故事精彩部分的创造性复述以及故事次要情节的简要复述。教师以趣味小诗歌总结课堂，推荐经典书目，进一步激发学生学习古文的兴趣。

【作业设计】

（一）课前预学单

1. 下列选项中加点字的读音不正确的一项是（　　　）

A. 戎马一生（róng）

B. 多子折枝（zhé）

C. 竞走（jìn）

D. 诸多（zhū）

2. 填空

"戎"按部首查字法应查_____部。根据下图可知，下面词语中"戎"的意思是（　　）。

A. 戎器　　　　B. 戎装　　　　C. 西戎　　　　D. 戎马

3. 形近字填空

[①竟　②竞]　　　（　　）赛　　（　　）然

[①戎　②戒]　　　（　　）指　　（　　）装

4. 给加点的字词选择正确的解释

（1）尝与诸小儿游（　　　）A. 经常　　B. 曾经　　C. 尝试

（2）唯戎不动（　　　）　A. 只有　　B. 唯一　　C. 表示语气

（3）取之，信然（　　　）　A. 承认了　B. 相信如此　C. 的确如此

（二）课中导学单

1. 判断下列说法是否正确，正确的打"√"，错误的打"×"

①王戎是东汉人，是"竹林七贤"之一。（　　　）

②成语"道旁苦李"就是从《王戎不取道旁李》的故事中提炼出来的。（　　　）

③这个故事选自南朝刘义庆编著的《世说新语》。（　　　）

2. 阅读课文，回答问题

王戎七岁，尝与诸小儿游。看道边李树多子折枝，诸儿竞走取之（　　　），

唯戎不动。人问之（　　　），答曰："树在道边而多子，此必苦李。"取之

（　　　），信然。

①把加点的"之"字指代的对象填人文中括号内。

A．小儿　　　　　B．王戎不去摘李子这件事　　　　　C．李子

②加"＿＿"部分，朗读停顿恰当的一项是（　　　）。

A．诸儿/竞走取之，唯戎/不动

B．诸儿/竞走取之，唯/戎不动

③结合文章，用自己的话简要复述故事内容。

起因：王戎七岁时＿＿＿＿＿＿＿＿＿＿＿＿＿＿＿＿＿＿＿＿＿＿＿。

经过：有人问他原因，王戎解释道＿＿＿＿＿＿＿＿＿＿＿＿＿＿＿＿＿。

结果：＿＿＿＿＿＿＿＿＿＿＿＿＿＿＿＿＿＿＿＿＿＿＿＿＿＿＿＿＿。

④我认为王戎是一个＿＿＿＿＿＿＿＿＿＿的孩子。

（三）课后检测单

①如果道边的李树只有最高的树枝上长着几个李子，你认为树上的李子甜吗？为什么？

＿＿＿＿＿＿＿＿＿＿＿＿＿＿＿＿＿＿＿＿＿＿＿＿＿＿＿＿＿＿＿＿＿

②你能用生动的语言把王戎的小伙伴们"竞走取之"的情景描绘出来吗？抓住人物的动作、语言和神态等来写。

＿＿＿＿＿＿＿＿＿＿＿＿＿＿＿＿＿＿＿＿＿＿＿＿＿＿＿＿＿＿＿＿＿

＿＿＿＿＿＿＿＿＿＿＿＿＿＿＿＿＿＿＿＿＿＿＿＿＿＿＿＿＿＿＿＿＿

【教后反思】

《王戎不取道旁李》是统编版小学语文教材四年级上册八单元中的一篇短小精悍的文言文，和以往的文言文教学不同，在本次教学中，教师着重强调单元核心要素，注重教材的简要复述，给予学生自主思维的空间，从而能够更好地进行单元起始篇目的整合性教学。

教师在教学过程中能够看到学生们的充分参与和积极思考，学生的语言表达能力也得以提高。但就文言文本身文体特点来看，教师在本堂课的核心教学中还应当注重对学生详略得当的复述进行方法上的点拨，促进学生更加灵活地表达自身的想法。

（供稿：四川省成都市盐道街小学通桂校区　罗扬）

三年级上册第24课《司马光》一课时教学设计

【单元解读】

统编版小学语文教材三年级上册第八单元的人文主题是"爱",语文要素是"学习带着问题默读,理解课文的意思"。因此,本课的学习重点是参考注释,抓住重点词句,理解句子的意思。

【文本解读】

本文是小学阶段安排的第一篇文言文,讲述了一个广为流传的小故事——司马光砸缸。本文围绕"司马光砸缸"这一核心事件,仅用30个字就清楚地介绍了司马光砸缸的原因、经过和结果,并通过抓住主要人物的动作描写,用一系列"动词",生动再现了"一儿失足落水"及司马光"持石击瓮",语言极富形象感、画面感。面对"一儿登瓮,足跌没水中"的紧急情况,"众皆弃去",而司马光却选择了"持石击瓮破之"。在这种行为对比中,司马光富有爱心、遇事沉着冷静的品质显露了出来。

【学情分析】

这是学生第一次接触文言文这种文体。由于文言文和白话文有较大区别,学生很难一读就懂,可能会产生畏难情绪。学生虽然对"司马光砸缸"的故事具有浓厚的学习兴趣,但由于文言文水平有限,不能靠已有经验读出正确的词句停顿,需要教师示范与指导。此外,学生在理解故事内容、领悟人物品质方面的能力也比较有限,教师在教学时需要将文言文翻译成白话文,便于学生理解。

【教学目标】

①能正确认读"司、跌、皆、弃、持"5个生字,正确读写"司"等7个字。

②能通过跟读正确流利地朗读课文、背诵课文。

③能运用多种方法了解课文大意并用自己的话讲故事。

④能初步感受文言文的特点,简单说出文言文与白话文的区别。

【教学过程】

一、变式通读，读中积累

（一）导入课题

教师在课件上出示生字"司"，导入课题"司马光"，带领学生认识主人公。

①教师引导学生学习生字"司"，了解复姓"司马"。

②教师引导学生思考：你还知道哪些复姓呢？并相机出示课件，介绍古代名人。

③教师使用课件，简要介绍司马光。

【设计意图】教师借助文本中已有的字展开教学，将生活与课本中的内容很好地联系在一起，在拓展课外知识的同时激发学生的学习兴趣。

（二）多形式朗读

1. 读准字音

①学生自读课文，读准字音，读通句子。

②教师检查自读效果，引导学生识记生字，朗读课文。教师出示带拼音的生字生词，帮助学生正音辨形、归类识字。采用词语去拼音、自由读、指名读、开火车读、齐读等形式组织学生读课文，指导学生认读多音字。

2. 读通句子

教师组织学生通过下面两种方式读通句子：

①大组赛读：将全班分为四个大组，每一组读一句。

②男女赛读：男生读一二句，女生读三四句。

3. 读出节奏

①教师范读，让学生一边听一边划出节奏。

②教师在课件上出示正确停顿，让学生练习。

③教师在课堂上播放与课文内容相关的背景音乐，让全班有节奏地朗读课文。

【设计意图】通过教师范读，学生听读、抽读的形式，让学生感受文言文的节奏和韵味，让学生在反复的朗读中熟悉文本，达到熟读成诵。

二、巧用支架，读中明义

（一）自主探究

教师要求学生参考注释，自读自悟。让学生借助书上的注释和工具书，在句子中理解关键字意思，揣摩句子的整体意思。教师可让学生在不懂的地方做上记号，之后与同学一起研讨。

（二）同桌合作，互助学习

教师让学生与同桌合作学习，各自说说对课文中每句话的理解，有疑惑或分歧的地方做上记号，留待集体探讨。

（三）汇报展示，全班交流

教师选出学生代表汇报学习成果。全班同学边听边思考，看谁讲得更好。

教师随机抽几名学生，让他们对学生代表的汇报进行点评，教师相机点拨。

（四）整体感知

1. 划分层次

教师引导学生按照故事的起因、经过、结果划分课文层次。

2. 全班齐读

【设计意图】在通读文本的基础上，学生能更好地了解课文的层次和主要内容。教师要学会放手，要相信学生的自主探究能力，将课堂还给学生，让他们在与同桌合作的过程中提升沟通能力、自学能力以及口语表达能力。

（五）精读文本

1. 出示课件：群儿戏于庭

①教师通过指名读的方式让学生朗读课文，边读边思考：这句话中，你有不理解的词语吗？

②教师引导学生理解字词。

③教师可做如下小结：我们在朗读句子的时候结合注释和我们的生活经

验，就能很容易地弄懂古文的意思了。古文的语序跟现代文（课件出示：什么人＋在哪儿＋干什么）有一点不太一样，你们发现了吗？

2. 出示课件：一儿登瓮，足跌没水中

①教师在课件上出示"瓮"的图片，引导学生理解生字"瓮"。

预设："瓮"指口小肚大的陶器，用来储水或是储藏其他东西，类似于现在的大缸。只不过瓮是收口的，缸是敞口的。

②教师在课件上出示小孩儿和瓮的对比图，引导学生理解动词"登"。

③教师引导学生理解"足跌没水中"的意思。

④教师指导学生朗读，读出课文中众人焦急、紧迫的心情。

⑤教师请几位学生说说整句话的意思：一个孩子爬到瓮上去玩，一不小心失足掉进瓮中被水淹没了。

3. 出示课件：众皆弃去，光持石击瓮破之

过渡：意外发生以后，别人是怎么做的呢？司马光又是怎么做的呢？

教师指名学生回答上述问题，让学生朗读句子。

4. 出示课件：水迸，儿得活

教师做如下过渡：幸亏司马光急中生智，持石击瓮破之，结果怎么样？

①教师请几位学生朗读课文并解释句意。

②教师引导学生理解"迸"和"得活"："迸"是涌出的意思。瓮被砸破了，水一下子涌出来了，瓮里的孩子得救了。

③教师让学生回答问题：危机解除了，此时你的心情怎样？（庆幸，如释重负……）

④让学生带着这样的心情读课文后半部分。

5. 复述文意

【设计意图】这是学生在小学阶段接触的第一篇文言文，学生在学习本课时，除了要读懂课文，更要学会文言文的学习方法。同时，教师通过引导学生抓住故事的主要情节，帮助学生建立感性化体验，丰富基础认知。

三、创设情境，读中得法

（一）感悟形象

1. 想象画面

教师引导学生通过想象创设情境。教师可通过下列问题引导学生：古人的庭院最适合孩子们玩耍了，想想看他们在玩什么呢？并指导学生朗读，读出课文中相关人物的高兴、喜悦之情。

2. 想象情境

①让学生想象一下这群孩子们当时的表情、心理、动作，描述一下当时的场面。

预设答案：一看到有人落水了，孩子们脸都吓白了，不知道该怎么办才好，有人哇哇大哭，有人慌慌张张地跑去找大人。

②请学生回答下列问题：在同伴命悬一线而其他孩子惊慌失措、四散逃离的时候，司马光选择留下来，并想到用石块砸破瓮的办法，救出了同伴。你觉得司马光是一个怎样的孩子？

预设答案：沉着冷静、机智勇敢、善良友爱。

③教师选几名学生表演课文中"司马光砸缸"的场景，教师相机点拨指导。

④请学生回答下列问题：司马光持石击瓮时，他心里会怎么想？

预设答案：我不能慌，我要赶紧想办法，快点把他救出来。

⑤请学生回答下列问题：如果这个时候大人们来了，会对司马光说些什么？同伴们又会说些什么？

⑥教师指导学生朗读课文，读出对司马光的赞赏。

四、多维拓展，读中明理

（一）看图讲故事。

教师做如下过渡：《司马光》这篇古文我们学完了，下面我们要用自己的话来讲一讲这个故事。请大家根据连环画，对照讲故事。

①学生自主练习。

②让学生与同桌互助学习，互相补充完善对方讲述的内容，教师巡回指

导，相机总结讲故事的方法。

③教师采用指名或学生自愿的方式上台讲述故事，评选"故事大王"。

④教师在课堂上播放司马光砸缸的动画片，让学生总结，进一步完善自己讲述的故事内容。

【设计意图】教师通过创设生活性强的情境，让学生自然而然地优化表达，同时给予每个学生充分表达的机会，在同桌合作中，完善故事精彩部分的创造性复述。

（二）升华感情

教师通过拓展阅读，让学生了解更多与故事相关的内容，受到情感熏陶，强化学生学习古文的兴趣。

【作业设计】

（一）课前预学单

1. 下列选项中加点字的读音不正确的一项是（　　　）

A. 司马光（shī）

B. 跌倒（diē）

C. 持石击瓮（chí）

D. 众皆弃去（qì）

2. 形近字填空

[①司　②句]　　　　（　　）机　　词（　　）

[①持　②诗]　　　　主（　　）　　（　　）歌

3. 给加点的字词选择正确的解释

（1）众皆弃去（　　）　　A. 全，都　　B. 曾经　　C. 尝试

（2）水迸（　　）　　A. 蹦跳　　B. 滴　　C. 涌出

（二）课中导学单

阅读课文，回答问题

<u>群儿戏于庭，一儿登瓮，足跌没水中。</u>众皆弃去，光持石击瓮破之，水迸，儿得活。

①画"＿＿"部分朗读停顿恰当的一项是（　　　　）。

A. 群儿/戏于庭，一儿/登瓮，足跌/没水中。

B. 群儿戏/于庭，一儿/登瓮，足跌没/水中。

②结合文章，用自己的话简要复述故事内容。

起因：一群孩童在庭院中玩耍，_____。

经过：所有人都跑了，只有司马光_____。

结果：_____。

③我认为司马光是一个_____的孩子。

（三）课后检测单

①这篇课文的语言和其他课文有什么不同？

_____

②你能用生动的语言把司马光砸缸的故事讲述出来吗？抓住人物的动作、语言和神态等来讲。

【教后反思】

这是学生在小学阶段第一次接触文言文，教师在教学活动中以激发学生学习文言文的兴趣为目标开展学习活动。教师在教学中先引导学生运用学习古诗的方法学习本课，让学生在不同层次的诵读过程中逐渐发现文言文"言简义丰"的特点。教师通过情境再现，让学生亲自演绎"司马光砸缸"，对比小伙伴与司马光的行为，体会司马光的人物形象。最后，教师利用连环画帮助学生复述故事，落实了本课的语文要素。

（供稿：四川省成都市盐道街小学通桂校区 傅静宜 林笑春）

四年级上册第 13 课《精卫填海》教学实录

演播厅中，孩子们正静静地等待着开课。会场中，教师陆续到达。开课后，教师出示神话故事图片，激趣导入新课，缓解学生的紧张情绪，追溯神话故事的出处。

教师通过带领学生整齐朗读课题，质疑课题，推进学生对课文内容的整体感知，引导学生进行变式诵读，在读中积累知识。首先，让学生借助拼音，大声朗读课文，建立语感。教师随机挑选一名学生，让其作为"小老师"，带领全班读课文，教师相机纠正易错字音，帮助学生感知文本的语言特点。教师还可以通过范读，帮助学生明确朗读课文的节奏，进一步感知文意。

接着，教师通过提问，引导学生联系旧知识，搭建支架，帮助学生理解文意。

然后，教师让学生与同桌合作学习，互读互译，学习与课文中人物相关的背景知识，让学生在思维的碰撞中，明晰文章层次，理清故事的来龙去脉，感知课文的神奇与文章结局的留白之美。

最后，教师通过创设情境，让学生在朗读中总结学习方法，教师指导学生发散思维，感知神话的无限魅力。

【教学过程】

（一）发挥想象，增补结局

师：闭上眼睛，让我们乘着时空穿梭机，发挥想象，去看看精卫填海的画面。

教师通过幻灯片出示学习任务，详情如下：

将故事讲清楚、讲完整。同桌合作，借助插图、注释，讲清楚《精卫填海》的起因、经过，补充故事的结局。

评价标准：①音量适当，语言流畅。②按一定的顺序，讲清楚故事的六要素。

师：谁来试一试？

生：炎帝有一个小女儿，名字叫作精卫。有一天，女娃去东海玩耍，溺水身亡，再也没有返回，因此化身成了精卫鸟。它常常衔着西山的木头和石头，填塞在东海里。日子一天天过去了，它就这样不停地填着，可最终还是没有将东海填平。

师：谁来评一评？

生：我觉得他讲故事的时候声音很洪亮，但讲得并不生动。

师：你有一双灵敏的耳朵！大家请想一想，怎样才能讲解得更加生动呢？

生1：可以在讲故事的时候加上一些比喻、拟人等修辞。

师：还有吗？

生2：还可以加上一些描写精卫动作、语言的句子。

师：很好，继续说！

生3：还可以描述精卫鸟的神态、它的心理活动和东海的情况。

师：说得很不错！修辞、好词佳句、细节描写都可以让我们的故事变得更生动！除了这些，老师还想送给你们两把"金钥匙"。

......

师：神话故事与普通的故事有什么不一样？

生：在神话故事中，人物都拥有超能力。

师：这就是神话的魅力所在。盘古可以一刀劈开天地，他死后可以化身万物。所以，同学们在编写故事的时候，不妨大胆一些，赋予故事中的人物和事物一些神奇的力量。

师：当然，有能力的同学，还可以将故事编得曲折一些，加入一些困难和意外。比如说，精卫在填海的时候遇到了哪些困难，它又是怎么做的呢？

（二）入情入境，感知形象

师：让我们继续展开想象的翅膀，把自己化身为精卫鸟，想象当时发生的情境，将故事编得更加精彩吧！

教师通过幻灯片出示学习任务详情如下：

将故事讲形象、讲生动。四人为一组进行合作，发挥想象，将故事讲形象、讲生动。

中级挑战：①音量适当，语言流畅。②讲清楚故事的六要素。③用上修辞、优美的词语。④善于运用细节描写。

高级挑战：①加入神奇的力量。②情节一波三折。

师：谁来做第一个吃螃蟹的人？

生1：炎帝有一个小女儿，名字叫作精卫。有一天，天气十分晴朗，精卫觉得十分无聊。所以，她决定去东海边玩一玩。她划着小船来到了东海边。可是，一个白浪翻滚，她被淹没在了海中。她不断地呐喊："谁来救救我啊！谁来救救我啊！"没有一个人来救她。死后，她化为精卫鸟，常常衔着西山的木头和石头，填塞在东海里。它就这样一天天地填着，可最终还是没有将东海填平。

生：我觉得她讲得很好，加入了很多细节描写，但情节还不够生动。

师：你来挑战她！

生2：炎帝有一个小女儿，名字叫作精卫。有一天，精卫划着小船去东海边玩耍，心里开心极了。一转眼，天突然变得阴沉了下来，只见水天相接的地方忽然出现了一条白线，浩浩荡荡地朝着岸边飞奔而来。浪潮越来越近，一朵浪花直直地朝精卫打来。霎时，精卫被淹没在了浩瀚的东海之中，没有了踪迹。过了一会儿，海底突然出现了一道金光，一只头顶带有花纹的小鸟出现在海面上，嘴里还不停地叫着："精卫！精卫！"这只小鸟，无论是白天还是黑夜，无论是寒冬还是酷暑，都衔着西山的木头和石头扔在东海里。就这样一天天地过去了，东海最终还是没有被填平。

生：我觉得她讲得很好，但是情节还可以再曲折一些。比如说，精卫是如何艰难地填海的。

师：你来改一改！

生3：白天，烈日当头，精卫从西山衔来一颗小小的石头，它翻过一座座高山，将石头投进了东海里。汗水浸湿了它的羽毛，但它仍没有停歇。夜晚，皓月当空，大地上万物都陷入了沉睡。精卫还是不停地衔着树枝扔进东海里。日子一天天过去了，从酷热的夏天到了凛冽的寒冬，它显得异常消瘦，但仍然重复着衔树枝的动作，没有一丝停下来的迹象。

师：经过你的添加，故事更加丰富和生动了呢！孩子们，这只叫作精卫的小鸟，在你的心中留下了怎样的印象？为什么？

生1：我觉得这是一只坚持不懈的精卫鸟，因为它无论风吹，还是雨打，都没有放弃填海。

生2：我觉得这是一只不怕困难的精卫鸟，我能想象它在填海的过程中遇到了多少困难，但是它还是坚持了下来。

生3：我觉得这是一只永不放弃的精卫鸟。

师：你们归纳得都很好！总结起来，其实就是两个词语：坚韧和执着。孩子们，通过发挥想象，补足留白，精卫的形象已经深刻地映在了你们心上，这就是神话的人物鲜明形象之美。让我们带着对精卫的敬佩之情，随着音乐，背一背这篇课文吧！

【同伴点评】

在教学设计上，教师做到了环环相扣和层层递进。从读准确到读出节奏，从讲清楚、讲完整到讲生动、讲形象，最后上升到有感情的背诵。教师的教学设计逻辑清晰，难度逐步提升，培养了学生听、说、读、写、思的能力。其次，教师善于将学生已习得的语文要素迁移到新的学习内容中，帮助学生逐步巩固学习成果。

需要注意的是，教师需要依托文本的内容教授学习方法，让学生紧扣文字展开想象。通过搭建支架，在学生脑海里形成相关画面。

【教后反思】

《精卫填海》是统编版小学语文教材四年级上册神话单元的一篇文言文。该课文短小精悍，作者用短短35个字，把学生带进了无限的想象空间。

该课主要讲解了炎帝的小女儿精卫去东海游玩时不幸溺水，化为精卫鸟，每天衔着西山的树枝和石块填海的故事，塑造了精卫坚韧、执着的形象。

在教学时，教师围绕单元语文要素，切合文言文的特点，进行了相关的教学设计。

①图片激趣，导入新课。教师通过关联旧知识，激发学生的学习兴趣，从而帮助学生克服学习文言文的畏难情绪。通过承接三年级的语文要素，学生通过查看封面对文本内容进行预测，对《山海经》这本书有了整体性的了解。

②质疑课题，关联要素。教师通过本单元的提问策略，对课题进行质疑，引入新的学习任务：了解文言文的内容。学生通过借助插图和注释，理清事情的来龙去脉（起因、经过、结果），学习把握文章的主要内容。

③发挥想象，补充结局。通过对文章内容的把握，学生能够发现这篇文言文的神奇之处：没有结局。学生通过对结局的补充，了解到了精卫填海的困难。教师相机引导学生再次发挥想象，将精卫填海的过程讲生动，由易到难，层层递进，进而把握精卫鲜明的人物形象。

在这节课中，教师的有些设计略有不足。在引导学生想象画面的时候，教师应该在文章中找准想象的突破口：借助关键的动词发挥想象。学生在想象画面、将故事讲生动的时候会更得心应手。

（供稿：四川省成都市盐道街小学通桂校区　钟婉婷）

遵循文本特质　谋求情理兼得

——小学语文统编教材中的散文细读与教学实施

区别于诗词歌赋的"凝炼""铿锵"，迥异于小说的"铺陈""构思"与"宏大"，不同于古代散文的"典雅""庄重"和"深奥"，现代散文"是一种形式小巧而见微知著，题材广泛又注重生活，笔法灵活又讲究文情并茂的体裁"（张会恩语），以其"优美隽永""温婉含蓄"和"真挚细腻"而著称。

入选统编版小学语文教材的现代散文，其语言优美凝练，画面生动唯美，意境委婉深邃，富有真实情感，极具思想性、艺术性和审美性。为培养和提升学生的散文阅读素养，谋求情理兼得、读写融通的理想境界，提供了场景、思维、语用和审美的多元适切支架。

一、文本细读的已有经验

刘桂兰在《文本细读：从文学批评到翻译研究》中认为，文本细读是从文本的词语等材料出发，通过分析词语的选择、词语的含义以及前后词语间的联系等来理解文章的内涵，进而对文章的结构、意义等加以阐释。王先霈在《文学文本细读讲演录》中对文本细读的解释是：阅读者从自己的文学思想入手，对文学文本进行认真、细致地体会、理解、分析的一种程序或者一种模式。孙绍振在《文本分析的七个层次》中指出，对教材中具体文本进行解读的关键是"寻找矛盾"，尝试用"还原法"解释矛盾。

研究者认为散文阅读可以从语境、语言、情感、细节、结构等五个角度展开，并提出了诵读法、比较法、想象法、关键词语分析法等文本细读方法，为现代散文的教与学提供了丰富多元的方法论，并高度契合于语文学科核心素养的四个维度，即"语言建构与运用""思维发展与提升""审美鉴赏与创造""文化传承与理解"。上述学者的观点为教师在课堂教学中引导学生进行文本细读奠定了理论基础。

二、文本细读的功能和意义

学生对课文解读不佳，是造成课堂教学效率低下的重要原因。

当前阅读教学中的文本解读普遍存在两种不良倾向：一是缺乏基本解读，任由学生"盲人摸象"；二是过度解读，师生之间缺乏"温暖"对话。

先说第一种情况，教师放弃文本解读，任由学生"盲人摸象"。也就是说，教师在课堂上解读文本时基本不涉及文本要点、重点、特点，使文本解读毫无深意且缺失核心目标导引，不能深入更不能浅出。这就是典型的"放养式"教学，其教学效果可想而知。许多教师仍然固守于分段、归纳段意和概括中心思想，让学生简单抄写、背诵，缺乏"举一反三""细节复制""图式建构"等教学思路。

例如，某教师在教学《蜘蛛开店》一文时，当学生发现了蜘蛛的"三心二意"和"不能持之以恒"的道理时，大喜过望并给予肯定，放弃了引导学生去"体会蜘蛛的想法和心情变化"，更没有"根据示意图"培养学生复述故事的能力。教学走偏却浑然不觉。其实，这是一篇典型的童话故事，作者运用重复结构行文，故事情节一波三折，人物形象生动有趣，利于讲述故事训练。遗憾的是，教师忽略文本特征，忽略编者意图和教学目标的达成，遇到所谓"精彩生成"就迷失方向，舍本逐末。

第二种情况即教师沉醉于文本，过度解读课文，用个人喜好取代教育理智，在制定教学目标时忽略了学生的实际情况，导致教学失度、低效。

入选教材的文本皆为经典，意象多元，内涵丰富，均值得咀嚼、品鉴。理想的文本解读是摒弃上述两种偏差之后的理性解读和合理设计。教师首先对自然文本进行全面、深入、精细的解读，然后围绕教学文本所承载的独特教育教学价值，进行深入浅出的教学目标聚焦，通过场境营造、问题导引、任务驱动，引发学生围绕语文要素展开学习活动，通过自主研读探究和集体分享等方式，在感知、理解、欣赏、评价和尝试的基础上，完成共性审美和图式建构，收获自觉读写的情感、方法和策略，激发自主读写实践动机。对于散文来说，让学生得其情真、情理以及蕴含的理趣，并能将其转化为具体的教学，是教师应完成的专业化建构。

三、文本细读的基本程序

教材文本区别于自然文本，有独立责任和功能担当。自然文本一旦被编入某一单元，围绕某一语文要素，就成了教学文本，承担独立的意义和价值。教材文本超越了自然文本，是教材编写者为了达成语文要素，对自然文本进行必要内容遴选和程序化加工后的成果。因此，文本解读是语文教师必备的"硬功夫"。

（一）回归文本细读的初衷

文本细读应尊重"文本规定性"，以文本为前提，从语言、关键字词句、写作背景、文章结构、思想情感等方面出发，在教学目标引导下有侧重点地对文本进行分析，优秀文本细读的评价标准为文本解读丰富、深刻、多元，顺应学情，教学目标设定精准、具体、明确，问题导引有层递，学步距离适中，搭建对话支架适切，效能检测有趣等。文本细读过程即深入浅出解读文本，最终完成教学设计的过程。

（二）真切经历三种不同身份

教师进行文本细读，一般要经历3种身份，完成三维升阶。第一种身份是读者，第二种身份是研究者，第三种身份是语文教师。

第一，以读者身份对文本进行直觉性细读，获得直觉感知、思维、判断和审美体验，建立内容、情感、表达等基础性认知。

第二，以研究者身份展开多维细读、研读、品读。锁定文题、字词句、让人怦然心动的场景描写等，发现细节中隐含的，发现"矛盾与合理""预料之外与情理之中""形散与神聚"并通过写作背景、时代背景等相关资料，借鉴名家权威评论等，收获具有典范性和独特性的审美启迪。

第三，以语文教师身份完成教学预设。基于文本规定性回归学情，对文本做必要的"缩水""聚焦"和"优化"，再次沉入文本，根据文本特点选择有教学价值的内容，精确教学目标，采用合适的教学方法进行设计，实现文本细读与教学目标达成之间的高度契合和思创融通，实现对文本图式和特质的规律性建构。要从学生的角度来审视文本，聚焦学生读不懂、读不好的地方，了解阅读难点，分析学生不喜欢、读不懂、读不好的原因所在，实现教师文本、作者文本、编者文本向学生文本的过渡。

（三）善待学生的"旁逸斜出"

教师在引导学生进行文本细读的过程中，尤其是在引导学生展开集体对话的过程中，要最大限度地保护学生的个性化解读。让学生在有限的思维空间内，注意品读、鉴赏中的"多元有界"，尽可能保证学生的所有见解都建立在不破坏文本核心思想、不触碰道德底线的基础上。面对学生产生的"极端"和"另类"想法，要始终保持包容之心，保持科学求真、向善趋美之心，使文本解读处于合理范畴内，培养学生审辨和厘清的能力，提升其阅读审美品位，避免曲解和误读文本。

四、散文教学优化策略

不同类型散文有不同的写法。写法不同，其阅读教学方法、程序和侧重点也有所区别。教师在散文教学中既要兼顾文本特质，又要观照文体思维。

（一）遵循基本教学规律

散文教学要遵循阅读教学的基本规律，即在整体感知基础上，进入局部细节品鉴，最后回归文本整体，获得思维升阶和文本图式，通过"写了什么""为什么写""怎么写""为什么要这么写""我会怎样读（写）"等问题，获得认知、思维、审美和语用的整体性实证经验。

（二）凸显探究重点

散文教学要突出体味形象、揣摩语用、经历审美、丰富认知等四个重点环节。让学生在个性化解读的基础上获得有共性、有规律性的认知。教师在"求真、向善、趋美"的基础上，把学生"此时此刻的认知"和作者"彼时彼地的认知"相联系，有序担任好"组织者""引领者""参与者""点拨者"等多种角色。

例如，教学四年级上册"提问"单元略读课文《蝴蝶的家》时，教师与学生共读第二自然段，讨论蝴蝶有什么特点，这样的蝴蝶在暴风雨中可能会发生怎样的后果？教师通过提炼文中关键词语，引导学生展开想象，找出文中作者为蝴蝶着急的句子，体会其焦灼心情。接着，教师遵循阅读心理，继续追问学生：第三、四自然段都描写了作者在寻找蝴蝶的家，两段中作者的心情有什么不同呢？作者为了蝴蝶找了哪些家，哪些地方？请勾画出来，体会一下作者每一次猜想、每一次探寻后的心情。在深化理解环节，教师继续追问学生：蝴蝶的家到底在哪里？你产生了哪些新想法要与作者分享？进而让学生达到拓展思维的目的。在此过程中，教师的教学设问最终转化为学生的"自问"和"自求其解"。教师的教学具有"情理兼得"的意味。

（三）文类不同侧重各异

小学语文教材中入选散文一般包括写景抒情散文（写景状物）、叙事散文（写人记事）和议论散文 3 种，它们在具体教学中各有侧重点。

1. 抒情散文的教与学

抒情散文取材广泛，形式自由，语言优美，富有文采，写景状物生动形象，表达富有真情实感。如《葡萄沟》《黄山奇石》《蝴蝶的家》《草原》《丁香结》等，就是抒情散文。教师在教学时可以通过细读题目引导学生体会文章情感，让学生通过品读词句分析情感，通过欣赏景物体味情感，通过链接背景升华情感。

例如，教师在教学六年级上册第一单元精读课文《丁香结》时，围绕焦点问题进行教学，循文入里，由表及里，由浅入深，展开"赏花""悟花"两大教学层递。第一层欣赏眼中之花：描写城里、城外、斗室外的丁香，重点突出丁香赐予"我"的"福祉"——悦目、甜香、轻灵、纯洁，以及丁香遮掩着"我"的窗，照耀着"我"的文思和梦想。雨中丁香浪漫妩媚，极具诗情画意。第二层悟花语：顿悟"丁香结"酷似"盘花扣"，领悟先民生活如花般典雅。领悟丁香花语，古人心中更多微雨愁结（"雨"酷似"泪"），作者却超凡脱俗，悟出更多通透豁达，带给读者抚慰和激励。

在"赏花"环节，教师可出示思考题：从哪些细节描写可以看出，丁香花的美已经深深地打动了作者？让学生通过寻读、品鉴、美读，抓住关键词语，结合课文内容展开想象，溯源联想，畅想作者在不同时间、不同地点、不同心境下观察丁香、领悟花语的动人场景，收获抓住特点、细致观察、展开联想、乐于分享的创美心理，与作者共情，与事物共鸣，读写融通。重点突出丁香与"我"，丁香遮掩着"我"的窗，照耀着"我"的文思和梦想，感受作者对丁香的喜爱之情。围绕"悟花"链接宗璞人生经历，对比古人与作者对丁香结的不同感悟，引导学生联系文本联想，经历"博古通今，愁有所解"的独特感悟，收获乐观、豁达的人生态度。

2. 叙事散文的教与学

叙事散文讲究"人因事显"，注重细节塑造形象，遴选真人真事，情感表达含蓄且克制，如《竹节人》《荔枝》《父爱之舟》《慈母情深》等。教师在教学时应该注意把握文本线索与思路，锁定内容细节，引导学生体味其中蕴含的丰富情感，体会作者表情达意的丰富与深刻，获得求真、向善、趋美的启迪。

例如，五年级上册第六单元精读课文《慈母情深》的教学，由于本单元的语文要素是"体会作者描写的场景、细节中蕴含的情感"，教师在教学时应整体把握语文要素，品读文本描写的场景和细节，体会字里行间蕴含着的母爱。紧扣课后思考题"默读课文，边读边想象课文中的场景，说说哪些地方让你感受到了'慈母情深'?"抓住文中的细节场景，通过"寻找母亲""向母亲要钱""母亲塞钱"给"我"这几处真挚感人的细节描写，品味文中的重点语言，化无声语言为有声语言，体会母亲挣钱的艰难和对儿子的怜爱，抓住人物外貌、语言、动作、神态描写体会慈母情深，感受"我"对母亲的感激、热爱和崇敬之情，体会平凡母亲的伟大，进而有感情地朗读，升华人文主题。

3. 议论散文的教与学

议论散文是散文家族中的一朵奇葩，追求在从容淡定、自然而然的诉说中，表达含蓄（或鲜明）的观点。议论性散文不在于抒情，追求娓娓道来中的立论和说理。在轻松愉悦的阅读氛围中，带给读者以情感波澜和人生启迪。

深入审辨，许多散文中皆可见议论元素。例如，魏巍的散文作品《谁是最可爱的人》，其题目引人深思，具有议论性散文的思维导引元素，经过作者深情而激荡的行文，抗美援朝军人的伟大精神跃然纸上。龙应台的散文作品《中国人，你为什么不生气》充满愤怒和诘问，引发读者对于道德和秩序的思考、维护和捍卫，唤醒了读者的规则意识。

小学语文教材中议论散文极少，《只有一个地球》和《宇宙生命之谜》具有相对集中的议论散文特质。研究者常将上述两篇文章归入科学小品文序列。这里之所以撰文研究小学高段教材中的议论散文，不在讲述概念，而在引导孩子捕捉文本独特的特质。

议论散文教学的基本策略是围绕核心问题，建立以"问题串"为基础的探究层递机制，引导学生在字里行间展开信息检索，形成理性立论，然后对现象或案例等进行剖析、筛选、概括和论证，形成观点后突出重围，围绕"亟待解决的生活、生存或涉及人类生命尊严的问题"，寻找新的实证和立论。

例如，教师在教学六年级上册第10课《宇宙生命之谜》时，引导学生明确"生命存在必需的温暖、水分、大气、光和热四个基本条件"，让学生通过寻读筛选、审辨，获得相对客观的认知，形成共识，激发学生对地球家园的热爱。

在议论散文教学中，有小初衔接意识的教师还会做必要的阅读链接，让学生在多文本统整中，温故而知新，在比较和反思中发现叙事散文、抒情散文和议论散文的异同，展开横向比对和纵向勾连，发现议论散文的"弥足珍贵"，为学生的审辨思维提质，为学生初中的议论文学习奠定一定的基础。

二年级上册第9课《黄山奇石》二课时教学设计

【单元解读】

本单元围绕单元主题"家乡"编排了《古诗二首》《黄山奇石》《日月潭》《葡萄沟》4篇课文，反映了祖国的地域辽阔和风光秀丽，旨在激发学生对祖国山河的喜爱之情。本单元的核心要素是"联系上下文和生活经验，了解词句的意思"，这是对一年级下册"联系上下文，了解词语意思"这一语文要素的巩固和提升。

【文本解读】

《黄山奇石》描写了黄山风景区怪石的形态各异及新奇有趣。教师在教学时应紧扣单元核心要素，引导学生联系上下文和生活经验理解"陡峭、金光闪闪、著名"等词语意思，帮助学生在理解课文内容的基础上学习语言表达，结合课后思考题，用"好像""真像"练习说话，提升语言运用能力。

【学情分析】

智者乐水，仁者乐山。小学生对祖国大好河山有一种天然的向往之情，小学语文低段阅读教学的关键就在于"点燃"学生的向往之情，引导学生在反复诵读中感受黄山怪石的神奇，感受祖国山河之美，为学生识字写字积累优美语句。二年级学生的思维方式以形象、直观为主，经过一年级的学习，学生大多具备了基本的字词理解能力。由于大部分学生没有去过黄山风景区，教师可在教学时充分借助图片、视频资料创设情境，让学生领略黄山怪石的神奇之处。

【教学目标】

①联系生活和语境理解"尤其、陡峭、翻滚、金光闪闪"等词语的意思。

②聚焦核心问题"黄山奇石有趣在哪儿?"通过"图—文—图"的教学流程，两次观察图片，发现黄山奇石的奇特之处，领悟想象的巧妙，相机回文，以读促悟。（重点）

③借助组图，发挥想象，仿照课文的句式，说说图片中的石头，并尝试写一写。（难点）

【教学过程】

一、聚焦课题，指导读"奇"

①齐读课题，请学生给"奇"字扩词。
②再读课题，让学生带着理解，感受黄山奇石的奇特与神奇之处。

【设计意图】由题眼入手，给"奇"扩词，深入理解词语意思，感受黄山奇石的独特与奇妙，激发探究欲望，引发学习期待。

二、游戏回顾，总结识字方法

①游戏复习：让学生模拟黄山风景区怪石图情境，开火车识读生字。教师可通过如下方式引导学生。

师：这么多奇石来到了我们的教室，你还认识吗？开火车来读一读吧。

②让学生交流回顾识字方法。

【设计意图】通过游戏复习，集中识字巩固一课时识字成果，调动学生积极性，引导学生回顾识字方法，提升其自主识字能力。

三、据图理解，以读促悟

①教师引导学生梳理课文主线，通过配乐范读引导学生思考：课文中主要描写了哪几块石头，这些石头带给你什么感觉？
②教师引导学生总结回顾四块石头的名称。（仙桃石、猴子观海、仙人指路、金鸡叫天都）
③教师出示课文原句，抓住关键词"有趣"指导学生朗读课文。
教师在课件出示下列句子：

那里景色秀丽神奇，尤其是那些怪石，有趣极了。
这就是有趣的"猴子观海"。
"仙人指路"就更有趣了！

④教师引导学生第一次看图：借助名字链接生活，感受这些石头在外形上的有趣之处。

教师出示学习提示，引导学生观察图片，说说从哪儿感受到这些石头的有趣之处，先自主思考再与同桌分享发现。

预设对话如下：

生：我觉得它像一个桃子。

师：孩子们，我们家里放水果常用果盘，那这个大桃子落在哪儿了呢？是啊，山顶的石盘就是它的果盘，多么神奇呀！来，读出你的感受。

在学生分享完自己的发现后，教师可作如下总结："这些石头的外形有趣，是因为他们看起来形象生动，因为奇特，所以有趣。"并让学生分大组赛读课文。

教师可让学生拓展思维，用同样的方法观察图片，对照课文理解"陡峭"之意，相机指导朗读。

⑤教师引导学生第二次看图：去掉图片名称，只出示图片。

教师引导学生换个角度观察：请大家忘掉课文中的描述，现在它只是你眼中的黄山奇石，你觉得它像什么呢？

预设对话如下：

生：我觉得图1中的石头看起来像一个被咬过的苹果。

生：我觉得图2的石头像一个驼背的老人。

生：我觉得图3的石头倒着来看像一个蛇头。

生：我觉得图4中的石头像一只蹲着不动的乌龟。

生：我觉得图4的石头像一个摇篮。

待学生讨论完后，教师相机引发思辨：那你们说说是你想得好还是作者课文里想得好呢？

⑥教师引导学生第三次看图：出示图片，连续观察。

预设对话1：

师：孩子们，你们从"仙桃石""仙人指路"这两个名字发现了什么？

生：我发现这两块石头都有一个仙字。

师：作者为什么要这样给它们取名呢？

生：我觉得是因为黄山的景色秀丽神奇，宛若仙境一般。

师：原来作者是根据当地的环境来进行联想的。

预设对话2：

师：看着这一幅画面，你还联想到了什么？

生：我发现这些石头都在很高的山上。

师：作者的所有联想都结合了地点和环境，一切都那么贴切和适宜。原来黄山奇石的有趣都是作者通过外形奇和联想巧妙来体现的。

⑦教师引导学生以多种形式品读课文。（自读、同桌赛读、师生配乐接力读等）

【设计意图】教师围绕核心问题"黄山奇石有趣在哪里"展开教学，充分利用四块石头的图片，让学生细致观察单幅图，整体观察多幅图，图文参照，巧妙链接课文，挖掘奇石外形的奇特。教师让学生给奇石取名，激发了学生的想象，让学生感知作者取名的方法，激发学生的向往之情。此外，教师相机指导学生理解重点词语"尤其、陡峭、翻滚"等，并顺势指导学生朗读课文。

四、活用句式，链接生活表达

1. 欣赏成组的怪石图片

师：请你选择一块石头，抓住外形，巧妙联想一下，用上今天学到的句式来说一说。

生：我介绍第____幅图，图中的石头好像/真像_____。

2. 同桌交流，指名汇报

教师根据学生的回答相机点拨，激发学生的表达兴趣，鼓励学生仔细观察、发挥想象。

教师可做如下总结：黄山奇石千姿百态，让我们印象深刻，不由得感慨大自然造物神奇。我们的祖国幅员辽阔，山河壮丽，还有很多名山大川等着小朋友们去探索，希望小朋友们"读万卷书，行万里路"。

3. 让学生联系生活观察

教师在课件上出示校园一角的图片，让学生自主表达。

【设计意图】本单元课文语言优美，生动形象，教师引导学生学习课文的语言表达，用"好像、真像"说话，夯实了学生的语言能力，激发了学生的想象，让学生将课本上的语言内化为自己的语言。

五、书写指导：巨、闪

①教师在课件上出示"闪、巨"两个字。提醒学生注意"巨"字的笔画：横、横折、横、竖折。
②教师引导学生观察生字的特点和生字在田字格中的位置。

③教师重点指导学生区分"升、开"两个字，可让学生分享区分方法。

④教师范写，学生练写。

⑤教师展评。

【设计意图】教师通过引导学生"书空笔顺""观察生字结构""观察关键笔画"，给同学的书写提出建议，促进其书写由正确到美观的提升。

六、板书设计

```
有趣      外形奇
          想象巧
```

【作业设计】

（一）课前预学单

请用"√"选择下面加点字的正确读音

闻名（míng mín）   形状（xíng xín）   闪亮（shǎn sǎn）

南部（nán lán）   升高（shēng shēn）

（二）课中导学单

你最喜欢的是哪一块奇石呢？用"我介绍的奇石是什么，它奇在_____ _____哪里"说一说。

（三）课后检测单

1. 联系上下文说一说加点词语的意思

①在一座陡峭的山峰上，有一只"猴子"。

②那些叫不出名字的奇形怪状的岩石，正等你去给它们起名字呢!

2. 补充句子

①笔直的杨树真像_____。

②天上的星星好像_____。

③_____。

（供稿：四川省成都市盐道街小学通桂校区 苟利）

六年级上册第2课《丁香结》二课时教学设计

【文本解读】

统编版小学语文教材六年级上册第一单元第二篇精读文本《丁香结》是著名作家宗璞先生的状物抒情类散文名篇，作者通过对目之所及（城里街旁、校园图书馆、斗室外）的丁香花其色、形、味的细致描写，移情于物，含情脉脉，作者对细雨迷蒙中丁香妩媚情态的描写极具审美韵致，并将其自然延展至对丁香结形态的顿悟，情思彰显："结，是解不完的；人生中的问题也是解不完的，不然，岂不太过平淡无味了吗？"作者灵动之笔轻轻一点，卒章显志，含蓄隽永，使得浓郁的"丁香情结"平添一丝"丁香理趣"，超凡脱俗，文品陡增。其行文流畅，文采典雅，情思细腻，层递清新，其景美、物真、情浓中包蕴着物我合一的独特韵致，清新自然通透，令人油然而生怜爱之心，其语言美、结构美、意境美皆引人回味。

【学情分析】

教师在教学中要引导学生进行有目的的阅读，根据阅读目的不同，自如运用"浏览""寻读""跳读""批注"等方式，在完成阅读任务的同时展开设身处地、品词析句和多维对话。

教师在教学中要引导学生围绕阅读的内容想开去，凭借文本细节描写，变静态文字为动态画面，化平面文字为立体场景，经历通感、拟人，感受愉悦，由此及彼，瞻前顾后，追根溯源，博古通今，收获阅读理解，体会阅读审美，经历阅读思维，在结构化问题串导引下，尝试自主思考、合作探究，去阐释、美读、评价、立论和创述，联系背景资料，展开深度阅读，收获阅读审美体验，领悟传统文化的无穷魅力，体会作者"物我合一"的审美创造情趣。

【细节品鉴】

文章细节一览

开放的季节	每到春来
开放的位置	城里街旁，尘土纷嚣之间；宅院；城外校园；斗室外
颜色	白的潇洒，紫的朦胧

形态	格外茂盛；有的宅院里探出半树银妆，星星般的小花缀满枝头，从墙上窥着行人，惹得人走过了还要回头望；十字小白花，那样小，却不显得单薄；在细雨迷蒙中，着了水滴的丁香格外妩媚；小小的花苞圆圆的，鼓鼓的，恰如衣襟上的盘花扣
气味	淡淡的幽雅的甜香，非桂非兰；香气直透毫端
人的感受	顿使人眼前一亮；人也似乎轻灵得多，不那么浑浊笨拙了；许多小花形成一簇，许多簇花开满一树，遮掩着我的窗，照耀着我的文思和梦想；雨中的丁香格外妩媚；结，是解不完的，人生中的问题也是解不完的；诗句负担着解不开的愁怨了

【教学期待】

①谋其路径多元：感同身受、设身处地、瞻前顾后、由表及里、由此及彼、博古通今。

②目标整体增值：知有所升、言有所立、思有所创、情有所动、行有所止。

【设计思路】

教师在教学时可围绕下列基本问题安排教学：作者是怎样描写丁香花的，抒发了怎样的丁香情结和独特感悟？

教师在教学中可以遵循由文入里，由表及里，由浅入深的原则，以"赏花景"和"悟花语"两个角度出发，解读文本。

第一个角度是赏花景。教师可引导学生欣赏作者眼中之花。通过欣赏作者描写城里、城外、斗室外丁香的句子，重点理解丁香赐予"我"的"福祉"——悦目、甜香、轻灵、纯洁，以及丁香遮掩着"我"的窗，照耀着"我"的文思和梦想的美丽场景。

第二个角度是悟花语。教师可引导学生顿悟"丁香结"酷似"盘花扣"；领悟先民生活如花般典雅考究；领悟丁香花语。作者超凡脱俗，思想通透，内心豁达，她在《丁香结》一文中写出了自己独特的领悟，带给读者抚慰和激励。

【教学设计】

一、赏花景：眼中之花

（一）回顾课文内容，引出焦点问题

师：同学们，我们继续学习宗璞的状物抒情散文《丁香结》。这篇课文描写了城里、城外、斗室外的丁香花，在她的文章里，城里城外花开繁茂，室内人花亲近，无比美好。

（二）寻读、品鉴、美读

师：这节课呀，我们要继续深入地探究、品味，发现文本当中蕴含着的花的美好、文的美好、人的美好。从哪些细节描写可以看出，丁香花的美已经深深地打动了作者？请同学们在 3 分钟内默读全文，勾画相关语句，结合关键词批注你的体会，并与全班交流。

预设重点语句赏析：

①城里：有的宅院里探出半树银妆，星星般的小花缀满枝头，从墙上窥着行人，惹得人走过了还要回头望。（评：你同意吗？有补充的吗？何以动人？人在窥探花还是花在窥探人呢？灵巧得如孩童般活泼，喜爱之情溢于言表。）

②城外：月光下白的潇洒，紫的朦胧。还有淡淡的幽雅的甜香，非桂非兰，在夜色中也能让人分辨出，这是丁香。（评：美在哪？"淡淡的幽雅的甜香"，香味可以闻？能闻出甜味吗？）

③室外：从外面回来时，最先映入眼帘的，也是那一片莹白，白下面透出参差的绿，然后才见那两扇红窗。（评：有何特别？交相辉映，自是好看；读出色彩交错之美）许多小花形成一簇，许多簇花开满一树，遮掩着我的窗，照耀着我的文思和梦想。（评：这处描写又有何不同呢？从"一朵""一簇""一树"，有什么发现？局部到整体，条理分明；读出节奏感）

（三）统整总结，溯源联想

师：观察是写作的第一步。作者之所以能把丁香描写得如此与众不同，分别经历了哪些观察和近距离感悟？

生浏览全文，透过文字，展开跳跃式思维。

师：你的眼前出现了作者怎样观察丁香的场景？（教师可描述旁白：街头驻足凝望入神；月光下散步如醉如痴；独居斗室喜迎丁香灵感大发；雨中漫步，吟诗作赋和古人对话……）

预设答案：

（1）范围广

①难道春天只有丁香吗？城里、城外、室外，满目皆是丁香，入眼入心动情。

②关注丁香的花色、花形、花香各方面，从局部到整体，观察细致入微，尽显喜爱之情。

（2）联想丰、体验深

①花香不同，城外"淡淡的幽雅"，室外"直逼毫端"。明明是"淡淡的幽雅"，为何"直逼毫端"？香味怎么会变化呢？结合文思和梦想一句说说你的感受。

（3）时间久

①白天晚上都在观察，视觉嗅觉，凝视持久。

②晴天雨天都在欣赏，风景自得，爱得痴迷。

师生配乐美读第三自然段，读出丁香与"我"的亲近，读出喜爱和痴迷。

【设计意图】教师围绕"赏花景"，通过寻读、品鉴、美读等方式，让学生抓住关键词语，结合课文内容溯源联想，畅想作者在不同时间、不同地点、不同心境下观察丁香、领悟花语的动人场景，收获作者抓住特点、细致观察、展开联想、乐于分享的创美心理，与作者共情，与事物共鸣，读写融通。教师在教学中重点突出丁香与"我"，丁香遮掩着"我"的窗，照耀着"我"的文思和梦想，引导学生感受作者对丁香的喜爱之情。

二、悟花语：心中之花

（一）古人"丁香之愁"与作者"丁香之解"

师：古代诗人写了很多与丁香有关的诗句，丁香也成了诗人笔下很特别的一种意象。请大家说一说，对于丁香的思考，作者与古代诗人有什么不同？

教师引导学生结合文本链接诗句，以小组为单位赏析课文，完成导学单。

导学单

	文本内容	批注你的理解
阅读链接	1. 芭蕉不展丁香结，同向春风各自愁。——李商隐《代赠》 2. 殷勤解却丁香结，纵放繁枝散诞春。——陆龟蒙《丁香》 3. 霜树尽空枝，肠断丁香结。——冯延巳《醉花间》 4. 青鸟不传云外信，丁香空结雨中愁。——李璟《摊破浣溪沙》	（预设：《代赠》与芭蕉同愁，《醉花间》悲哀的忧愁，《摊破浣溪沙》雨中的愁怨，特别的意象都指向愁怨）
课文节选	每个人一辈子都有许多不顺心的事，一件完了一件又来。所以丁香结年年都有。结，是解不完的；人生中的问题也是解不完的，不然，岂不太平淡无味了吗？	

学生完成导学单后，教师应引导学生进行交流分享。品析诗句，读出诗人的愁怨、惆怅。

师：宗璞从小体弱多病，成年后疾病缠身，后来啊，身体虚弱，连握笔都极其困难。她全靠助手协助，七年写成一本书，就是老师手中这本《东藏记》。面临许多人生考验而情绪低落，其内心的痛苦可想而知啊！这样的情况下，丁香到底带给她怎样的启迪呢？

学生讨论交流，回答问题。

师：宗璞就是读到古代诗人的诗句联系到自身，才会有这样独特的感悟，这就是博古通今，因为博古通今，所以愁有所解啊。一篇精美的散文，一颗纯洁的心灵，一次难忘的阅读之旅，学习即将结束之际，让我们再次捧书，齐声朗读最后一个自然段。

【设计意图】围绕"悟花"语，对比古人与作者对丁香结的不同领悟，引导学生联系文本联想，收获乐观、豁达的人生态度。

三、链接探究

师：看看作者，回想自己，说说你从身边的哪些平凡事物中发现了惊喜、受到了启发、收获了力量？

预设结论：

①万物皆灵，智者拜万物为师，处处留心皆学问。

②红梅花儿开，处处放光彩。苔花如米小，也学牡丹开。虚心竹有低头叶，傲骨梅无仰面花。野火烧不尽，春风吹又生。……

【设计意图】联系生活经验想开去，从"丁香结"中获取自我生长的力量。

（供稿：四川省成都市盐道街小学通桂校区　苟利）

任务驱动乐听善说　文明交互应对从容

——口语交际教学的策略优化

一、口语交际的定义

现代社会是一个人际交往空前频繁的时代，口语交际活动是其中一个非常重要的组成部分。口语交际是在特定环境里产生的言语活动，其核心是"交际"，基本特点是"听""说"双向互动。也就是说，只有交际双方处于互动的状态才是真正意义的口语交际。随着现代社会的发展，口语交际的作用已渗透到社会生活的各个领域，在人们的工作和生活中发挥着"传递信息、交流思想、沟通情感"等作用。

春秋战国时期，百家争鸣，群雄逐鹿，涌现出一大批口才战略家，积累下了丰富而精彩的语例，诸子舌灿莲花，影响深远。著名教育家孔子曾设"言语"科，提出"一言可兴邦，一言可丧邦"的观点，这说明孔子早已明确意识到言语交际在社会生活中的重要作用，充分体现了他对口语交际的重视。黎锦熙倡导"四项共通"，在"国语要旨观"中列出了"听""说"要素，在其1924年出版的《新著国语教学法》中也提到了"文字和语言都是代表事物和思想的符号"。1950年出版的全国统一的语文课本指出，"语"指"口头语"，"文"即"书面语"，语文定名的意义不仅仅在于对一个学科的性质有了较科学的定位，也标志着口头语与书面语拥有了同等重要的地位。

二、教材中"口语交际"内容梳理

统编版小学语文教材中对"口语交际"的编排，其最大特点是话题贴近生活，交际要素明确，从第一学段到第三学段交际要求呈梯级上升。第一学段的口语交际重视培养学生的交际意识，如"认真听""大胆说""有礼貌"等；第二、三学段更注重交际方法与策略的学习、应用与转化。在特定语境中，要让学生顺利而高效地进行口语交际，必须培养其倾听、表达和应对的能力。

在培养倾听能力方面，第一学段的重点是"认真倾听""记住主要信息""了解别人讲的内容"等；第二、三学段的重点是"边听边思考""判断别人的

发言是否与话题相关""抓住重点""边听边记录""准确把握别人的观点"。例如，在六年级下册的口语交际版块《辩论》中，教师的教学重点是引导学生"听出别人讲话中的矛盾或漏洞"。我们通过纵向梳理可以发现，认真倾听是基本要求，贯穿口语交际全过程。

在培养表达能力方面，第一学段重点在"表达自信，讲简单的故事"，要求学生"按顺序说""说清楚"以及注意用恰当的语气表达。第二、三学段则要求学生讲复杂的故事，讲见闻，谈看法，并要求学生不跑题、不重复，能准确、清楚、连贯、有条理地表达，还可以借助恰当的语调以及手势等肢体语言来表达，着力培养学生敢于表达的勇气，以及成段地讲述见闻、所思所想的口头表达能力。

在培养应对能力方面，在第二、三学段侧重功能性口语交际，其重点主要是让学生"尊重不同的想法""态度平和，以理服人""小组讨论时，注意说话的音量，避免干扰其他小组""抓住漏洞进行反驳，注意用语的文明"等。应对是口语交际部分很有挑战性的内容，需要学生在交际中根据对方的谈话内容，或已经变化的场景，机敏地改变思维路线，及时调整自己表达的内容和方式，做出恰当应答。

为了更好地了解教材编排体系，便于教学中的勾连和呼应，特按照口语交际"倾听、表达、应对"的能力训练点，将整套教材中口语交际要素梳理为如下三表。

倾听

年级	话题	要素
一上	我说你做	注意听别人说话
一下	听故事，讲故事	听故事的时候，可以借助图画记住故事内容
	打电话	没听清时，可以请对方重复
二上	做手工	注意听，记住主要信息
	看图讲故事	认真听，知道别人讲的是哪幅图的内容
二下	推荐一部动画片	认真听，了解别人讲的内容
三上	名字里的故事	听别人讲话的时候，要礼貌地回应
三下	春游去哪儿玩	耐心听别人把话讲完，尽量不打断别人
	该不该实行班干部轮流制	一边听一边思考，想想别人讲的是否有道理
	趣味故事会	认真听，记住故事的主要内容

续表

年级	话题	要素
四上	我们与环境	判断别人的发言是否与话题相关
四下	转述	弄清要点，转述时不要遗漏主要信息
五上	我最喜欢的人物形象	听人说话能抓住重点
五下	走进他们的童年岁月	认真倾听，在交流时边听边记录
六上	意见不同怎么办	准确把握别人的观点，不歪曲，不断章取义
六下	同读一本书	分辨别人的观点是否有道理，讲的理由是否充分
	辩论	听出别人讲话中的矛盾或漏洞

表达

年级	话题	要素
一上	我说你做	大声说，让别人听见
	我们做朋友	说话的时候，看着对方的眼睛
	用多大的声音	有时候要大声说话；有时候要小声说话
	小兔运南瓜	大胆说出自己的想法
一下	听故事，讲故事	讲故事的时候，声音要大一些，让别人听清楚
	请你帮个忙	礼貌用语：请，请问，您，您好，谢谢，不客气
	打电话	给别人打电话时，要先说自己是谁
	一起做游戏	一边说，一边做动作，这样别人更容易明白
二上	有趣的动物	吐字要清楚
	做手工	按照顺序说
	商量	要用商量的语气把自己的想法说清楚
	看图讲故事	按照顺序讲清楚图意
二下	注意说话的语气	说话的语气不要太生硬，避免使用命令的语气
	长大以后做什么	清楚地表达想法，简单说明理由
	图书借阅公约	主动发表意见
	推荐一部动画片	注意说话的速度，让别人听清楚

续表

年级	话题	要素
三上	我的暑假生活	借助图片和实物讲述，选择别人可能感兴趣的内容
	名字里的故事	把了解到的信息讲清楚
	身边的"小事"	清楚地表达自己的看法； 汇总小组意见时，尽可能反映每个人的想法
	请教	有礼貌地向别人请教
三下	春游去哪儿玩	说清楚想法和理由
	劝告	注意说话的语气，不要用指责的口吻； 多从别人的角度着想，这样别人更容易接受
	趣味故事会	运用合适的方法，把故事讲得更吸引人。
四上	我们与环境	围绕话题发表看法，不跑题
	安慰	借助语调、手势等恰当地表达自己的情感
	讲历史人物故事	用卡片提示讲述内容； 使用恰当的语气和肢体语言，可以让讲述更生动
四下	转述	注意人称的转换
	说新闻	准确传达信息； 清楚、连续地讲述
	朋友相处的秘诀	根据讨论的目的，记录重要信息； 分类整理小组意见，有条理地汇报
五上	制定班级公约	发言时要控制时间
	讲民间故事	讲清楚故事的细节； 讲故事的时候，可以配上相应的动作和表情
	父母之爱	选择恰当的材料支持自己的观点
	我最喜欢的人物形象	分条讲述，把推荐的理由说清楚
五下	走进他们的童年岁月	根据整理的记录有条理地表达
	怎么表演课本剧	主持讨论时，要引导每个人发表意见
	我是小小讲解员	列提纲，按照一定顺序讲述
	我们都来讲笑话	避免不良的口语习惯

续表

年级	话题	要素
六上	演讲	语气、语调适当，姿态大方； 演讲时利用停顿、重复或者辅以动作强调要点，增强表现力
	请你支持我	先说想法，再把具体的理由讲清楚
	意见不同怎么办	表达观点时，要简洁明了，要有根据
	聊聊书法	有条理地表达，如可以分点说明
六下	同读一本书	引用原文说明观点，使观点更有说服力
	即兴发言	提前打腹稿，想清楚重点说什么，先说什么，后说什么

应对

年级	话题	要素
二下	长大以后做什么	对感兴趣的内容多问一问
	图书借阅公约	一个人说完，另一个人再说
三上	请教	不清楚的地方及时追问
三下	该不该实行班干部轮流制	尊重不同的想法
四上	爱护眼睛，保护视力	小组讨论时，注意说话的音量，避免干扰其他小组；不重复别人说过的话；如果与其他组员想法接近，可以先表示认同，再继续补充
	安慰	选择合适的方式进行安慰
四下	自我介绍	对象和目的不同，介绍的内容有所不同
五上	制定班级公约	讨论后做小结，既总结大家的共同意见，也说明不同意见
	父母之爱	尊重别人的观点，对别人的发言给予积极回应
五下	怎么表演课本剧	尊重大家的共同决定
	我是小小讲解员	根据听众的反应，对讲解的内容做调整
六上	请你支持我	设想对方可能的反应，恰当应对
	意见不同怎么办	尊重不同意见，讨论问题时，态度要平和，以理服人
	聊聊书法	对感兴趣的话题深入交谈

续表

年级	话题	要素
六下	即兴发言	注意说话的场合和对象
	辩论	抓住漏洞进行反驳，注意用语的文明

三、口语交际教学的策略优化

（一）创设情境：揭开课题，搭建交际桥梁

在真实的口语交际课堂中创设与主题相契合的学习情境，通过具体、生动的环境，让学生在课堂教学开始时就置身于与教学内容相关的情境之中，促使学生在形象、直观的氛围中参与课堂学习。利用与实际生活相联系的交际情境进行导入，链接生活，贴近儿童，有利于降低交际难度，激发学生的探究思维和学习兴趣，完成课堂教学目标。

（二）借助语例：再创情境，习得交际方法

参照教材中的交际范例，设计出符合现实生活和符合儿童心智特点与问题的情境，营造人人参与、乐于表达的交际氛围，让学生在实践中直面问题，在情境中机智应对，培养真实的口语交际能力。

1. 创设情境，明晰要求

情境是言语的发源地，一定情境下的问题解决、任务驱动或突发灵感会为语言提供材料，促进语言发展。教师在教学前应充分理解课本所给例子中包含的情境含义，以此为依托创设具体语用情境，为学生搭建一个充满情趣的口语交际平台，关注"小贴士"中的交际提示，明确要求。对于有倾听要求的交际语境，学生需带着目的倾听，并能复述关键信息，低段一般由老师进行汇总提炼，中高段教师可逐渐放手，由学生自行总结。

2. 情境表演，渗透方法

教师请学生上台进行口语交际，在情境中渗透、运用方法，解决问题，达成交际目的。学生在例子练说中学习"我也能这样说"，在模仿中感受"这样说很有意思"，为之后在实践中感受"我学会了这样说"做铺垫。

3. 梳理技巧，总结提炼

总结是构建学习系统性和加强思维连贯性的重要方法，总结的主体不限于

教师。在练习中，学生已经大致掌握了本课口语交际需要学习的基本内容，此时可由学生自行梳理对应的口语交际技巧，教师进行提炼补充，明晰本次口语交际需掌握的要领，为口语交际的进一步实践做铺垫。对于低段学生而言，教师可采用编儿歌的形式，使教学内容具有趣味性的同时也更便于记忆、转化和应用。

（三）模拟交际：设置障碍，实践形成能力

教材中口语交际提供的练说话题，给教师设计和学生表达留有空间，现实生活中的口语交际情境不是一成不变的，所以更需要培养孩子的随机应变能力，灵活运用所习得的方法。

1. 运用方法，灵活应对

在学生充分理解并掌握了交际方法的情况下，教师可出示明确的交际目的和对话要求，让学生通过同桌或小组合作，扮演角色进行对话交际。学生在特定的情境或问题下，通过合作讨论、模拟表演，能形成基础的口语交际能力。为了培养学生临场应变的能力，教师可在情境中设置一定的障碍，临时改变情节走向，让学生在不同的情况下能够灵活地应对。

2. 模拟交际，全班评价

教师请学生上台分角色模拟表演交际对话的情景，引导学生在体验中学习，运用学到的交际要素和掌握的技巧，提升口语交际的交互性，落实交际能力。对于其他未上台表演的学生，教师要让他们有目的地倾听台上学生表演的内容并做出评价，表扬亮点，强化优点，用学生的眼睛发现问题、指出问题，以练促学、以评促学。

（四）还原生活：演绎故事，能力迁移运用

教师要善于创设生活中会出现的情境，营造不同的交际氛围，使学生感受不同情境下人物的语气、语调、语速的变化，产生不同的交际体验。教师以故事情节为教学环节，层级推进，螺旋上升，让学生在"现场表演"的情境中，获得口语交际的真实感受，将课堂上口语交际的能力迁移到生活中的各个类似场合，切实提高交际能力。

1. 演绎故事，完整讲述

口语交际课堂教学要以学生为中心，给予学生充分的时间，让其交流、发言，从而激发学生的表达欲望。教师应组织学生与同桌在小组间练习讲述，保

证所有人都能积极参与到课堂之中。教师在课堂上要给学生提供充分展示成果的机会，将自己构思的故事通过完整的语言和丰富的表情动作进行现场演绎。

2. 引导评价，相机颁奖

教师引导学生认真倾听发言，互相点评，尝试运用多样化点评标准，如语言是否清晰完整、神态是否大方自信、是否注意到口语交际要素等。学生应提出自己的理解和建议，尤其要学会发现别人的亮点和长处。教师可以对学生的口语交际成果进行评比颁奖，如设置最佳语气奖、最佳表述奖、最佳倾听奖、最佳应变奖等，以此激励学生树立自信，激发其参与口语交际的兴趣。

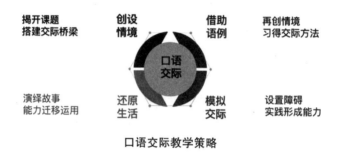

口语交际教学策略

二年级上册口语交际《商量》一课时教学设计

【学情分析】

二年级上期，学生已经学习了"注意听别人说话""没听清可以请对方重复""注意听，记住主要信息"等交际要素，形成了初步的交际能力，有了一定的语用材料积累，但生活经验相对缺乏，察言观色、替他人着想、文明交互意识不够。本课以"商量"作为话题展开教学，创设了多种交互场景，引发学生展开多种角色扮演，以此达到"与别人交谈，态度大方自信有礼貌""有表达的自信，积极参加讨论，敢于发表自己的意见"等学习目标。

【教学目标】

①扮演多种角色，练习适切、得体、文明的商量语气。

②学习文明交际，体会"商量"成功的乐趣。

【教学准备】

词卡、主题氛围营造工具、课件、微视频（小朋友抢乒乓球桌）、小奖状、头饰

【教学过程】

一、创设情境，激发交际兴趣

1. 交流谈话，激发兴趣

教师引导学生讨论课间休息时最喜欢玩的游戏。

2. 播放视频，引出课题

教师在课堂上播放"小朋友抢乒乓球桌"的视频，并询问学生：视频中发生了什么事情？应该怎么解决？教师鼓励学生自由发言，并相机赞同和板书。

3. 唤醒学生回忆

教师引导学生回忆，自己曾经在什么情况下和别人商量过什么事情，结果怎么样。

【设计意图】教师引导学生由学生生活经验入手，让学生观看"小朋友抢乒乓球桌"的视频，思考在游戏中遇到矛盾后的解决办法，借机引出交际话题"商量"。

二、情境启发，模拟交际场景

1. 情境创设，激发主动交际

教师创设如下情境，引导学生主动交际。

丁丁遇到一件事情，今天是他的生日，爸爸妈妈准备了美味的蛋糕要一起庆祝，可是他刚好值日，他想跟小丽调换值日时间早点儿回家，怎么跟小丽商量呢？

（1）播放音频，认真聆听

教师引导学生在音频中提取信息：丁丁是怎么和小丽商量的？

（2）评比颁发最佳倾听奖

提示先称呼、再请求、懂礼貌，根据学生回答相机总结并板书下列内容。

①商量的语气：称呼、我想、行吗、没关系、能不能……

②清楚地表达：目的、原因。

225

（3）讨论交流，达成共识

教师引导学生根据丁丁的表现来说一说，怎么样的语气才是商量的语气。

（4）总结

教师告诉学生："能不能""行不行""可不可以"等表示真诚、委婉、诚恳、请求语气的句子就是商量时常常使用的。在商量时要说清楚原因和目的，如果你有充分的理由，便更能得到别人的同意、理解和支持。

2. 请学生上台交际，创设评价语境

教师通过创设相关语境让学生站在丁丁的角度思考，应该如何跟小丽商量，注意用商量的语气把自己的想法说清楚。

总结：既然是商量，当别人不同意的时候我们应该怎么办？（应该表示理解，还可以再找其他的人商量）

3. 梳理商量技巧，学以致用

丁丁用商量的语气跟小丽讲清楚了自己的想法，得到同学的帮助，开心地参加了生日聚会。请大家总结商量的小秘诀并编成儿歌。

"商量"小儿歌（一）

商量时，先请求，说事情，讲原因，"行吗"还有"谢谢你"，
不行说声"没关系"，文明礼貌勿忘记！

【设计意图】教师在教学时勾连已知口语交际要素，让学生注意听，记住主要信息。通过组织倾听、讨论、模拟练习，让学生明晰商量的要领：用商量的语气把自己的想法说清楚。最后，教师引导学生编儿歌，及时汇总要素：只有待人以诚，才能达成交际愿景。

三、合作探究，提升应对能力

1. 再创语境，尝试运用

语境一：向同学借的书没有看完，想再多借几天。

语境二：最爱看的电视节目就要开始了，但爸爸正在看足球比赛。

2. 同桌合作，交流分享

说一说：分好角色，一个同学说，另一个同学听，记住主要信息，再互换角色。

评一评：是否运用商量的语气，是否把想法说清楚，提出建议。

演一演：可以带上道具，做好准备全班交流。

预设 1：

①即兴采访：你最喜欢看什么节目？现在节目马上就开始了，你怎么跟爸爸商量。

②注意评价：商量的语气、清楚地表达。

③预设难度："不同性格""同意与不同意"。

预设 2：

①同桌展示：评价是否体现出两个交际要素。

②难度提升：小丽已经答应借给小欢了，该怎么办？谁来和小欢商量。

③集体评价关注两个交际要素。

3. 评比颁发最佳语气奖

【设计意图】教师引导学生在多种语境中体验探究，寻找适切交际语用，掌握商量的技巧，提升交际的交互性和有效性，重点训练"把自己的想法说清楚"这一要素，适时提供"变式"，提升学生在不同交际情况下的应对能力。

四、迁移运用，多人交际策略

1. 拓展话题，引发应对

师：生活中，有些事需要两个人商量，有些事情需要三个人、四个人甚至更多的人来商量。比如期末音乐会小组表演什么节目？出去野餐时，我们每个人需要做哪些准备？这都需要几个人一起商量。

2. 模拟练习，体验快乐

师：课间十分钟到了，同学们想一起玩游戏，有的想跳绳，有的想踢足球，有的想打羽毛球……该怎样有效兼顾、快乐实施？四人小组商量一下，尝试解决。

3. 交流分享，解决问题

4. 评价点拨，引出儿歌

"商量"小儿歌（二）

轮流发言要谦让，表达清楚说理由，

注意倾听提建议，少数要服从多数。

【设计意图】本环节重点引导学生通过体验和观察，初步感受集体商讨的基本原则和策略，尝试学会多人交际的方法，逐渐形成倾听、判断和文明交际能力。

五、拓展延伸，应用交际策略

1. 情境拓展，师生对话

情境：你想养一个宠物，但是妈妈不同意，请尝试运用所学方法和妈妈商量。

2. 即兴总结，丰富认知

教师相机做如下总结：如果我们遇到了事情需要商量，只要用上学到的小妙招，尝试用商量的语气，清楚地表达，智慧地应对，就能成为一个懂礼知礼的小学生。

附评比细则：

最佳语气奖——商量的语气、真诚的态度。

最佳表述奖——想法说清楚、理由打动人。

最佳倾听奖——认真倾听、记住主要信息。

【板书设计】

【作业设计】

（一）课前预学单

回顾学习和生活中遇到的矛盾和意见不统一的场景，思考解决之道。

（二）课后检测单

新年即将到来，你最大的心愿是什么，怎样才能实现呢？试着和爸爸妈妈交流商量。

【教后反思】

本节课聚焦交际要素"运用商量的语气，把自己的想法说清楚"，教师通过创设相关情境引导学生学会如何与他们商量，并将此交际技术从课内延伸到课外，从一人交际延伸到多人交际，调动学生生活经验和情感体验。教师在教学中遵循交际原则，注重培养学生的问题意识、对象意识和应对意识，注重培养学生的倾听能力、表达能力以及应对复杂交际语境的能力。教师在教学环节中适时颁发"最佳倾听奖""最佳语气奖""最佳表述奖"，给予学生激励和引导。教师通过创设多元交互式交际语，采用生生对话、师生对话等形式，引导学生在真实情境中尝试表达体验，并努力达到交际要素。让学生在多种角色扮演和应对中，体验有效交际的成功，提升生活幸福指数。

（供稿：四川省成都市盐道街小学通桂校区　苟利）

三年级上册口语交际《请教》一课时教学设计

【学情分析】

这次口语交际的主题是"请教"，当学生在生活中遇到不能解决的问题时，可以向别人请教。学生在平时的生活中大多有过向别人请教的经历，但在请教过程中应该注意什么，他们却不是很清楚，教师需要让学生在向别人请教的过程中注意保持礼貌，把自己的问题说清楚，并学会适时追问，以解决自己的问题。通过观察、练说、讨论、角色体验、评价等方式来培养和提高学生的观察能力、口语交际能力和评价能力。教师在教学时应引导学生通过请教解决实际问题，学习向别人请教的方法和技巧，感受人与人之间交流带来的愉悦。

【教学目标】

①能就自己不好解决的问题有礼貌地向别人请教。

②请教别人时，把需要解决的问题说清楚，有条理地表达。

③请教过程中不清楚的地方能及时追问。

【教学过程】

一、谈话导入，激发兴趣

1. 交流谈话，激发兴趣

师：生活中，我们常会遇到一些不好解决的问题和困难，遇到这种情况时，你们会怎么办呢？

2. 学生交流

3. 教师小结

师：请教别人是我们常常会用到的方法，但其实请教也是一门学问，请教是为了得到别人的帮助，如果我们在跟别人请教的时候使用的方法不当，别人往往不会施以援手。

【设计意图】 教师通过谈话导入课题，贴近学生真实生活，让学生针对生活中的常见问题讨论解决方法，激发其掌握"请教"之道的欲望。

二、设置情境，感受"请教"

教师创设如下情境，让学生感觉跟他人请教时的关键方法。

课间的教室里，小明遇到了一道不会做的数学题，此时品学兼优的数学课代表小红就坐在他旁边做着自己的作业……你们认为小明此时该如何解决这个问题呢？

只见小明走到小红桌边，习题册扔在桌子上，大声说道："喂！这道题怎么做？"小红抬头看了小明一眼，完全没有理会，低头继续做自己的作业。

教师引导学生讨论下列问题：刚刚的情境中，小明为什么没有得到小红的帮助呢？

【设计意图】 教师通过创设情境让学生初步感受"请教"的重要性以及其中的学问，带着批判思维看待对话中的问题，自发地思考改正措施。

三、模拟情境，掌握要领

1. 学生讨论，尝试演绎

教师引导学生讨论以下问题：假如你是需要帮助的小明，你会怎样向小红请教呢？

2. 请学生表演，全班认真倾听评价

师：同学们听得非常认真，如果老师是小红，我一定很乐意帮助他们，正是因为他们做到了有礼貌。（板书：礼貌用语）在请教别人时，我们可以用到哪些礼貌用语呢？（生总结补充：你好、请问、打扰一下、麻烦你……）

3. 设置不同情境，并及时掌握交际要点

教师引导学生讨论以下问题：刚刚的小明通过礼貌用语得到了小红的帮助，但在生活中，想要通过请教得到你想要的解答，还需要注意些什么呢？

预设答案如下：

①小明没有说清楚问题而导致小红无法解答。

小明直接将练习册递给小红，却没有讲清楚是哪道题，也没有讲清楚是哪个步骤不明白，这样小明能得到想要的解答吗？（板书：说清问题）

②小红也不会该题。

小明礼貌地将自己不懂的地方清楚地告诉了小红，就一定能请教成功吗？当被你询问到的同学恰好也不明白这个问题，没有办法给你解答时，我们还是要对她表示感谢。（板书：表达感谢）

【设计意图】教师让学生在模拟情境中进行交流，初步感知关于"请教"的基本要领，为情境表演的迁移运用奠定基础。

四、演绎故事，迁移运用

1. 出示案例，同桌探究

案例一：我经常丢三落四，上课了才发现忘带作业本，出去春游又忘记带水……我该怎么办呢？

案例二：邻居家的小朋友借东西不及时归还。前些天他把我的足球借走了，一直没有还。提醒他吧，怕显得小气；不提醒的话，又担心他一直不还……谁能帮帮我呀？

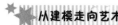

师：同学们，学完了这一课口语交际，你们能帮帮这两位同学去请教一下别人，解决他们的困扰吗？你会怎么说呢？同桌扮演不同角色，模拟对话。

2. 全班展示，相机颁奖

【设计意图】教师借用教材中的案例，以生活化的表演情境为学生搭建了活学活用的平台，并通过设立奖项，激发学生参与热情，树立交际自信。

【板书设计】

> ### 请 教
> 礼貌用语　说清问题　表达感谢

【作业设计】

（一）课前预学单

梳理收集近期生活中遇到的困难，自己难以解决的问题。

（二）课后检测单

把你的困难说给家人听，并用请教的方式寻求帮助。

【教后反思】

对于本次口语交际"请教"主题，教师并不用过多讲解交际要领，而是将教学重点落实到了趣味情景的创设中，有针对性地指导，帮助学生在活动后归纳总结交际要领，不仅让学生真实地感受到了请教过程中的学问，还充分利用教材中给出的话题让学生运用方法，进行互动表演，在此过程中不断进行知识的优化和内化，体现了口语交际联系生活，语文学习过程中的"生活即语文"。本堂课的不足之处在于有的学生在表演中有些拘谨，教师应注意营造轻松的交际氛围，给学生更多的讨论时间和表现机会，尽量做到人人参与、大胆表达。

（供稿：四川省成都市盐道街小学通桂校区　陈默）

二年级下册口语交际《长大以后做什么》教学实录

一、谈话导入

师：课前同学们化身小记者采访了周围的大人，哪位小记者愿意来分享一下自己的采访情况，说说周围的大人都是做什么工作的。

生：（多人回答）编辑、火锅店老板、银行职员、程序员……

师：在采访的过程中，你们对许多职业都有了比较深入的了解，今天我们也来说一说自己的梦想吧，聊一聊"长大以后做什么"。齐读课本上的交际要求。（板书课题）

师：我们在交流时一共要做四件事，概括起来就是前三件让同学们去"说"和最后一件事让同学们"问"。（板书"说"和"问"）

二、第一次交际：说说长大后想做什么

师：自己先说好才不怕别人问。请同学们用半分钟的时间想清楚，自己长大后想做什么，然后接受采访。

师：大家好，我是盐道街小学电视台"梦未来"节目的主持人，现在我来到了二年级3班现场录制节目。同学，请问你长大以后想做什么呢？请声音洪亮地告诉大家。

生：（多人回答）科学家、厨师、老师……

师：请问你喜欢的这个职业具体做些什么？例如，研究什么，做什么菜系，教什么科目等。

生：我想当乐高程序员，就是给自己做的乐高编程，让它动起来。

师：这下我听明白了。（问另一位同学）请问这位同学，你知道他长大后想做什么吗？你认为他的回答声音响亮吗？说得清楚吗？

生：他说想当乐高程序员，我觉得他的声音很响亮，说得也很清楚。

师：要想让别人明白我们将来想做什么，光声音洪亮还不够，还得把自己想做什么说清楚。（板书：说清楚）

三、第二次交际：简单说明理由

师：看来，同学们都能说清楚自己想做什么了，现在我们加大难度，大家除了要说清楚自己理想职业的具体分类和内容，还要说出你的理由，为什么你想要做这份工作。（板书：做什么、为什么）

师：现在请同学们用"我长大了想当_____，因为_____。"这个句式和同桌交流一下你的梦想。

生汇报，师生共评。

生：我想当出租车司机，因为我想开车去不同的地方玩。

生：我想当画家，因为我很喜欢画画。

生：我想当警察，因为警察可以抓住坏人，还能保护好人。

师：声音洪亮一颗星，说到了做什么一颗星，说到了为什么一颗星，说清楚两颗星。你愿意给他们打几颗星？

师：当我们有多个理由时，为了把话说通顺，还可以用上"不仅、而且"连接。现在再多想几个理由，用上这些词和同桌说一说吧。说完后，请像刚刚一样给你的同桌在书上画星星评一评。

四、第三次交际：问明白

师：现在同学们能说清楚自己想做什么和为什么了。别人在讲自己的理想时，你能认真倾听吗？请大家自主交流，在小组内进行梦想交流会，在交流时，遇到你感兴趣或者有疑问的地方可以向对方提出问题，把你想知道的事问明白。（板书：问明白）

师：通过询问，你对同学的职业理想又多了什么认识呢？

生：我的同桌想当宇航员，因为他喜欢天文学，我还知道他想在空间站工作，我还知道了有些空间站有很多其他国家的人。

生：我同桌想当舞蹈家，我知道她想当舞蹈家不仅是因为她喜欢跳舞，还因为她很擅长跳中国舞，她还获得了很多跳舞的奖项。

师：刚刚同学们都问了不少问题，除了这些问题，我们还能问什么呢？请大家认真观看下面的视频，想想他们提了哪些问题。

生：他们问了对方想做什么，为什么想当消防员，还问了男消防员和女消防员的区别。

师：同学们真会倾听，除了这些，你还能提出哪些和职业有关的问题？

生：你这个工作要做些什么？为了实现这个职业理想需要准备些什么？

师：同学们真是善于提问，老师这里也总结了一些可以提的问题，我们一起来看看吧。

五、第四次交际：特色活动

师：现在我们班要举行一个"我是问不倒"的活动，如果你对自己的职业理想有信心，有充分的理由，能接受其他同学的挑战，觉得自己无论怎么问都"问不倒"，就请上来分享。其他能认真倾听并提出好问题的同学当小记者。我们会颁发"我是问不倒"奖和"最佳小记者"奖。分享人要能说清楚自己想做什么和为什么要这样做，还要能回答上小记者的问题，小记者则要听清楚别人的理想和理由，并且能根据发言提出有关的问题。

【同伴点评】

口语交际与其他课型不同的一点在于口语交际需要培养学生的应对能力。本堂课的教材情境设置较好，给了学生具体的句式方便学生运用，但设置课堂情境和生活情境不到位。在口语交际中师生应当处于平等地位，教师不要过多地指导，可使用如"你洪亮的声音让我感觉……"与学生自然交流。教师在设置情景时应当以任务为导向，解决学生在生活中的问题，让学生发自内心地去交流。

（供稿：四川省成都市盐道街小学通桂校区　许罗琪）

搭建适切支架　提升表达自觉

——小学中段叙事类习作教学模式

一、叙事类习作的教学地位

叙事，即叙述事情。叙事类习作教学是语文教师依托课标要求，结合自身专业素养，引导学生把生活中观察、体验所得，借助完整清晰的言语和合理的布局表达出来。

叙事类习作教学在小学语文教学中有着举足轻重的地位。统编版小学语文教材共设计 64 次习作训练，其中叙事类习作有 17 篇，占比约 27%。由此得知，叙事类习作是小学语文习作的重要形式之一。提升学生叙事能力对提升其表达能力、逻辑能力来说意义非凡。学生是否掌握叙事类写作方法，对其是否能完整清晰地表达自身想法，写好一篇叙事类习作来说有着重要意义。叙事类习作作为写作教学的重要内容，与各类型写作密切关联，学生如果能提高其叙事写作能力，其在写人、想象、写景等方面的能力亦能有所提高。

二、叙事类习作的教材支撑

（一）课标要求

《义务教育语文课程标准（2022 年版）》（以下简称《语文课程标准》）从知识与能力、过程与方法、情感态度与价值观三个维度出发，对小学三个阶段习作教学提出了如下要求：第一学段（1~2 年级），培养学生"写话"兴趣，强调口头表达，学习使用基本标点符号，以及生活与阅读中的词汇。第二学段（3~4 年级），增强学生习作信心，通过观察与积累丰富习作材料，强调习作基础能力的培养；学习修改习作中的浅显语病；第三学段（5~6 年级），要求学生规范且有一定速度地习作，且具有主动修改的意识与能力；力求文章真实，彰显个性；明确习作是为了表达与交流，重点强化行文构思能力。这三个学段根据年龄设置了由易到难的教学要求，呈现出螺旋上升的趋势。《语文课程标准》没有对叙事类习作提出明确要求，但是根据统编教材中不同阶段叙事类习作的话题和目标等设置，可以提取出小学中段叙事类习作要达到的基本目标。例如，三年级上册第八单元习作《那次玩得真高兴》要求学生回忆玩耍过程；四年级上册第五单元习作《生活万花筒》要求学生回忆生活中印象最深的事件，梳理出事件的起因、经过和结果，按照事情发展顺序把事情记叙清楚；四年级下册第六单元习作《我学会了_____》要求学生在写作之前思考事件的全过程，并且关注自己在事情发展过程中的心情变化。由此可看出，中段叙事类习作要求学生写清楚事情的发展过程，并关注事情在发展过程中的重点内容。

叙事类习作设置情况

年级	习作内容	习作要求	能力目标
三年级	看图续写故事	根据图画想象接下来会发生的事并续写故事	能仔细观察图画，发现图与图间的联系，推想人物间的关系，厘清故事的起因，借助想象续编故事的经过和结果
	那次玩得真高兴	回忆自己喜欢玩什么，从中选择玩得特别高兴、印象特别深刻的一次经历，把玩的过程写清楚	学会运用"先……接着……然后……最后……"句式把实验过程写清楚；用恰当的动词描述动作
四年级	生活万花筒	选一件印象深的事，按一定的顺序把事情写清楚	能写清叙事六要素；选择一件亲身经历或看到听到的事，按一定顺序写清楚
	让生活更美好	围绕话题想一想，什么让你的生活更美好，选择一件事写出它对生活的影响	围绕话题选择恰当的事例，展开习作
	围绕中心意思写故事	选择一个感受最深的汉字写一篇习作，可以写生活中发生过的事情，也可以写想象故事	学习围绕中心意思，选择不同的事例表达中心意思
	我的拿手好戏	写一写关于"我的拿手好戏"的有趣故事，注意详略	借助习作提纲谋篇布局，处理好各部分内容的详略，把重点部分写得有趣些
	有你，真好	借助一件或几件事写好场景，把事情写具体，融入个人情感	通过场景描写把事情写具体并能表达真情实感，把起因、经过、结果写清楚
	记一次游戏	做一做游戏，把游戏写清楚，还可以写当时自己的心情	尝试将自己的心情结合游戏的过程来写
	我的心儿怦怦跳	选一件令你心儿怦怦跳的事情写下来，写出事情的经过和感受	运用体现事件中表达心情及其变化的词语，写清楚事情的经过和感受
五年级	我想对您说	回忆和父母之间难忘的事，表达你对他们的爱（交谈内容之一）	用恰当的语言表达与父母之间难忘的事以及自己的看法和感受
六年级	多彩的活动	选一次活动写下来，和同学分享你的经历。注意写清重点部分，描写场景和人物的语言、动作、神态，写出活动体会	关注详略，把活动过程中印象深刻的部分写具体。写活动场面注意点面结合

三、学习支架对叙事类习作教学的助益

学习支架是基于目标和学情，在课堂教学中有意识地赋予学生学习梯度和辅助的一种课堂学习活动载体。在学习活动中，学习支架在为学生指引探究路径、降低任务难度、明晰任务解决步骤、维持思维发展方向等方面发挥着积极的作用。学习支架按照表现形式可分为图表、建议、解释、问题、范例、向导、样例、提示等多种类型。下文借助学习支架，探索小学中段叙事类习作的教学策略。

小学中段学生因对生活缺乏观察，在进行叙事类习作时，其作品大多存在内容不真实、叙述没有条理、缺乏情感体验等问题。教师围绕习作主题，通过调动学生生活经验，或创设可参与情境，搭建情境支架，使学生在叙事时做到要素完备，条理清楚。大部分学生经过起步阶段的习作训练，能够将"六要素"较为完整地呈现在其创作的文章中，但其在描述事件时逻辑不清、详略不得当，使得事件叙述不明确。教师在教学时应引导学生梳理叙事程序和要素，搭建策略支架。

四、叙事类习作教学策略

教师为了提升学生叙事能力，指导学生写好叙事类习作，通过搭建支架落实学生习作前过程性指导，确定"创设情境，巧妙铺垫""搭建支架，助推构思""多以评促写，优化反馈"三大教学策略。其中"搭建支架"助推构思以审题立意、指导梳理、绘制加工为基本步骤，旨在为叙事找到支点、路径和载体。

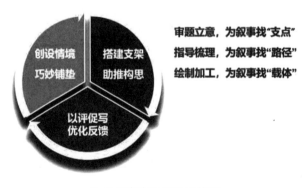

中段叙事类习作教学策略

（一）创设情境，巧妙铺垫

创设情境指依据学生的学业水平、认知规律等，抓住学生的兴趣点，通过生动、具体的方式调动其写作储备，唤醒其学习动机，借此展开教学。

教师在教学中常用场景模拟、媒体再现、游戏设计、设置悬念等方式创设情境，以生动、多样的形式激发学生的学习热情，置身真实情境中，使学习成为调动学生情感体验的综合性活动，从而提高学习效果。教师通过教学，让处于真实情境中的学生从被动接受转为主动思考，提高其参与感和满足感，从而提升学生的主动学习意识。

（二）搭建支架，助推构思

1. 审题立意，为叙事找"支点"

审题，就是领会题目意图，掌握习作要求，它是习作构思的第一步骤。学生审题能力的高低强弱，直接影响写作成功与否。

小学中段学生已有信息提取和总结概括的基本能力，教师可适当放手，出示自主阅读要求，通过勾画关键词句、分条列举等方式，让学生明确作文题目规定范围，准确把握文章体裁要求，深入挖掘"题眼"，厘清习作中关键性要求，从中推究习作立意点，明确文章主旨，为全文表情达意找到方向。

2. 指导梳理，为叙事找"路径"

教师通过指导梳理，搭建写作策略支架，为学生叙事习作指出有效路径，使基础薄弱的学生也能拓宽写作视野。

教师在教学中应引导学生思考习作结构、内容和情感，以问题为支架，形成任务驱动，从以下角度带领学生思考：如何开篇？内容如何排序？如何结尾？是否每个环节都需要？有哪些重点描写？重点部分如何展开描写？用哪些写作手法帮助表达情感？叙事性文本有六大要素，即时间、地点、人物、起因、经过、结果。教师应教会学生在文章开头交代事件的客观信息，明确事件的时间、地点、人物，明确写作主题，依据事件发展顺序厘清事件的起因、经过、结果，使习作层次同事件发展保持一致。只要能厘清叙述顺序，就可以把事情记叙得有头有尾，脉络清晰。

教师应让学生认识到，在梳理事件经过时，需要选择感受最深处重点描述，多角度观察构思，关注人物语言、动作、神态等细节，有序描写事件场景。

另外，在实际写作中，学生在描述内容时常采用略写的手法，忽略了突出重点事件。因此，教师要指导学生关注文章结构，做到详略得当。

教师还应提醒学生注意，情感抒发要与叙事融为一体。教师选择合适的位置和方法，采用直接抒情的方式，引导学生充分利用开头结尾抒发情感，从而更好地突出习作主题。学生在习作时将情感描摹融入叙事中，将内心活动表露出来，融情自然。此外，拟人、比喻、反复等修辞手法的使用亦能在习作中恰当抒发真情实感，让读者身临其境，提升文字感染力。

3. 绘制加工，为叙事找"载体"

提纲是习作的具体外在形式，教师引导学生用思维导图、表格、时间轴等工具将思维过程呈现出来，生成宏观、完整且有指导性的可视化作文提纲，清晰呈现出写作思路，搭建起习作框架，引导其进行细致深入的思考。

小学中段习作在实际教学中，教师常采用思维导图的形式绘制写作提纲。思维导图包括中心主题、节点、连线、图像等。写作提纲以习作主题为中心，分支出节点，散发出各子节点，并以关键词句的形式标注节点，再用连线将各部分连接起来。为了更直观、生动形象地表示节点意义，教师还可选取相应的图像、多种色彩辅助呈现。

（三）以评促写，优化反馈

评价是指运用元认知监控，为学生提供修改支架。元认知监控指的是认知主体以自己的认知活动为对象，进行自觉认识、分析、调节。教师在教学中利用学生元认知监控，让其经历"实践—认识—再认识"的过程，提供具体实践的修改支架，对提高学生的写作能力有重要意义。

教师引导学生通过自改和互改，取长补短，促进相互了解与合作，共同提高写作水平。学生对照提纲评价表，从题目、结构、内容、手法四个维度思考，审视其习作是否达到基本学习目标，进而提高写作能力。提纲评价表中还应基于学情，设置基础、发展等不同层级的评定标准。

习作是个人思维过程的呈现，因每个学生的思维方式和表达特点不同，他们最终呈现的习作成果也会不一样。教师要允许个性化作品的存在，也可通过呈现可迁移运用的范本，为学生提供互为补充的范例。教师在评价环节应主要进行激励性评价，树立学生自信心，为学生创设习作交流与体验成功的舞台。

四年级上册习作《记一次游戏》一课时教学设计

【单元解读】

统编版小学语文教材四年级上册第六单元围绕"童年美好的回忆"这一语文要素，旨在让学生感知童年的愉快瞬间，留存幸福的记忆，收获一些对今后生活有所指导的道理。

本单元文本中的童言童语活泼有趣，教师在教学中应当注重引导学生抓准情感细节，感受变化瞬间，捕捉童年的乐趣和儿童奇妙的想法，体悟故事中的深刻道理。同时，教师在教学环节中应抓准文本的情感升华点，让学生进行反复朗读，读中促思，读中悟情。教师通过课堂教学让学生亲临文本世界，与文章中的人物共情，紧扣人物的动作、语言、神态，体会人物性格，从读文到写文，将写作技巧合理运用到自己的写作表达中去。

《记一次游戏》正是本单元语文要素和能力点落实的重点习作篇目。教师可以围绕这个目标实施阶梯训练，学生可以在现场生成写作素材，也可以通过回忆生成写作素材。教师在教学时可引导学生进行创作，让学生在充分的交流中借鉴、消化和吸收他人的优秀想法，从而激发学生的表达欲望，帮助学生建构习作框架，丰富习作表达。

【文本解读】

本单元习作紧紧围绕"记一次游戏，把游戏的过程写清楚"这一要素，其中"写清楚"重在引导学生按照事情发展的顺序，详略得当地记录真实体验，因此更加注重学生对过程中细节的刻画，要求学生抓准人物的语言、动作和神态，对其进行生动翔实的表达，在批注的基础上串联起自己的感受。

【学情分析】

四年级学生认识水平有限，既不能自觉做到聚焦游戏的重点环节，也很难通过对人物在游戏中的动作、语言、神态等的描写来体现自己印象深刻的内容和独特的感受。教师在游戏过程中可引导学生有意识地注意一些关键的环节和事件，适时"喊停"，引发"聚焦"，强化体验，也可以让学生借助游戏录像或者与同学交流进行回忆，在简单梳理后带着享受的心情进行游戏。

学生要把事情过程写清楚还存在一定的难度。学生虽然常常参与游戏，但在游戏过程中往往忽略了仔细观察和用心体验。大多数学生在参与游戏时比较随意，不会主动注意活动的过程，教师在教学中如果不对学生进行习作引导，其作文很可能会成为流水账，陷入"你怎么样、我怎么样、他怎么样"等单纯列举的无序表达中。因此，教师在教学中可以使用可视化的表格工具引导学生按照游戏前、游戏中、游戏后的顺序写清楚游戏过程，为学生搭建有序表达的阶梯，训练学生循序渐进地进行层级性表达。

【教学目标】

①能借助可视化工具，按照时间顺序，将"游戏前""游戏中""游戏后"的过程写清楚。（教学重点）

②能通过回顾课文写法、小组合作赏析范例等方式，将人物的心情写具体。（教学难点）

③能正确使用修改符号，并在小组合作交流中进一步完善自己的作品。

【教学过程】

一、游戏引入，巧妙铺垫

教师播放歌曲《童年》，并告诉学生：正如歌中所唱的"等待着下课，等待着放学，等待游戏的童年"，今天我们就玩个有趣的游戏——同绳蚂蚱。

教师出示游戏规则。

教师组织学生开展游戏。

【设计意图】教师组织学生开展精彩游戏，调动学生的积极性，让学生在初步的语言表达中掌握描述的要点，从而建立后续的语言逻辑框架。

二、搭建支架，助推构思

（一）出示课题，明确要求

（二）利用支架，梳理内容

1. 回忆《陀螺》，描述游戏过程

师：我们先回忆一下《陀螺》这篇课文，看看作者是如何清楚地把游戏过程写出来的。

教师在课件上出示：

我的陀螺刚一露面，就招来了一顿嘲笑……

　　然而世间许多事都是不可预料的，我追求"和平"只是个人愿望……

　　奇怪的是，我的陀螺个头小，却顽强得出奇……

　　师：作者按照事情发展的顺序，清楚且生动地展现了陀螺游戏的全过程，我们现在也可以学着《陀螺》的清晰框架，试着描述一下我们今天要做的游戏。

　　2. 相机板书描述顺序

　　预设一：游戏前—游戏中—游戏后。

　　预设二：拴脚绳—预备练—精彩赛—成果乐。

　　3. 交流"游戏前"做的准备

　　①教师引导学生回忆要点，说说在游戏前做了哪些准备？

　　预设一：全班分组、解读规则、热身活动、预备练习。

　　②教师展示"闯关智慧锦囊卡"。

闯关智慧锦囊卡

游戏名称：同绳蚂蚱

游戏规则：①8 人一队（4 男 4 女）站成一排。

　　　　　②相邻两人的脚踝用绳子缠在一起。

　　　　　③中途有人摔倒就回到原点再次出发。

　　　　　④用时最短到达终点的小队赢得胜利。

体验分享：＿＿＿＿＿＿＿＿（请根据你的心情画上可爱的笑脸，10 个为满）

---

　　4. 交流"游戏中"做了什么

　　5. 快乐体验，再现精彩

　　①教师播放精彩游戏视频，让学生思考：在游戏中你是如何操作的？你们小队其他人又是如何配合协作的呢？跟你们同时比赛的其他队员呢？

　　②教师分别采访比赛队员和观战队员，并相机板书。

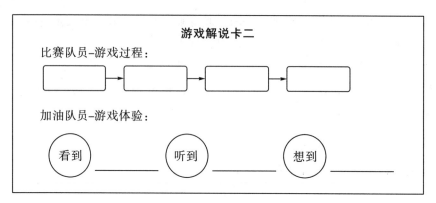

6. 交流"游戏后"的想法和感受

①你们最终的游戏成绩怎样？

②游戏过程中有怎样的精彩瞬间？你听到哪些声音？

③对本次"同绳蚂蚱"游戏，你的心情和最直观的体验感受是什么？

预设回答一：我们小组是第二名，我在整个过程中最大的感受是明白了听要求必须足够的专注，要清晰地了解要求，团队的默契是在反复练习中形成的！

预设回答二：我们的结果不是很理想，我最大的感受是比较后悔，因为我当时没能及时跟上队友的步伐，但是同伴的鼓励和加油声，让我备受鼓舞，也十分感动。

【设计意图】教师通过巧设情境性问题以及可视化工具的运用和搭建，给学生建构习作框架，降低表达的难度，帮助学生真实、清楚、有序地介绍游戏过程，形成良好的口头表达能力，为后面的书面表达做好铺垫。

（三）明确要求，绘制习作提纲

教师引导学生绘制以下习作提纲：

```
┌ 开头：点明游戏内容
│ 中间：游戏前：准备、规则
│         游戏中：精彩场景一、精彩场景二
└ 结尾：游戏后的心情、感受以及收获
```

三、以评促写，优化反馈

1. 小组内互评

教师引导学生在以四人为单位的小组内交流评价习作，依据教材上列出的标准给习作打分。

教师在课件上出示评价标准：

★　　基础达标：语言表达流畅，很少或没有错别字。

★★　结构清晰：能从游戏前、中、后三部分，分段写出游戏过程。

★★★内容精彩：能从游戏前、中、后三部分来写游戏过程；能将游戏中印象最深的场景写具体，能用连续动作展现人物心情。

2. 集中展评、互评

①同桌合作互改，给出修改意见。

②请学生根据评价意见修改完善作品，誊写定稿。

【设计意图】教师给出具体评价标准，让学生围绕本次习作的教学目标，聚焦两个典型问题：进行评价，以评促写。

【作业设计】

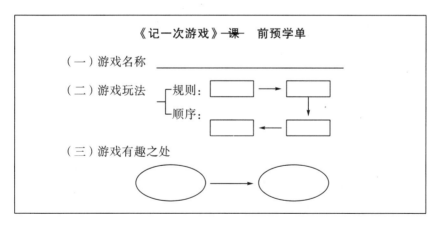

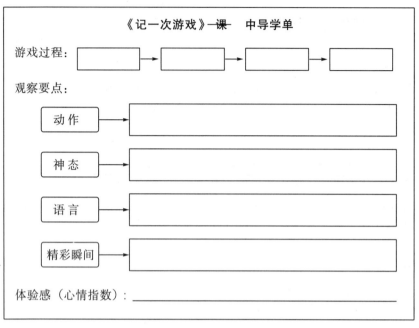

【教后反思】

本次习作教学重点突出由扶到放的过程，但是游戏本身的课前观测点不够明确，虽然学生在游戏的过程中有一些体验感，但学生的感受输出明显不够。教师在教学时应注意提高全班学生的参与感，实现人人参与，进一步激发学生的习作兴趣。同时，教师应注重对学生语句表达的指导，引导学生在倾听中，优化和提升自己的表达，并学会综合使用多样化的描写方法为习作增色。

（供稿：四川省成都市盐道街小学通桂校区　罗扬）

四年级上册习作《我的心儿怦怦跳》
一课时教学设计

【单元解读】

统编版小学语文教材四年级上册第八单元的习作话题"我的心儿怦怦跳"是本册书中的最后一次习作练习，要求学生选取一件令自己心儿怦怦跳的事，按照一定顺序将其表述清楚，并能够从不同角度写出自己的感受。回顾本册教材，我们可以发现，这一次习作练习之所以被安排在第五单元"生活万花筒"（要求按照一定顺序写清楚一件事），和第六单元"记一次游戏"（要求在叙事过程中记录心情和感受）之后，是为了体现教材习作难度螺旋式上升、由易到难的编排思路，凸显统编教材序列化的特点。本单元的语文要素是"了解故事情节，简要复述课文"，这也为本次习作练习做了铺垫。教材中还给出提示，提醒学生在习作时运用平时积累的词语。教材还列举了 14 个形式丰富的词语和 1 个歇后语，旨在帮助学生运用平时积累的词语写出自己的感受，更好地完成本次习作练习。

【文本解读】

本单元习作题目"我的心儿怦怦跳"比"最难忘的一件事"等传统常见的作文题更加吸引学生，更容易激发学生的表达欲望。教材在正式引出习作要求前，特意出示了"参加百米比赛前"是紧张，"登上领奖台"是激动，"参加班干部竞选"是担心，"一个人走夜路"是害怕等提示，旨在通过生活中常见的场景唤起学生在生活中的相关回忆和感受，为学生打开思路。在教学过程中，教师首先要让学生静下心来，将事件按照起因、经过和结果理清楚，再重点强调在描述事件过程中抓住事件焦点部分的重要性，引导学生利用动作、语言、心理及环境描写将自己的感受表达出来。

【学情分析】

小学四年级的学生通过多次习作练习，已基本掌握了按照事件发展顺序将一件事的经过写清楚的表达技巧，也有一定的生活经验，在生活中一定经历过心儿怦怦跳的时刻。但是，学生平时在习作训练中很难将事件中自己的感受写清楚，更不用说写出感受的变化。部分写作能力较弱的学生甚至对写作都比较陌生，在行文上也没有太多构思。因此，将事情发展过程中的个人感受写清楚，并体现出变化，是本次习作练习的一个重难点。教师在教学中要为学生搭建习作支架，帮助学生掌握习作技巧，提升习作能力。

【教学目标】

①回忆自己的经历，理清事件的起因、经过和结果，将事情写清楚。（教学重点）

②聚焦心跳时刻，学习从动作、语言、心情等角度把"心儿怦怦跳"的感受写具体。（教学难点）

【教学过程】

一、创设情境，巧妙铺垫

①教师通过播放心脏跳动的视频，让学生感受心脏跳动时刻，理解"心儿怦怦跳"的感觉。

②教师引导学生回顾生活中多姿多彩的经历，让学生与同桌分享自己"心儿怦怦跳"的时刻。

预设答案：当一个人走夜路时，当第一次上台表演时，当第一次参加班干部竞选时，当第一次比赛获奖时。

③教师在课件上出示"心情小人"表情包，让学生猜一猜图片上人物的心情，积累表示心情的词语。

④教师小结并引入课题：我们的生活中常常会遇到让人心脏快速跳动的时刻，这些时刻背后都埋藏着你的"心情小人"，这样的事情一定让你非常难忘，今天让我们一起走进你的内心，并用文字将这些时刻记录下来。

【设计意图】写作内容来源于生活，教师让学生观看心脏跳动的视频，以及猜测"心情小人"图片上的人物心情，为学生在下一个环节打基础。通过师生、生生对话营造轻松愉悦的课堂氛围，帮助学生克服对写作的畏难情绪，并适时引入课题。

三、搭建支架，助推构思

（一）出示课题，审题立意

①学生默读习作要求，边读边勾画关键字词。

②学生分享，教师明确习作要求。

（二）利用支架，梳理内容

1. 梳理事件

①教师让全班同学推荐一位学生上台进行口头分享，做口头分享的学生需要将事情的起因、经过和结果讲清楚，并详细说说不同阶段内心产生的不同感受。

②教师出示导学单，引导全班同学边听边从"事情发展"和"心情变化"两个方面提炼关键词，以上台做分享的学生为例，共同完成导学单。

```
                《我的心儿怦怦跳》——课中导学单
心情曲线


事件发展_____   _____   _____   _____
```

③教师请学生观察导学单，说一说从中能看出什么？

预设一：按照事情发展顺序将这件事的起因、经过和结果呈现出来了。

预设二：随着事情的发展，心情也发生了变化。

④教师小结：写一件事，要有一定的顺序，你可以按照顺序、倒叙、插叙的顺序来写；把事情和心情结合起来，描写自己当下心情的变化。

【设计意图】教师帮助学生梳理事件发展顺序，理清写作思路。请一位同学上台分享，既可以为其他同学做出示范，也可以为学生选择写作素材提供帮助。

2. 找到重心

①教师请讲述的学生根据自己的心情变化在导学单上画出心情曲线，曲线起伏越大，代表心情波动越大，心跳越厉害。

②请其他学生交流感受和想法，引导学生关注情境中身心变化，采访其他学生：这位同学的分享中，哪些地方给你的感受最深，最吸引你？为什么？

预设一：当时漆黑一片，他讲述看到黑影在风中晃动时让我毛骨悚然。

预设二：当他终于冲到有光的地方，抱着妈妈后，我也松了一口气。

预设三：当他在黑暗中，手心出汗了，身子也发抖了，还差点摔跤时，我都替他担心。

③教师小结：怎样把自己的经历写出来让别人也感到"心儿怦怦跳"呢？——描述一件事时，如果能抓住外在和内在的细节，并对它们展开来进行

描写，一定会给读者留下深刻的印象。但是习作练习因为字数的限定，我们只需对其中一两处扣人心弦的地方进行详细描写，其余部分简要交代即可。

④教师请学生学以致用，回忆自己的经历，选择其中印象最深的事件，参照习作导学示范单，用展示关键词的方式梳理自己要写的事件经过以及心情变化，自主完成习作导学单。

⑤教师组织学生以4人为一小组，轮流分享自己完成的习作导学单，教师巡视，相机对能力较弱的学生进行指导。

【设计意图】教师通过让学生分享事件中"最吸引人"的地方，用"放大镜"聚焦事件中心，抓住动作、语言、心理以及环境描写，将"心儿怦怦跳"的过程具体化，帮助学生加深对事件的感受，借此在习作环节提供语言材料，进行生动描写。

四、以评促写，优化反馈

1. 小组交流，全班分享

学生在小组内交流导学单，根据以下标准，互相点评。并推选出一位同学，进行全班分享。教师在课件上出示下列内容：

①将事件发展写清楚。

②有心情变化和身体反应，能吸引人。

③填写完整，表述简洁。

2. 全班评议，改进完善

教师通过投影展示，让全班同学共同评议，找出需要改进的方法。

3. 再次审视，修改完善

学生再次审视自己的习作导学单，并用红笔再次修改完善，教师巡视指导。

【设计意图】教师用明确的评价标准帮助学生修改导学单，并根据修改意见重新理清自己的写作思路。在小组和全班交流的过程中也为部分写作能力稍弱的学生提供借鉴。

【教后反思】

教师在开课时播放心脏跳动的视频，进行情境创设，激发学生兴趣。让学生分享生活中常见的"心跳事件"，唤起学生已有的经验，有效激发起学生的写作欲望。"叙事过程中写出感受"是本课的教学目标之一，教师通过引导学生关注"事件发展顺序"和"心情变化"两条线索，增强了学生的篇章意识。并通过特写镜头找准叙事重点，利用细节描写加强了事件描写的生动性和真实性。课中导学单的设计清晰直观地为学生思考提供支架，利用导学单将思维可视化，帮助学生理清事件的来龙去脉以及过程中感受的变化。通过教师示范、独立填写、合作评改、修改完善等环节，引导学生在教师传授和自主学习中，有重点、有层次地形成对文章的构思。但是在这节课中，因为日常训练不到位，学生在口述令自己心儿怦怦跳的经历时，教师引导过多，花费了大量时间。此外，学生合作分享时，部分能力较弱学生对事件中的细节关注还不够。

（供稿：四川省成都市盐道街小学通桂校区　赵宇丹　刘春凤）

四年级上册习作《我的心儿怦怦跳》教学实录

【教学过程】

一、创设情境，梳理感受

1. 教师创设情境，让学生感受心儿怦怦跳

教师通过课件播放过山车模拟视频。

师：过山车就要启动了，出发了。告诉老师，现在你的心情怎样？身体是如何反应你的心情的？

生：咬紧牙关，手脚开始冒汗。

师：你看，你的心情对应着很多心里的想法和身体的反应。过山车在最高处停止不动时，你的心情如何？

生：我很害怕，心里想着过山车不会坏了吧，我把眼睛睁开偷偷看了下旁边的同学，他满脸通红，我就更害怕了。

师：过山车又开始启动了，它快速下降时，你的心情有了哪些变化？身体有什么反应？心里有什么想法？

生：感觉太突然了，我握着桌面的双手已经很痛了，教室里瞬间沸腾了，同学们都大叫起来。

师：过山车速度放缓，即将达到终点，此时你的心情如何？

生：心里绷着的弦终于放松了，我慢慢松开手，把脚缓缓放平，如果不是迫不得已，我肯定不会再坐过山车了。

2. 教师小结

师：原来一件事情中我们的心情有这么多起伏，心儿怦怦跳的感受在我们的生活中一定不少。今天我们就来学习用文字将这样的感受记录下来。

3. 教师板书作文题目

二、信息加工，搭建支架

1. 学生自由交流

2. 师生交流，引导选材

师：白天放学和同学一起回家与一个人走夜路的心情对比，有什么不同？

生：白天和同学结伴回家很快乐，而一个人走夜路时，心里更多的是紧张与害怕。不过，当我成功到达目的地后，我会有很高的成就感。

师：有道理。听起来一个人走夜路带给人的感受会更刺激。

师：经历过失败后获得第一名与顺利获得第一名的心情对比，又有什么不一样？

生：经历过失败后获得第一名，心情会更加激动与满足。

师：看来得不到的往往会更珍贵，非常有意思。

3. 绘制"心跳图"

师：经历这件事情的过程中，你的心情变化是怎样的？一边说一边用"心跳图"将心情起伏表现出来。

（师梳理板书：练习时，候场时，比赛中，下台后）

生：老师指导我练习时，我心情很烦躁；候场时，我开始紧张了；比赛时，我平静下来了；下台后，我很开心。

师：这就是她的心跳图。将事情的经过讲清楚了，还将当时的心情很清晰地标注了出来。

师：请大家拿出习作导学单，用心跳图将自己心儿怦怦跳的过程画下来吧！

4. 分享心跳图

5. 完善心跳图

同桌合作互改，给出修改意见，学生根据同桌的评价意见修改完善。

三、出示学习要求，完成习作

师：请大家对照习作导学单，用工整的字迹将你心儿怦怦跳的经历写出来吧！

【同伴点评】

课中，教师带着学生共同"坐过山车"，既激发了学生的学习兴趣，又创设了一个真实的学习情境。教师帮助学生了解自己的心理感受和身体的变化过程，借此切入课题，继而用"心跳图"的方式将整个事件生动形象地呈现出来。从课堂中学生的表达来看，学生的表达欲被点燃，习作逻辑也清晰地搭建了起来。整堂课环环相扣，自然流畅，学生的习作在整个交流过程中顺利完成。

（供稿：四川省成都市盐道街小学通桂校区 张佳颖）

以策略助力思维　借议题升华认知

——运用十大策略培育四项能力

一、群文阅读是一种新型的阅读教学模式

近年，群文阅读在教育理论上被看作是一种创新的教育思想，在教学上被认为是一种有效的教学模式，在实践上被认为是完善阅读教学形态的创新之举。它可以打通课堂内外、家校与社会之间的阅读通道，扩展阅读教学的领域，改变阅读教学的结构和过程，改变语文教学长期以来的"少慢差费"的状况，有效提升学生的阅读能力和阅读品位。

赵镜中将群文阅读教学模式的特征概括为同一个议题、多个文本、探索性教学。他从三个不同角度勾勒出了群文阅读教学模式的结构框架，突出了这种教学模式能从宏观上把握教学活动整体及各要素之间内部关系和功能。作为在一定教学思想或教学理论指导下建立起来的教学模式，群文阅读具有基本的教学结构框架和活动程序。"单元整组""主题阅读""一篇带多篇"等阅读教学实践是群文阅读教学实践的最初探索。科学的群文阅读教学设计使课程知识结构化，有利于加强课文与课文、知识与知识、方法与方法、能力与能力之间的内在联系；使教材使用综合化，有利于破除讲读本位，突出对文章内容的感知与探究；通过多文本的比对"读议整"，提供阅读思维含量，实现知能的系统化和可转化。

二、群文阅读理念及策略

以西南大学于泽元教授为首的群文阅读专家组提炼出了群文阅读的研究成果，即两大教育理念、三大组元类型、八种课堂机构、九类文本编组、十大阅读策略和一个评价标准。

"两大理念"是指"集体建构"与"寻求共识"。所谓集体建构就是在个人智慧的基础上，不事先明确议题答案，师生共享智慧，在共享中逐步构建文本的意义，在教师、学生和文本的视野融合中形成共识。"寻求共识"是指一群人对一种理解或者知识的共同认可。群文阅读中的共识存在于主体之间，以多

元和差异的倾听、理解、协商以及妥协的过程而形成一种对理解或者知识的共同认可。

"十大阅读策略"包括：预测、已有的知识经验、联想、提问、图像化、推理、找出主旨及重点、综合、检视理解、作者的观点。其中，"预测"应是基于阅读期待的合理推测。根据已有客观因素，预见性地展开推测，是人脑的一种思维力。"已有的知识经验"是学习的起点，是学生已有的学习能力及经验的储备。"联想"是思前想后、由此及彼还是追根溯源，抑或是几者兼而有之？"提问"当然是学生好奇心的不断张扬，是基于内容、情感、表达，也是基于"胡思乱想"之后的梳理和整合，在不断深究中激发新奇的学习期待。这与统编版小学语文教材重点训练的四大显性阅读策略相契合。

（一）初级阅读策略

"提问"和"图像化"策略是阅读能力的奠基石，最好能在小学阶段就持续培养，"提问"策略要先行介入，扎实培养学生的好奇心和探究欲。"图像化"策略应该成为人文学科（如文学）教育阅读力培养的基本策略，这是遵循义务教育阶段学生以形象思维特点为主的必然选择。

（二）桥梁级阅读策略

"预测""联想""推理"三种策略基本属于同一能力训练层级，是提升学生阅读品质的重要策略，适合在小学中段学习、体验和训练。三者既有交叉、重叠，又略有区别，其背后的支撑都蕴含着从"随性""模糊""丰富""个性化"到"清晰""理性""共性化"的思想提升过程。这三者都与现实生活密切相关，与童真、童趣、童心相依相伴，获得丰富多彩的实证化体验和经历。

（三）高级阅读策略

"已有的知识经验""找出主旨及重点""综合""检视理解""作者的观点"等阅读策略的尝试学习，属于较高层面的阅读策略，适合小学高年级和初中阶段的学生学习。"已有的知识经验"得以唤醒，有助于实现"知识就是力量""提升幸福指数""教育改变命运"的永恒诉求；"找出主旨及重点""综合"意味着站在文外、站在第三者的角度对文本进行客观审视，在此基础上，学生在思维角度和思维方法方面都将获得较大的突破。随着逻辑抽象思维逐渐在思维中占据更大比重，人必将不断变得理智、冷静和深刻。

教师在以上十大阅读策略中选取一种进行议题化加工，选择适宜年级，精选经典文本，优化教学形态，和学生奇文共赏，疑义相析，引导学生提高群文阅读能力。

三、群文阅读关注的四项能力

区别于单篇精读教学，群文阅读重在培养辨识与提取、比较与整合、评价与反思、应用与创意四种能力，带领学生从低到高、由浅及深地丰富阅读思维体验，提高群文阅读能力。

辨识与提取即对多文本信息的感知、理解和厘清，是群文阅读基本阅读习惯培养的第一步。

比较与整合即对多文本传递信息的"差异比较"和"共性概括"，这种"求同比异"是群文阅读思维的进阶。

评价与反思即在"求同比异"基础上，对所传递信息的价值、意义以及对应方法策略的确认，是群文阅读能力的升华。

应用与创意即基于已有信息和适切方法策略，谋求类似唤醒或聚合创生，在拓展阅读或解决现实问题中学以致用，这是群文阅读素养的增值。

群文阅读关注的四项能力

四、群文阅读的教学设计与实施

在单元整组教学实践中，群文阅读教学的主要方式是"1+X"。既可以是"单篇精读+类似文本"，也可以是"单篇精读+略读"，还可以是"语文要素+应用增值"。在广义的生活化阅读实践中，教师可以围绕现实生活或学习中的重大命题展开议题统领和多文本支撑，让学生在求同比异中提升阅读思维，拓展阅读领域，丰富阅读体验。

五年级上册"提高阅读速度"群文阅读教学设计

【教学篇目】

《雾灵春色（节选）》《管鲍之交》《动物冬眠会不会饿》《麻雀战》

【议题来源】

本单元"提高阅读速度"这一议题来自统编版小学语文教材五年级上册阅读策略单元——学习提高阅读速度的方法。面对新时代的海量信息，优化阅读方法，提高阅读速度，一目十行，是现代社会工作和学习的需要，也是终身学习和发展的需要。学生在进入高年段后，随着其认知能力的不断提升，开拓阅读视野，增加阅读总量，提高阅读速度，提升关键信息的辨识与提取能力是学生必须完成的任务。

《雾灵春色》描写了雾灵山的秀丽风光，作者以游记方式记录了"仙人塔""莲花池""落叶松"的不同景致。"仙人塔"高耸入云，塔下流泉淙淙，鸟儿啼叫，丁香满谷，如诗如画；"莲花池"游客络绎不绝，很多游人在此地看花、采花；"落叶松"面南而立，为抵挡寒流向阳而生，坚韧不拔。全文表达了作者对家乡风光的喜爱之情。

《管鲍之交》主要讲述了春秋初期管仲和鲍叔牙扶持国君的历程，呈现了管仲和鲍叔牙之间亲密无间、彼此信任的深厚友谊。

《动物冬眠会不会饿》围绕读者感兴趣的话题，从动物用脂肪储存能量、通过储存粮食过冬，以及冬眠时在窝里保持不动以减少能量消耗来应答这一话题，得出"这种有规律的非活动状态，能让动物在食物匮乏的冬季里安稳度过"的结论。

《麻雀战》记叙了抗日军民根据麻雀身形小巧、灵活机动、警惕性强等特点，创造了"麻雀战"这一战法，通过有利地形，声东击西、灵活歼敌的故事，赞颂了抗日军民英勇顽强、充满智慧的战斗精神。

上述四篇文章精准配置于教材选文，题材涵盖写景散文、历史故事、科普小品文和革命英雄事迹，总字数达三千余字，是训练提升学生"提高阅读速度"的极好材料。

【教学目标】

①学习"集中注意力""不回读""连词成句读""抓住关键词句""带着问题读"等提高阅读速度的方法，学会用较快速度默读课文，并能记录阅读的时间。

②通过统整梳理，总结归纳提高阅读速度的有效方法，运用策略阅读文本，理解课文内容。（教学重点）

③结合课文内容，学习如何抓住文本关键信息的策略并尝试运用。

④快速阅读，根据阅读目的搜集整理相关资料。（教学难点）

【课前准备】

①学生每人一份"导学单"。（导学单一：两个文本的检测单；导学单二：课外资料搜集罗列）

②"导学单一"用于"教学过程一、二"，"导学单二"用于"教学过程四"。

【教学过程】

一、自主默读，总结提速方法。

（一）课前谈话，进入议题

师：进入高年级，需要我们获取更多信息。阅读是获取知识、增长能力的重要途径。提高阅读的速度，是现代人必备的基本能力。同学们关注过自己的阅读速度吗？每分钟阅读量大约多少字？本课群文议题是"提高阅读速度"，现在开始，大家要有意识关注阅读速度，在理解课文主要内容的同时，学习提高阅读速度的方法。

（二）"词句快读"游戏

教师利用多媒体，闪现一些词句，对学生提出"一眼看清"屏幕出现词语的要求。词语闪现的时间不超过1秒钟。由两字词到三字、四字词，再到完整句子，难度逐渐增加。

预设词句：

字：雾

词：雾灵山、扁担沟、翠绿的青山

句：

①那一棵棵落叶松，都像一个个人面南而立，伸出双臂像抱着什么。

②塔上白云朵朵，塔下流泉淙淙，有几只时唱时停的鸟儿，送一山韵味，有几树半开半谢的丁香，洒满谷幽香。好一个如诗如画的境界！

③这么一说，让人对这树油然起敬，它们用自己的脊背挡着寒冷，伸出它的胳臂，抱着春天，抱着阳光……

3. 总结

师：人的眼睛可以一眼看清楚多个有意义的词语或句子。通过训练，看到的内容会越来越多。我们就要运用这种"连词成句读"来提高阅读速度，由看单个字单个词变成一眼能看清楚几个词甚至阅读整句话。

（三）阅读文本《雾灵春色》，计时完成文本检测题单

教师在课件上出示下列阅读要求：

①记下所用时间，所用时间是指把握、读懂课文内容的时间，不是目光扫过文字的时间。

②阅读时，要集中注意力，不回读。

③完成阅读并记录时间，合上课本完成检测题。

文本检测题单内容如下：

默读完《雾灵春色》，我的用时为（　　　），请完成下列问题：

①仙人塔周围七八丈，高有（　　　）。

A 八九丈　　　　B 五六丈　　　　C 十五丈　　　　D 十九丈

②作者对文中描写的哪一种事物油然起敬？（　　　）

③本文按照什么顺序描写雾灵山的迷人风景？（　　　）

A 总分总　　　B 事物的不同方面　　　C 地点变换　　　D 时间变化

④作者具体描写了雾灵山的哪几处风景？（　　　）

A 水泉　　　B 仙人塔　　　C 扁担沟　　　D 莲花池　　　E 落叶松

（四）总结提速方法："连词成句读""集中注意力""不回读"

教师让学生反馈阅读用时，请用时少的同学分享快速阅读的技巧。

师："集中注意力"阅读是一种可以持续较长时间、深入的专注阅读状态，而不是一边阅读一边想着其他事情。"回读"是指阅读中眼球反复扫过文字，回读次数越多，阅读速度越慢。所以阅读中要尽可能减少回读的次数，"集中

注意力""不回读""连词成句读"需要在阅读中有意识地进行练习。

【设计意图】教师通过课前谈话引入议题，通过快闪游戏激发学生的学习兴趣，感受"连词成句读"这一提速策略的学习过程，并根据阅读要求，自主阅读《雾灵春色》，计时完成文本检测单，总结三种提速阅读的方法："连词成句读""集中注意力读""不回读"。

二、尝试练习，运用提速方法

（一）学生运用提速方法，自主阅读《管鲍之交》

（二）出示文本检测题单，检测阅读效果

默读完《管鲍之交》，我的用时为（   ），完成下列问题：

①齐国的国君是齐桓公的哥哥（   ）。他的两兄弟，一个叫（   ），另一个叫（   ）。

②《管鲍之交》讲了春秋战国时期，（   ）和（   ）从小就是好朋友，开始的管仲和鲍叔牙做生意，（   ）出小钱而分大头。打仗的时候，管仲做的第一件事就是逃跑。每当别人质疑管仲的行为时，鲍叔牙总是第一时间站出来为他说话。（   ）推荐（   ）做了（   ）。

③《管鲍之交》展示深厚友谊的可贵，下面（   ）不属于文中对珍贵友谊的诠释。

A. 彼此包容   B. 斤斤计较   C. 相互信任   D. 见利忘义

（三）聚焦课后题，总结阅读技巧

教师引导学生思考下列问题：完成这一学习目标，我们还需要逐段阅读吗？应该怎样提速呢？

教师引导学生运用"寻读法"解答课后问题。并出示人物关系图，让学生根据人物关系复述故事情节。

师：寻读又称查读，即快速寻找某一具体事实或某项特定信息的方法。如人物、时间、事件、地点、数字等。本文的阅读需要聚焦与人物关系相关的句子进行寻读。运用"寻读法"我们就能迅速地画出人物关系图了，根据人物关

系图，我们再复述这个故事就更清晰简洁了。

（四）统整梳理提速方法

【设计意图】教师让学生自主阅读《管鲍之交》，计时完成检测单，尝试将"连词成句读""集中注意力读""不回读"等提速方法综合运用，结合课后思考题，聚焦关键信息梳理课文内容，掌握"寻读法"这一新的提速技巧。

三、探究学习，抓取关键信息

（一）学习《动物冬眠会不会饿》《麻雀战》

教师引导学生思考如下问题：带着问题读也可以加快阅读的速度，再看看这一组文本的课后思考题：动物冬眠会不会饿？"麻雀战"的主要特点是什么？我们运用哪些方法抓取信息解决问题呢？

（二）聚焦课后思考题，抓取关键信息

1. 学生自主阅读探究

2. 交流分享

3. 总结阅读方法：看首尾、跳读、鉴别阅读、扫读法

（三）再次浏览四篇文本，选出最喜欢的一篇

（四）表格汇总、统整梳理阅读方法

【设计意图】教师引导学生学习第三组文本，结合课后思考题，寻找提高阅读速度的新路径：看首尾、跳读、鉴别阅读、扫读。借由表格支架梳理三次学习所得，总结提高阅读速度的系列方法。

四、课外延伸，读写运用

（一）交流课外搜集资料

（二）整理写作

（三）排序

教师引导学生按照一定的顺序（"唤醒关注—提供方法—热情鼓励"）进行排序，写出一篇关于提高阅读速度的说明文，让更多人能了解并运用这一阅读策略。

（四）总结

眼睛看得快，心里也要想得快。让我们不断提高阅读速度，拓宽视野，逐渐获得一目十行、过目不忘的能力。

【设计意图】教师让学生交流共享前置学习查找的资料，集体共议，再次统整阅读提速方法，结合课内所得，将自己的心得体会内化形成理性简要的说明文，以此达到读写联通、升华认知的目的。

（供稿：四川省成都市盐道街小学通桂校区　苟利）

五年级上册"小时候·长大后"群文阅读教学设计

【议题建构】

单篇精读、群文阅读和整本书阅读构成了我国当前阅读课程改革的新生态。基于此，统编版小学语文教材编委会进行了"1+X"阅读教学改革，思路清晰，目标明确，内容适度，策略优化，旨在让学生拓宽视野，增量减负增效，有效提升其阅读品位，开辟了新时期阅读教学改革的新路径。

小学五年级学生已亲身经历过许多有趣的童年生活，亦具备了回顾、反思和审辨的基本能力。经过系统的阅读学习，五年级学生已初步掌握了预测、提问、分析、概括等阅读方法，亟须在适切语境中娴熟运用以上方法，进一步提升其阅读速度，在浏览中有序体验精读、寻读、批注，展开对话，形成链接，尝试形成观点和自主立论，从而达到自圆其说的目的。读一本书，如果不能将其转化为生活智慧，不能学以致用，则所读之书便等于无用。

统编版小学语文教材高度重视童年生活观照，教材中选入了大量童趣盎然的经典文本，以促进学生认知、丰盈其审美、拓展其思维。小学语文低段的

"童诗童谣"快乐纯真、清浅鲜洁、烂漫天真、雅俗共赏，令人忍俊不禁。小学语文中段入选大量童话故事，天马行空、奇思妙想、神奇瑰丽。在小学语文高段，教材编委会在选择文本时顺应"语文要素"，大量遴选以怀念童年生活为主题的精彩篇章，充满情趣，蕴含人生理趣。例如，五年级上册第六单元选入《慈母情深》《父爱之舟》，第八单元选入《忆读书》《我的"长生果"》，通过文人雅士对童年生活的深情怀念，引发学生的自我怀想。五年级下册第一单元聚焦"童年生活"进行专题编组，《古诗三首》之《四时田园杂兴（其三十一）》《稚子弄冰》《村晚》采取"细节定格"方式，描绘了古代儿童的乡村田园惬意生活情景，极易产生通感；《祖父的园子》充满自由和单纯的快乐，《月是故乡明》"明月千里寄相思"，传递出"浓厚的家园情思"。六年级上册第四单元以"快乐读书吧"为主题，重点推荐阅读高尔基的作品《童年》，引领、助推成长话题的专题性阅读。纵观品鉴，其选文编组高度契合学生的认知、思维、审美和语用生长规律，应验了"童年不是未来人生的准备，而是独一无二的存在"这一说法。

在本次教学设计中，教师基于教材编排体系和儿童成长所需，遵循"1+X"群文阅读课堂教学实践规律，围绕"小时候·长大后"这一议题进行生成性建构，节选教材旧文，引导学生"温故而知新"，链接课外典型人物和事件进行留空、推测和验证，提升学生的直觉思维活力和理性判断能力，提醒学生珍惜童年生活，充分感悟信念、担当、梦想的伟大力量，系好人生第一颗扣子。

【选文编组】

第一组文本：《父爱之舟（节选）》《肥皂泡（节选）》

第二组文本：《假如给我三天光明（节选）》《稻田追梦人》《少年的蜕变》

【文本分析】

《肥皂泡》：冰心的散文清新典雅，肥皂泡代表了童年生活梦幻般的美好，童年的肥皂泡吹出了快乐，吹出了情趣，吹出了梦想，令人神往。

《父爱之舟》：本文系画家吴冠中的散文作品，该文情真意切，极富画面感，那艘承载着求学回忆和深沉父爱的乌篷船，是作者心目中永远的美好和乡愁。

《假如给我三天光明》：海伦·凯勒的童年是黑暗无光的，但童年苦难并没有将她打垮，莎莉文老师的爱和智慧给了她顽强生活下去的希望和力量。

《稻田追梦人》：国家兴亡和母爱启蒙，在幼年袁隆平的心田播下热爱土地的种子，追梦圆梦"禾下梦"，勇攀高峰，奋斗不止。

《少年的蜕变》：小时候的钟南山是一个爱冒险的鲁莽少年，是家庭教育和自身的勇敢让他拥有了蜕变的力量，国士无双，仁者爱心。

【教学对象】

五年级上学期学生。

【教学目标】

①运用质疑、预测等阅读策略，体验链接、有依据推测和形成立论等阅读方法的价值。

②通过结构化文本阅读和人物成长规律验证性审辨，在求同比异中不断丰富"小时候·长大后"的内在联系，加倍珍惜童年时光，形成不屈不挠、勇敢奋斗的人生观。

【特色预设】

教师将生成性议题贯穿教学始终，利用旧文重组引导学生温故知新，并通过中外名人故事、时事热点等支撑审辨和立论，娴熟运用已有策略，让学生在各类支架作用下，自主破译成长哲理，经历并深度体验链接、有依据推测和形成立论的作用。

【教学流程】

（一）即兴谈话，引出话题

1. 谈话引入，引发联想

师：孩子们，这是二年级学习过的一篇课文，我们一起来看——（深情朗读）一条小毛虫趴在一片叶子上，用新奇的目光打量着周围的一切：大大小小的昆虫又是唱，又是跳，跑的跑，飞的飞……到处生机勃勃，只有它，这个可怜的小毛虫既不会唱，也不会跑，更不会飞……

（二）自由猜测小毛虫后来的经历

（三）追溯作者，激活思维

师：写出这个感人故事的人是谁？他是一个怎样的人？我们一起来看一段视频。（播放视频，画外音响起：在西方文艺复兴之初，一个极富好奇心的男孩有过一个梦，像鸟儿那样飞翔。这个日后开创了全新时代的人，被弗洛伊德称为"人世间绝无仅有的旷世奇才"，他的境界世人可以揣测却无法定义，他的名字就是莱昂纳多·达·芬奇。达·芬奇不仅是文艺复兴时代伟大的艺术革

新家，还是历史上学识极渊博的巨人。他在物理学、解剖学、生理学、天文学等方面的研究和发现，在科学史上也具有划时代的意义）

（四）引出话题，促进思维

师：你有什么想说的？今天这节课我们就围绕"小时候·长大后"这个话题进行阅读、思考和研究。

【设计意图】教师出示二年级已学文本《小毛虫》，唤醒学生已知储备，适时拓展至"文如其人"，验证于文本，揭示作者成就，在激活学生的好奇心和探究欲的基础上，顺势引出"小时候·长大后"这一话题。

二、温故知新，形成观点

（一）默读文本，做出判断

教师引导学生默读《父爱之舟（节选）》《肥皂泡（节选）》两个文本，运用三年级学过的预测阅读方法。

教师跟学生明确如下要求：自主阅读文本一和文本二，根据作者小时候的表现，预测他们长大后会成为怎样的人？

（二）完成学习任务单一

学生一边自读一边完成表格任务，教师巡回指导。

学习任务单一

文本	长大后会怎样
《父爱之舟》	A. 开了一家水果店，枇杷是店里最畅销的水果。（　　） B. 致力于风景油画的创作，成为著名画家。（　　） C. 成为一名造船师，拥有"中国制造"独家专利。（　　） D. 成为玩具连锁店的创始人。（　　）
《肥皂泡》	A. 成为心理学家，最喜欢对别人的梦进行解析。（　　） B. 来到美丽的洱海边，开了一间手工作坊。（　　） C. 热爱写作，创作出了许多讴歌母爱和童真的作品，成为著名儿童文学家。（　　） D. 进入国家航空局，成为一名探月工程师。（　　）

教学现场重现：

师：谁来分享一下？

生1：（男生、兴奋）读完《父爱之舟》，我觉得文中的主人公最后会成为一名造船师。

师：你的理由是？你预测的依据是？

生1：（胸有成竹）因为文中说"什么时候我能把那艘载着父爱的小船画出来就好了"，说明他很喜欢这艘船。

师：（欣喜）你抓住了他的心中所想，看到了"载着父爱的小船"这个细节。

生2：（补充）我觉得从这里看出来他应该成为画家，因为他想画出这艘船来。

生3：（继续补充）我找到的是"看到了庙会上的美丽风景"这句话和关键词"画出来"，美丽风景对应这里的风景油画创作，所以我选择油画家。

师：（点赞、引发思维）抓住了在庙会上欣赏到的这个细节，还有没有不同的判断？

生4：（追问）我觉得，根据文章最后一句所说，他喜欢这艘船，想画出后再研究船的内部结构，并发明其他类似的玩具，他极有可能会成为玩具连锁店的创始人。

师：你觉得他通过这艘船，有了开玩具连锁店的愿望，最后实现了，对吗？

生5：我觉得"父爱之舟"是表达他感受到了父亲对自己的爱，后来通过买玩具来让拿到玩具的小朋友感受到父亲的爱。

师：你觉得他想传递父爱给别人分享，是吗？

生5：是的。

师：（统整学生观点）是的，孩子们都说到了作者感受到了深沉的父爱，父爱激发了他求学的动力，所以他最后追寻内心的选择，成为一名画家。他的画笔描绘了江南的老树古柏、碧水轻舟，画出了心中挥之不去的甜梦乡愁。你们猜对了吗？

（三）组织学生展开交流

教师适时引导学生进行有目的的预测，说出预测依据。并提醒学生，阅读要仔细，要注意更多细节。

（四）揭开谜底，激励确认

（五）环节小结，推进议题

教师引导学生达成以下共识：

①小时候感受伟大父爱的吴冠中，长大后发愤图强，成为一名著名画家；小时候热爱幻想、向往美好生活的冰心，长大后成为著名的儿童文学作家。

②原来，小时候的经历和长大后所取得的成就是有联系的。

③预测时要抓住文本细节展开分析和判断，预测要有一定依据。

表格统整（一）

文本	主要人物	小时候	长大后
《父爱之舟》	吴冠中	家境困难，父爱深沉	中国现代画家
《肥皂泡》	冰心	想象丰富，向往美好	儿童文学作家

【设计意图】教师通过两篇教材内文本所提供的语境和关键因素，启迪学生结合自己的生活经验及资料文本，有依据地展开联想，经过分析、概括和思辨，链接成年后取得的成就，适时验证结果，强化抓细节、有依据推测的阅读方法，领会"小时候·长大后"之间的联系，进一步助推议题的深入。

三、感悟典型，促进立论

（一）根据文本，预测未来

1. 过渡激趣

师：接下来我们要走进一些特别有意思的童年经历，请同学们阅读文本《假如给我三天光明》《稻田追梦人》《少年的蜕变》。

2. 明确要求

师：五年级刚学过阅读要有一定的速度，下面给大家 3 分钟时间，请大家快速浏览文本，说一说在这 3 个故事中，你分别看到了 3 个什么样的孩子？将关键词写在学习任务单二里。

3. 引发分享

师：相信通过刚才的阅读，孩子们已经有了自己的思考，接下来进行小组合作学习。根据文中主人公小时候的表现，预测一下这些孩子未来会怎样？

教师在课件上出示学习要求

①读：默读这一组文章，抓住关键词句，捕捉有用信息。

②思：结合三位孩子小时候的表现，预测他们的未来。

③写：小组内发表观点并记录，选派代表参与全班分享。

学习任务单二

文本	主要人物	看到一个怎样的孩子（关键词概括）	长大后成为怎样的人（写出预测结果）
《假如给我三天光明》			
《稻田追梦人》			
《少年的蜕变》			

4. 交流汇报，求同存异

教师引导学生自由表达观点，结合读后感和文本细节继续展开有依据的表达。

（二）验证结果，适时揭谜

1. 依次揭秘，引发呼应

①《少年的蜕变》预测教学场景重现：

生1：（微笑、自信）文中说他想像鸟儿一样自由翱翔，我们认为他充满好奇心，长大会成为科学家。

生2：（急切）读了文本5，我们看到了一个顽皮胆大、有想象力的孩子。因为有想象力，他能创造很多理论；因为有胆量，他敢于去证实理论。

生3：（钦佩、美慕）我们觉得他长大后会成为冒险家，他具有丰富的想象力，还有勇于实践的动力，受伤了也要继续探险。

师：（追问）从哪儿发现的？

生3：我看到了"他有以伞为翼的奇思妙想"，他想"像鸟儿一样自由飞翔"。

师：结果是"一声惨叫，差一点和死神擦肩而过"，所以你觉得他爱冒险，长大后成为冒险家。

师：现在揭晓谜底，看了视频之后，大家有什么感受？

生：（惊讶、感动）很意外、很惊奇、没有想到……

②《稻田追梦人》教学场景重现：

师：还有一个预测没有完成？请你们组汇报。

生：（侃侃而谈）我们组认为他是一个对土地充满向往的人，因此他才立志想要学农。我们觉得他长大会成为一个学农的人，并且在学农方面有极深的造诣。这种成功来源于母亲对他的概念启蒙，童年记忆成为他挥之不去的情结与梦想，以及他说"美得我当时就想，我一定要去学农"，一定要去学农，梦想种子发芽了。

师：你们同意吗？谁做补充？

生：（语速稍缓）我觉得他的母亲从小注意培育他对土地的概念，他6岁就和农业打交道。通过文章最后一段文字，我觉得他一定能实现自己的梦想。

师：（梳理思维）目标很明确，志向很清晰，对自己的未来有规划。现在我们看一看《稻田追梦人》里的这个人到底是谁？（播放袁隆平人物简介）

生：袁隆平！

师：快速浏览，大家预测是一样的吗？验证成功的孩子举手。

（学生难以置信，不断发出惊呼）

2. 对比思考，比异求同

师：他们的童年经历虽然不同，但相同的是什么？是什么力量激励他们取得这么大的成就？请选择其中一位，结合他小时候的成长经历，再读文本，一边阅读一边完成下面的表格。

表格统整（二）

文本	主要人物	小时候	长大后
《假如给我三天光明》	海伦·凯勒	身体残疾，命运悲惨	二十世纪最伟大的女性之一
《稻田追梦人》	袁隆平	热爱果园，立志学农	世界杂交水稻之父
《少年的蜕变》	钟南山	顽皮胆大，爱冒险	共和国勋章获得者

3. 交流分享

教师引导学生交流分享阅读心得，让学生感受成长中的不同力量。

4. 深情小结

教师相机总结并告诉学生：小时候无论遇到什么，都要心怀梦想，从成长中汲取力量，成为一个有担当、有梦想的人。

四、总结学习，促进表达

1. 总体回顾，引发顿悟

教师引导学生再次梳理阅读材料，梳理文中 5 位人物小时候与长大后的信息，生成下列表格。

表格统整（三）

文本	主要人物	小时候	长大后
《父爱之舟》	吴冠中	家境困难，父爱深沉	中国现代画家
《肥皂泡》	冰 心	想象丰富，向往美好	儿童文学作家
《假如给我三天光明》	海伦·凯勒	身体残疾，命运悲惨	二十世纪最伟大的女性之一
《稻田追梦人》	袁隆平	热爱果园，立志学农	世界杂交水稻之父
《少年的蜕变》	钟南山	顽皮胆大，爱冒险	共和国勋章获得者

2. 比较统整，建构共识

教师引导学生通过对比课文，对表格进行横向、纵向概括，并说说自己的发现。

预设答案：

①小时候的经历和长大后取得的成就之间有必然联系。

②种瓜得瓜，种豆得豆。

③童年生活丰富多彩，需要我们加倍珍惜。

④童年的苦难，是人生的一笔财富。

⑤每一个成长故事，都是人生的拐点。

⑥不要向困难低头，有梦就有远方。

⑦童年时苦一点，长大后甜一点。

3. 深情总结，引发共鸣

师：学习即将结束，请用一句话表达本课的学习收获。

生1：有人说童年像小草，可以无拘无束地吸收亲情的温暖；有人说童年像彩虹，可以编织无穷无尽的快乐；有人说童年像小鸟，可以无拘无束地自由飞翔；有人说童年像一叶美丽的小舟，可以顺着人生之河慢慢流向远方，留下一路风景。

生2：童年就像一个个跳动的音符，演绎着每个人不一样的旋律和节奏，它是七彩的、热情的、可爱的、独特的，是属于我们自己的心动记忆，需要我们去感受，去聆听，去体验，珍惜成长的每一步，因为那是属于我们自己的历史。

生3：珍惜小时候，期许长大后。

【设计意图】教师让学生阅读三个典型文本，感受文中主人公独特的童年经历，猜测他们在未来的发展情况，挑战思维定式，颠覆世俗偏见，从而带给学生希望、梦想和正能量。学生在教师的引导下完成表格梳理，发现、探究典型人物发生神奇改变的内因，在即兴表达中明理、悟情、励志，完成对本次教学议题的自主建构。

【板书设计】

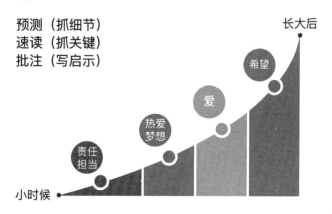

【教后反思】

一、着眼哲学命题，柔化演绎有价值议题

"我是谁？我从哪里来？要到哪里去？"永恒的"诘问"困扰着芸芸众生，也激励着人们不断追根溯源，探寻生活真谛。怎样引导小学生不断摆脱"物质诱惑"走向"精神重构"，考验着教师的情怀、良知、道义和专业境界。

本次教学围绕"小时候·长大后"这个"待填补式""生成性"议题展开教学，不在于教师的高谈阔论和侃侃论道，而在于精心创设语境，提供适切的文本和故事，引导学生自主厘清、建构，形成对童年生活的理性认知，激励对美好未来生活的向往和期待，真切感受并确信爱、梦想、信念等伟大力量的存在。

最有价值的教育是自我教育。最理想的集体阅读状态是"奇文共欣赏，疑义相与析"。自我建构入心、动情，为学生注入精神和信念的力量，插上腾飞的翅膀。

二、优化选文编组，助推思辨层递式升阶

在群文阅读教学实践中，相对于预设性议题，生成性议题的达成更加考验选文编组的科学性和艺术性。

统编版小学语文教材高度关注"童年生活"，在双线组元中系统建构，其文本遴选遵循文质兼美、适切性高等原则。基于统编版小学语文教材的"1+X"阅读教学尝试，本次教学尊重教材配置，引导学生重读"小毛虫"，在温故中引出议题，引发探究。之后让学生阅读《父爱之舟》《肥皂泡》，助推议题不断明晰深入，建立"小时候"与"长大后"的正向联系，在推测和验证中形成基础认知。最后，与学生分享《假如给我三天光明》《稻田追梦人》和《少年的蜕变》三篇文章，掀起新一轮的审辨和求同比异。

从第一组"一篇"、第二组"两篇"到第三组的"三篇"，这三次文本的编组依次有序、有度呈现，旨在促进学生思维过程的不断全面深入。所选文本暗含不同的训练点，在支撑议题的基础上，介绍了五位主人公丰富各异的童年经历。学生每一次阅读都具有不同的情感体验，能较好地感受到成长的力量以及未来无限的可能性。综上可鉴，文本建构过程就是共识达成过程，文本呈现的顺序、层次就是助推学生思维成长的"路线图"，其中暗含认知、思维、审美和语用成长规律。

三、借助表格，支持求同比异和共识达成

让学生从单一课文学习中超越出来，娴熟运用各种阅读策略进行多文本比较阅读，在求同比异中达成共识，形成科学理论，是群文阅读教学实践中的核心技术，更是教学过程中的重点和难点。

本课教学具有鲜明的思维层递性。两则学习任务表格和三次统整清单的使用，既是辨识与提取，更是比较与整合，使得教学环节推进纡徐从容，具有理性建构之美。教师通过引导学生对表格进行先横后纵的分析、判断、概括和统整，帮助学生透过典型现象收获朴素的"生活哲理"，将隐藏在多文本"字里行间"的"规律"挖掘出来，串联成属于现实生活世界的"珍珠项链"。这条珍珠项链熠熠生辉，璀璨夺目——每一颗"珍珠"的发现和"珍珠项链"的完成，都是教师精心设计和巧妙引导的结果。

四、亟待思考和解决的一系列问题

实践出真知，真理越辩越明。教师在进行群文阅读课堂教学的过程中常常会感到困惑：生成性议题和预设性议题孰优孰劣？课时有限情况下，是否需要安排前置性阅读任务？群文阅读教学如何处理好增量和思维升阶之间的关系？群文阅读教学的核心价值在于情感体验、文本丰盈还是理性建构抑或是几者兼顾而有所侧重？如何根据不同年段、不同议题和不同文本结构，精准确定需重点培养的群读能力？群文阅读教学强调重点培养辨识与提取、比较与整合、评价与反思、应用与创意，如何形成科学化层级？群文阅读课堂教学效能怎样实现课内精准检测？这些都是我们在日后的教学中需要破解的难题。

（供稿：四川省成都市盐道街小学通桂校区　苟利）

精准厘清价值　有效实证建构

——小学阶段整本书阅读的有效策略

当今社会，终身学习成为共识，书香文明社会建设也如火如荼地进行。随着语文教育领域"单篇精读—群文阅读—整本书阅读—系列书阅读"新阅读生态逐渐形成，整本书阅读吸引了全社会的普遍关注，广大语文教师努力尝试整本书阅读教学实践探索，以此践行社会主义核心价值观，传承中华民族优秀文化和革命文化，彰显制度自信、道路自信和文化自信，提升广大学生的阅读素养、阅读品位和思维审美品质。

由于没有单独设科，整本书阅读缺乏权威书目和系统教学法指引，在实际教学中出现书目遴选随意，育人价值观照不足，教学实施缺乏结构化推进策略，课型特质和功能彰显不足等问题。本文尝试从书目遴选确认、育人价值厘清、课程统筹规划、课堂教学建模、策略运用迁移、阅读效能检测六个方面进行系统建构，谋求搭建整本书阅读实证逻辑圈。

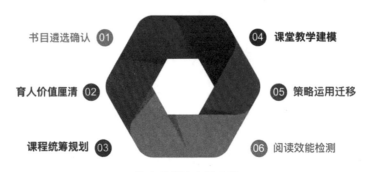

整本书阅读实践建构

一、书目遴选确认

好书悦目、悦情、励智，坏书歪曲视听、贻误苍生。选择书籍对孩子成长来说至关重要，好书能潜移默化地浸润心灵，让孩子形成正确的世界观、价值观、人生观。为促进学生精神成长，教师应引导学生遴选文质兼美且适切性强的经典作品，引导学生阅读，并组织活动，让学生集体分享读后感。

（一）教师专业引领

教师遵照教材导引，依照"快乐读书吧"提示，通过"一篇（一人）带一本"引出整书，也可根据学生年龄特点、"聚焦成长困扰"或侧重于"全人培养或缺"，围绕当前的重大政策、焦点事件，或着眼于提升学生某种技能、唤醒某种意识或点燃某种思辨等，提供整本书阅读书目，供学生选择。

（二）学生自主选择

阅读是一件极为个性化的行为。教师要鼓励学生走进图书馆和书店，根据阅读兴趣选择书籍。但并非所有书籍都完全符合学生身心发展要求，都能满足学生认知和审美所需，这就需要教师帮助学生厘清"经典读物""普通读物"和"无益读物"的区别，让学生择其善者而读之。

（三）流行媒介影响

阅读深受流行媒介影响，从《经典咏流传》《大国工匠》《舌尖上的中国》《动物世界》《探索》到"感动中国"人物事迹和传记，从《鬼吹灯》《盗墓笔记》到神话、民间传说等，都是学生可以选择的阅读材料。

作为集体研读和分享的凭借，书目遴选确认意义重大。教师要保持足够的敏感和警惕性，剔除"少儿不宜""负能量"的内容，引导学生选择那些传递正能量，讴歌真善美的作品，为学生心灵涂抹亮色，为学生系好人生第一颗扣子。

二、育人价值厘清

经典整书内蕴丰富，价值多元。小学阶段是学生价值观形成的关键时期，厘清作品的育人价值是审查作品时必须考虑的重要因素。

（一）观照核心素养落实

教师基于《中国学生发展核心素养》之 6 个维度 18 个要点，培养学生养成语文学科阅读素养，可从立德树人、阅读素养、认知思维、审美体验等多个维度进行厘清、辨别和聚焦，既要观照个体全面综合素养发展所需，又要观照学科知识积累、能力拓展和应用，同时还要考虑问题解决和生活创新。

例如，教师引导低年段学生阅读绘本《母鸡萝丝去散步》，增加学生安全自护意识；引导学生阅读《石头汤》《犟龟》《爱心树》等感人至深的哲思类绘

本，在图文呼应和观照中读懂文中隐藏着的朴素真理。

（二）聚焦学情特点

在学生成长过程中，不同节点有不同的价值观，所需要匹配的阅读助力体系也不同。在阅读价值提炼上也应该根据不同对象，站在不同年段、不同受众角度，思考优化其在认知、思维、情感和审美等层面的训练。例如，小学高年段阅读《红楼梦》应侧重于培养学生兴趣，让学生初步感受大观园里"才子佳人"的生活情态，至于"封建礼教""宗族规则""世态炎凉"等暂不在探究范畴之内。

（三）研读文本表达内涵

教师在引导学生进行整本书阅读时，可借用单篇精读策略和群文阅读教学策略，对教学目标进行优化和确认，引导学生深入文本，熟悉内容，了解文本言语形式，领会文本传递的意蕴和主旨。教师引导学生凭借文本特质提升阅读力、丰富情感体验、进行审美再创造等。

整本书育人价值的确认，直接决定了"母题—议题—问题"的确认和阅读支架工具使用。例如，教师在带领学生读《城南旧事》时，可以告诉学生不必纠结于故事中人物的悲惨命运，重在通过适切阅读工具（表格或绘制人物命运曲线等）迅速梳理出人物不幸命运的成因，引导学生去发现不幸境遇中人们是如何不屈不挠挣扎向前的。

整本书阅读属于集体精读，须走向深刻、审辨，走向自圆其说和积极建构，这正是破解经典奥秘的专业化路径。例如，教师在引导学生阅读鲁迅先生的散文集《朝花夕拾》时，应引导学生将重点放在文中少年人的活力四射，人性的真善美以及成年人的无奈，而不在于封建礼教对人的吞噬和扼杀。

再如，教师在引导学生阅读叶圣陶的《稻草人》时，引导学生感受童话故事中的美好童趣和幻境的浪漫奇妙，以及童话人物形象中人性的"悲悯"和"善良"，去发现童话表现人物、塑造形象的故事情节特点（"万物有灵""重复结构"），叶圣陶式童话色彩学运用（"白色""青色"）等。

此外，同一本读物，也可以在不同年段开展研读，还可以展开多次研读。这是因为，不同读者可从同一本读物中挖掘出不同元素来咀嚼，同一读者心境不同，所读所感也不同。好书不厌百回读。整本书阅读的目的不是培养文学评论家，而是引导在阅读中感受正能量，播撒希望的种子。

三、课程统筹规划

余党绪在其专著《走向理性与清明——整本书阅读之思辨读写》中指出，整本书阅读需要践行"母题—议题—问题"三位一体专业化建构。他指出，所谓"三题定位"，定的是课程的方向与内容，定的是教学的框架与抓手。作为一个课程策略，其目的在于将阅读过程转化为思考的过程、建构的过程、发现的过程，让经典资源成为学生文化和精神成长的优质资源。

母题研发来源于文本规定性——"蕴涵特质、可挖掘、待拆分"。议题来源于作家创作初衷（即写作目的），这是认知主体和价值主流。学生在阅读时常常会产生一些特别的想法，这是师生创造性思维绽放出的花朵，也是思维大于形象的生动演绎，更是"彼时彼地"与"此时此刻""此情此景"发生"穿越"式"碰撞"的结果。阅读对象、阅读主体之间产生神奇的化学反应，均属正常。而话题升级为议题，是群文阅读课题研究生成的有益经验。为从个体精读进入整本书集体研读提供了抓手、凭借、导向仪和凝聚力。

（一）母题指引方向

母题是神话、艺术和文学中最基本的题旨范畴。余党绪认为，母题确定需要以文本为基础，基于文本自身的内容和结构，而非主观臆造或者强行粘贴。母题确认的价值在于建立与学生之间的联系，考量学生成长发展的价值需求、认知能力和接受程度，它所关注的是人类生活中的常见话题，具有普遍性。母题能够与学生现实生活对接起来，将学生的生活经验转化为对人生的关怀，对生命的思考。

（二）议题搭建路径

为避免整本书教学的琐碎和零散，教师有必要从课程角度对整本书教学内容进行合理规划。用"结构化议题"设计教学，用议题组织教学，实现整本书文本内容向教学内容的转化。在充分尊重母题自身逻辑基础之上，通过议题串联达成学生对母题的理解。议题设计要尊重文本特质及个性化表达，有助于学生认知结构的形成。

（三）问题提供抓手

基于母题，为议题配置适切的"问题串"，是整本书阅读中教学的重点内容。

问题设计以服从母题的理解及议题的辨析为基础，通过澄清性问题还原文本的事实与逻辑；通过探究性问题探究作家写作意图与价值预设；通过反思性问题反思自己的理解与评价；通过锁定和追问关键问题，聚焦阅读中的重点与难点问题，推动问题的解决。

"三题合一"是文本育人价值的具体体现，是课堂教学程序性管理的思维要点，也是达成教学目标强有力的核心技术支撑，更是遴选配置使用自主研读和集体分享的方法、支架和策略的重要标尺。多元宏大的母题如同一个强大的磁场，其中有可触及、共情的主题和充满感召力的议题，它们共同支撑着整本书阅读教学目标的达成。

四、课堂教学建模

整本书阅读需要教师为学生提供全程专业化引导，有序完成"导读—助读—分享"的完整教学环节，致力于系统课程群落的建构。

（一）导读激趣，诱发研读热情

导读课的目标在于激发学生的学习兴趣，教师在教学时要有选择性地呈现文本内容，提供思考方向，创设相关情境，点燃学生学习的动力，帮助学生在不知不觉中了解整本书的内容、作家的创作意图、精彩的情节、精巧的构思等，感受真情，熟悉人物，感受美德。

（二）助读梳理，丰富系统建构

教师引导学生在初步感知文本内容的基础上，梳理内容主线，锁定研究点，将零散的学习体验和过程系统凝练，围绕"三题"确定结构化推进框架。助读是思维聚焦，是研读深入，是不断靠近文本育人价值的亲近，是与作家深度对话的开启。

（三）分享阅读，引发深度体验

教师顺应学生自主研读所获，引导学生进行集体性交流，使学生们的想法得到互相碰撞，交流中要依据相应策略、方法、需求，引发新一轮的思辨、精读和发现，生成多元智慧。

我们总体审视三个阶段的教学流程可以发现，导读阶段重在激发学生的阅读兴趣，引导学生拆分研读命题，调动其研读情趣。助读阶段重在对学生自读所得进行归纳梳理，引发由浅入深、由表及里、从零散到系统的研读支撑。而分享阅读阶段则是学生对感兴趣的问题串的解决和自圆其说，是完成任务驱动的一种整体外显，能引发学生对于经典读物的深度解读、丰富体验和多元建构。

教师在教学实践中需要注意的是，在起始阶段的整本书阅读课中，可以适当模糊导读、助读，开展分享课，重在建立整本书阅读基本范式。到了中高年段，这种规范化的整本书阅读教学规程化的仪式感应有所加强，教师要在科学程序管理、方法策略选择、问题解决和任务驱动等方面有所确认，要加强环节之间的系统化整理、强化仪式感。在此基础上，从一节课到多节课，从一本书到多本书，形成持续阅读研究力。

五、策略运用迁移

单篇精读、群文阅读、整本书阅读和系列书阅读，共同构成了当代特色鲜明的阅读教学新生态，为全民阅读、书香社会建设注入生机和活力。几者之间的意识、方法、策略的自动化运用，是课程核心价值的集中体现。

（一）活用课内得法

在阅读方法支撑方面，单篇精读以重点培养预测、提问、有目的地阅读、提高阅读速度作为四大支柱，教师通过朗读、默读、浏览、跳读等方式，培养学生概括、复述、批注、一边读一边想象画面等阅读能力，形成一个均衡和谐的训练体系，有层递性地提升感知、理解、欣赏、评价能力，在多种体裁题材文本的阅读中，形成文学类、实用类、非连续性文本的普适阅读策略，为整本书阅读奠定方法论支撑，为自动化运用提供支点。

（二）迁移群读策略

群文阅读致力于多文本比较阅读，是一种中观层面的阅读体验，强调议题导引、求同比异和达成共识，是基于单篇精读习得阅读素养的思维升阶，其重点培养的辨识与提取、比较与整合、评价与反思、应用与创意，为整本书阅读中的"问题串""任务群"奠定自动化的方法论支撑。

（三）搭建阅读支架

具体到某一本书阅读中，教学设计指导的重难点在于引导学生发现、学习、实证（证伪），以便顺利达成议题、汲取营养的方法策略。常见的汇总信息的概括、形成观点的提炼、疏通条理的鱼骨图、透视规律的表格等，这些都是思维过程的外显支撑。

（四）彰显个性创新

整本书阅读有其独特的程序和方法论，通过作品美誉度、封面书名、内容简介、目录、正文、插图、前言、后记等，获得对作品的整体性和个体性审美价值的认知。越往中高年级，整本书阅读的议题应趋向多元、多维，多角度印证阅读知能螺旋式上升、从量变引发质变的基本规律——阅读能力只能在阅读实践中培养和生成，实践出真知。

六、阅读效能检测

整本书阅读指导有国家政策依据，有阅读教学基本规律支撑，有尊崇学生认知、思维、情感和审美体验作为规律保障，也有课内外、家校协同以及多平台支撑的泛在交互优势，更有国际学生评估项目等国际阅读素养检测的题本、工具等经验分享。

所有这些都是中观抽象层面的"方法论"，具体落实到每一本经典读物指导，需要重新建构一套具体化的"导读机制"——"一把钥匙开一把锁"，研发出适宜于"这一本"的"操作程序""问题串"和"任务群"。从大胆假设、小心求证到建立规程模式，再到学生经历较长时间阅读生活，收获阅读快乐和智慧，引发思辨、审美和创意，必要时反思和检视。

尤其值得关注的是对阅读效能的"丈量"，教师需要证明"只有这样读、思、议、创才能取得效能最大化"。一本书阅读指导要经历导读、助读、分享3个阶段，在优化程序和适切方法支撑下，自主质疑、集体分享，创造乐趣。由此及彼，举一反三，知行合一，获得系列书阅读的意识、动力、策略、探究愿景等。为证明其有效或已经（部分）达成，基于阅读素养（含意识、兴趣、方法、习惯、单位时间解惑能力等）进行效能检测成为必需。

可检测就意味着可复制。唯有如此，整本书阅读指导研究才能具备教育科研特质和人文阅读情怀。唯有如此，整本书阅读研究才具有无尽魅力，激励我们"窥一斑而知全豹"，激励探寻追求"工欲善其事，必先利其器"，体验"奇文共欣赏，疑义相与析"，遨游书海，思接千载，神游八荒，传承中华优秀文脉，创造新时代的独具中国特色的教育科研精神，铸就德智体美劳全面发展，腹有诗书气自华，气质高雅，秀口惠心，锐意创新的社会主义事业建设者和接班人。

《稻草人》整本书阅读教学设计

【文本分析】

叶圣陶先生是我国当代著名的作家、教育家、出版家，语文教育的奠基人。他一生牵挂语文教育事业发展，深入指导一线教师的教学实践，亲自为孩子们撰写了大批文质兼美的童谣、诗歌、散文、民间传说等作品，旨在传承中华优秀文化，以语化文，以文化人。《稻草人》是我国现代文学史上第一部真正意义上的童话作品，在中国儿童文学史上具有举足轻重的地位。作家耳闻目睹人民艰辛，内心涌动着最浓烈的情思，写下了 24 篇作品，并将其合编为《稻草人》童话集。《稻草人》这本书是由 24 个单篇作品构成的，是一部"为儿童""为人生"而创作的童话。本书部分内容在四年级上册第三单元《爬山虎的脚》以"1+X"拓展阅读材料的形式呈现，也是三年级上册"快乐读书吧"推荐书目，既有整本书的指定阅读，也有与课文链接相关的拓展阅读。前后关照，彼此呼应。

【母题分析】

我们可将本书母题确定为浪漫美与现实苦。《稻草人》童话作品经历了三个阶段"浪漫—浪漫与现实交织—现实"，是一部现实主义经典童话。叶圣陶的童话作品追求"至善、至美、至诚"的道路，创造了一条崭新的童话创作之路。他坚持现代主义的创作风格，将充满诗意的童话意境、通俗易懂的童话语言与民族化的风格相结合，用孩子们天真明亮的视角去观照世界，用浪漫主义的手法和轻灵的笔触描写故事情节，营造了一个充满幻想和诗意的童话意境。但现实的人生经历让作家叶圣陶痛苦地意识道："在成人的灰色云雾里，想重现儿童的天真，写儿童超越一切的心理，几乎是个不可能的企图！"他始终立足于极高的精神层次去俯视生活，观照和反思人类的精神存在。他发起并投身"为人生而艺术"的文学研究会，就是他入世、忧世、救世的象征。超然和介入、想象和务实一度构成了他的二重心态，也构成了他笔下的两种童话世界：既憧憬"美"与"爱"诗化了的意境，又"不自觉地改变了方向"，用沉重的笔触写出了人生种种冷酷场景。在残酷的现实面前，叶圣陶终于转换了写作的风格和内容，把笔触伸向广阔的现实世界，直面人生，直面现实，把成人的悲哀生动形象地展现在世人面前。《稻草人》中的部分作品中融入了现实主义的内核，体现出忧郁哀怨的抒情色彩。大致从《鲤鱼的遇险》以后，他的童话旨在启迪孩子们认识、关心周围发生的事，了解现实生活中成人的悲哀。《旅行家》通过作品中那位来自星球上的旅行家之口，提出这样的问题："为什么有的人可以吃得胃发胀，大多数人只能吃一小碟子咸豆呢？为什么有的人可以穿上中国蚕丝织的汗衫，大多数人只能穿又破又脏的衣服呢？"《稻草人》让孩子们看到了19世纪20年代工农大众的悲惨遭遇；《鲤鱼的遇险》用鲤鱼的经历否定了"人生美丽"的幻想；《瞎子和聋子》表现人与人之间关系的冷漠；《蚕和蚂蚁》体现了"劳工神圣"的思想。他通过童话形象自身的行动和情节发展来体现作品的浪漫美与现实苦。

【议题确定】

1. 童话中的经典形象

童话里有很多以动植物为代表的经典形象，你最喜欢哪一位呢？请通读全书，评价童话故事里你最喜欢的童话形象。在评选中梳理童话形象的特点及品质，并用自己的语言介绍出来。

2. 故事里的重复性结构

《稻草人》通过老妇人、渔家女、弱女子三者的不幸遭遇映射社会底层人士的命运，描述苦难生活带给人们的伤害；《跛乞丐》描述了绿衣人帮助小姑娘、小燕子、小兔子送了3回信的故事，表达了跛乞丐的友爱之心；《蚕和蚂蚁》中，蚂蚁反复唱着赞美工作的歌。

3. 童话中的诗歌

本书中最大的一个特点就是诗歌，这些作品或是作者有感而发，或是作者倾心而作；或是现实的写照，或是深情的呼唤。这些作品大都比较浅显直白，可以作为学生诗歌创作的源动力，激发学生的创作欲望，引导学生基于童话中的诗歌所提供的情景创作诗歌。此外，这些诗歌的主旨也能印证浪漫美与现实苦。

【单篇赏析】

《稻草人》：所见种种皆悲哀，心暖笔冷掀波澜。无须控诉和愤懑，尽在身临其境间。

《小白船》：一叶小船舞翩跹，一对小人去探险。神仙岛上三个问，牛郎织女鹊桥会？嫦娥姑娘回凡间？

《燕子》：燕子受伤坠草丛，青子玉儿当救星。蜜蜂、棠棣都放心，报恩的曲儿传千里。

《梧桐子》：没有翅膀也能飞，麻雀是你的好朋友。临渊羡鱼不如退而结网，从羡慕他们到被他人羡慕，付出艰辛，收获茁壮。

《一粒种子》：不喜欢最贵的国王，不喜欢炫耀的富翁，勇敢地和想发大财的商人、和想升官的士兵说再见。为谁发芽，为谁绽放呢？种子喜欢农夫，种子依恋大地，芬芳粘在耕耘者身上，永远不散。

《快乐的人》：最快乐的人是谁？不是我。一层幕布，阻隔了真理；一层幕布，遮蔽了真实；一层幕布，使纺织女工的诅咒变成了礼赞。把透明无质（无知）的幕布轻轻刺破，迎来梦醒时刻。

《祥哥的胡琴》：带着父亲的嘱托，带着母亲的期盼，拜清泉、鸟儿为师，高山流水，清风鸣蝉，好一个乡村田野音乐家！一把胡琴，二十里香不断，咿咿呀呀大乾坤，绅士、贵妇、公子小姐不懂天籁之音，唯有母亲醉在其中。

《芳儿的梦》：芳儿是一个好可爱的男孩，他那么那么地爱着妈妈！在月亮姐姐的帮助下，飞上月宫，摘一串星星串成项链，妈妈变成仙女。

《花园外》：花园里，一个奇妙的所在，属于有钱人；花园外，瘦弱躯体疯长期盼，一双痴痴的眼睛；门口一个恶汉，眼里喷火，铁拳狰狞，"没钱莫进来！"长儿欣赏到了最美丽的风景，女神赐予他一颗"敏感"的大脑和善于"幻想"的心，让他快快长壮长高长大。

《瞎子和聋子》：生活足够苦闷，胸腔里扑腾着一颗不安的心。仙人赐我仙丹，智者赐我法术，古老的风车吱吱呀呀，别说我没有警告你。瞎子变成了聋子，聋子变成了瞎子，样样不如意。唉，珍惜今天所拥有的，空想无益。

《鲤鱼的遇险》：不是冤家不聚首，危情出现，你却捧着盛情仰着笑脸。用眼泪拯救自己，开什么玩笑？遇险、脱险、九死一生，那是童话！世间还有恶魔，披着羊皮的狼，扮成天使的魔鬼。

《含羞草》：羞愧是美德，害羞远胜过涂脂抹粉。含羞居然不为自己，而是目之所及的窘迫：玫瑰花嚷着坐头等车、吃山珍海味、穿绫罗绸缎，受伤的小蜜蜂无钱医治腿伤，警察扔掉了流浪汉的饭碗……只剩下小草在害羞。

《月姑娘的亲事》：原来不是月下老人的"人约黄昏后，月上柳梢头"，虚拟一则有趣的故事，告诉孩子"太阳乃光明和创造之源"。

【学情分析】

三、四年级的学生充满童心和童趣，喜爱一切美好的事物及趣味性的学习，已经具备了基本的自主学习能力，他们在阅读时能扫读、浏览、概括、提取信息以及评价鉴赏。此阶段学生的主要课外阅读书籍是国外经典童话，如

《安徒生童话》《格林童话》等，对国内的童话了解甚少，特别是反映现实题材的童话。可能有少部分学生读过《稻草人》，但对作品的理解不够深入。学生喜爱世间美好的事物，对书中浪漫唯美的描写应当会有学习的兴趣，但从小生活在温馨幸福中的他们对理解描写苦难和现实题材的作品有一定的难度。因此，教师在教学过程中要注意激发学生的学习兴趣，抓住作品的最大特点，感受作品价值。

【导读目标】

①基于书名、封面、目录，让学生了解本书的作者和基本信息，激发阅读兴趣。

②引导学生运用跳读、浏览、勾画批注等方式，通过猜测、链接、验证，了解本书大致内容。

③初步感受作品的浪漫美与现实苦，引出母题。链接生活，激发学生的阅读兴趣和探究欲望。

【教学过程】

一、《稻草人》整本书导读课设计

（一）整体介入，通过目录、插图等激趣

①初识作者，了解作者基本简介。

②看目录，选择最喜欢的 3 个题目，猜一猜分别写的是什么？

③看插图，猜故事，知大概。（《皇帝的新装》《一粒种子》《蚕和蚂蚁》）

④通过教师的讲解引发学生强烈的阅读兴趣。

⑤让学生读一读最感兴趣的童话故事，迅速锁定 2~3 个阅读方向。

（二）尊重自主选择，鼓励多元化阅读体验

①学生自读后对故事内容进行分享交流。

②尊重学生的独特体验，找到阅读的起点。

③让学生细读部分篇目，感受故事框架。

1. 感受浪漫美

聚焦《燕子》《梧桐子》《祥哥的胡琴》3 篇文章，自主阅读。

2. 领略现实苦

①学生聚焦《一粒种子》，自读课文，借助表格，用关键词梳理人们对待

"一粒种子"的态度和最后的结果。

②学生分享阅读心得。

③教师引导学生思考下列问题：为什么国王、富翁、商人、清道夫、兵士都种下了一粒种子，却只有年轻的农夫让一粒种子发芽了呢?

教师告诉学生：文中描写种子的香气和成长的相关语句，都充满了浪漫美，可文中的人们却表现出自私和功利之心，这个童话体现了浪漫美与现实苦的特点。这也是《稻草人》整本书的特点。

（三）讨论分享，感受浪漫美与现实苦

①学生再读童话故事，感受浪漫美与现实苦。

②小组合作交流。

③教师总结分享：充满诗意的童话意境，通俗易懂的童话语言，民族化的风格。（至善、至美、至诚）

（四）回到整本书的价值和意义

二、《稻草人》整本书分享课设计

（一）作品语用特征的感受

1. 拟人、泛灵

①童话里出现的动植物有很多，你最喜欢哪个故事里的动植物呢? 请给大家介绍一下它的特点并写一写。

②学生自主创作交流。

③教师总结：现实生活中，动植物会说话吗? 在童话世界里，所有的动植物都是会说话的，它们有人的思想、语言、动作表情，童话给了它们神奇的魔力，人类具备的一切能力他们都拥有了呢，多么神奇啊!

2. 重复性结构

①学生细读《稻草人》。

②学生回顾故事内容。

③学生理清故事情节，用表格梳理老妇人、渔家女和弱女子的不幸遭遇。

④教师总结：叙事模式是重复性结构和部分的反复。《稻草人》通过老妇人、渔家女、弱女子三者的不幸遭遇映射社会底层人士的命运。书中还有很多

这样的重复性结构描写，细心的你会发现吗？

（二）回归整本书、勾连、对比

1. 对比：基于整本书、拓展整本书

教师引导学生将《旅行家》与《卖火柴的小女孩》进行对比，感受两者的不同之处。

2.《芳儿的梦》与《项链》

3.《花园外》与《巨人的花园》

（三）链接生活，思辨

①教师引导学生思考：在现在的和谐社会里，读这些苦难作品还有没有用？请写一写。

②教师总结：让苦难远离我们，珍惜美好生活，乐观面对苦难，去建设像小白船一样的美好世界和幸福新生活吧。

（四）延伸课外，探究细读

附：《稻草人》整本书思辨读写学生阅读任务单

	目录	任务单
导读课	从整本书入手，聚焦单篇联动回到整本书	基于书名、封面、目录、简介，看图猜故事名，了解本书的作者和基本信息，激发阅读兴趣
		运用跳读、浏览（扫描式、勾画批注的方式，通过猜测、链接、验证再猜测，基本了解本书大致内容）
		阅读自己喜欢的故事，初步感受作品的写作特点，引出母题——"浪漫美与现实苦"
		整本书的意义和价值探讨：作者写这样一部童话的原因是什么
必研	《燕子》	仿写：燕子离开了家，到处游逛，泥弹打中了它的背，柳树、池塘里的水、蜜蜂都听见了它的哀叫，并安慰了它，周围还有谁也听到了它的哀叫，请仿照文中重复性结构写一写
	《梧桐子》	读写：哥哥弟弟们给梧桐子的来信里还会写什么呢？他们会遇到什么样的经历，请写一写他们离开母亲后的生活
	《一粒种子》	①让学生通过表格梳理"一粒种子"落到了哪些人的手里，态度和结果如何？ ②思辨：为什么只有年轻的农夫能让一粒种子发芽呢

续表

	目录	任务单
必研	《画眉》	①画眉寻找到唱歌的意义了吗？那是什么呢？ ②画眉遇到了坐车的人和拉车的人，对比一下，你有什么发现
	《旅行家》	思辨：链接生活体验，你觉得旅行家为地球人类发明的机器在现实生活中会出现吗？人工智能会帮助我们实现旅行家的设想吗
	《稻草人》	稻草人倒在田地中间之前，它在想些什么呢？请补白它的心理活动，试着写一写。
	《鲤鱼的遇险》	①链接生活：鲤鱼把鸬鹚当作好朋友是对的吗？生活中遇到陌生却看似友善的人，你应该怎么辨别呢？ ②文中说"先前赞美世界，世界充满了快乐，现在世界实在包含着悲哀和痛苦"。这段话前后矛盾吗？小鲤鱼觉得世界充满快乐还是悲哀呢？你怎样理解这句话？结合故事说一说
选研	《跛乞丐》	①读文，找出跛乞丐成为乞丐的原因并概括出来。 ②你觉得心灵美和外表美哪个更重要
	《蚕和蚂蚁》	①对比蚕和蚂蚁对待工作的态度，你有什么发现呢？ ②给自己梳理一个家务劳动清单，实践并写下你的感受
	《瞎子和聋子》	①读一读瞎子和聋子互换角色后的段落，选择一个角色，补白他的心理活动。 ②如果给你一个互换角色的机会，你想跟谁互换呢？想象一下，写写互换的一天吧
	《地球》	①柔弱的人一天天变小的原因是什么呢？ ②后来，柔弱的人变得像小草一样小，可是他们还想让劳动的人们送食物，他们之间会发生什么故事呢？试着写一写
	《眼泪》	在地球上，在太阳、月亮和星星照到的地方，有一个人无休无歇地在寻找一件丢失的东西。他在寻找什么呢？你的身边能寻找到这样的东西吗
	《"鸟言兽语"》	拟人读写：想象一下，如果你养的小金鱼和小白兔有一天对你说话了，它会说些什么呢
精研	《稻草人》	①文中《稻草人》通过老妇人、渔家女、弱女子三者的不幸遭遇映射社会底层的命运。整本书中还有很多这样的重复性结构描写，你能找一找吗？ ②你能不能仿照这样的重复性结构试着创作一个童话故事呢

续表

	目录	任务单
精研	《一粒种子》	①依据表格梳理人们对待一粒种子的态度和结果，写一写你的发现。 ②为什么只有农夫的种子能生长呢？小组讨论交流。 ③写一写，有一天一粒种子离开了年轻的农夫去游玩，他会遇到什么有趣的事情呢
	《梧桐子》	①读文章的第一自然段，说说梧桐子的快活，感受自然之美，自然之乐。 ②梧桐子在旅行的路上遇到了小麻雀、姑娘、小草，猜猜他最喜欢的是哪位好朋友呢，写一写理由
分享课	从整本书入手，聚焦单篇联动；回到整本书	本书语用特点的梳理学习： ①重复性结构的特点。本书中还有哪些童话与《稻草人》一样是重复性结构描写，这样写有什么好处呢？ ②拟人化的描写特点。在本书中，有很多动植物会说话，会表达，具有人类的特点，你最喜欢谁呢？能写一段文字给我们介绍下他的美好品质吗
		回归整本书、勾连、对比
		链接生活，思辨读写： 在现在的和谐社会里，读这些苦难作品还有没有用
		延伸课外，自主探究细读

（供稿：四川省成都市盐道街小学通桂校区　苟利）

《俺是转学生》整本书阅读教学设计

【教学缘由】

《俺是转学生》是一部少年励志成长小说，讲述了在城市化大潮中，进城务工子弟阿文恋恋不舍地离开家乡，来到一个陌生的城市，就读于一个陌生的学校，其间遭遇种种困难，但他坚韧面对、奋发向上，最后成长为优秀少年的故事。该小说很好地诠释了"人总要学着成长"的主题，充满了正能量。故事中塑造了许多有趣的人物形象，有勤劳致富的爸爸和疼爱小孩的妈妈，知恩图报的郎叔，开头找碴教训"我"后来却和"我"成了铁哥们儿的"牛眼"，成绩优秀、性格泼辣的中队长辛岚，纪律委员"王璐"，小组长"尖嘴鸦"，独具育人智慧的"夫子"等。文本注意运用"浅语"表达，描摹场景，推进情节，再现了校园里的欢乐悲喜，充满了浓浓的亲情、友情、师生情，具有强大的精神力量。书中传递着奋发拼搏的力量，给予身处逆境的人们鼓舞与激励。本书情节丰富曲折、节奏明快，语言生动活泼、风趣幽默，书中塑造的人物个性鲜明，作者将城市与乡村融为一体，以插叙和情境再现方式烘托人物心理，独特新颖，值得研究和借鉴。

【导读目标】

①通过书名、封面、简介，猜测、探究概况，激发学生对整本书阅读的兴趣。

②借助目录寻读最喜欢的故事，尝试跳跃式浏览，在链接中验证故事内容，感受人物形象，引发进一步探究和品鉴。

③研读重点章节，初步感受作者写作意图及风格，引出研读议题。

【教学准备】

教学课件、纸质目录、片段阅读单。

【教学过程】

一、顾名思义，激活探究欲望

（一）出示书名，据题猜测内容

师：最近老师发现了一本书，请大家"顾名思义"思考一下：这是一本什么类型的读物？作者最有可能写些什么内容？表达怎样的思想感情？

（二）出示封面，分享最想了解的阅读要点

二、基本阅读，初识书籍

（一）速读简介，了解主要内容及人物

①教师以滚屏方式播放《俺是转学生》内容简介，引导学生扫描式浏览全文，注意阅读速度，速读速想。

②验证猜测、厘清主要内容。

③锁定主人公阿文，分享初印象。

预设：你对阿文的最初印象是什么？（挚诚、淳朴、勇敢、担当）他经历

了怎样的心路历程？（尴尬、惶恐、痛苦—蔑视、逆反、厌恶—理解、从怨到爱）

④串联信息，即兴总结：《俺是转学生》讲述了阿文从"野荷塘"来到了"槐树林"，期间经历种种困难和挫折，凭借着聪明、勇敢和坚韧的优秀品质，坚持不懈地努力，最后成长为优秀少年的故事。

（二）翻阅目录，寻找最喜欢的故事

①根据目录单，寻读最喜欢故事，尝试跳跃式阅读。

预设：主人公阿文身上发生了哪些故事？快速浏览目录，圈选出最想阅读的三个故事？

②观照目录，链接《群英谱》，猜想故事内容，促进情节理解。

预设：最想阅读哪个故事？你觉得作者会写阿文和谁的故事？文中又将会出现哪些精彩的故事情节？有欺负阿文的人吗？都是什么样的人？

③链接生活，直觉判断，建立连接：阅读《群英谱》后，你觉得自己最像小说中的哪个人物？

④总结归纳：本书围绕阿文与父亲母亲、乡下伙伴、城里新同学和夫子这几类人物来讲述他们的生活与故事。

三、研读重点章节，感受作者意识

（一）第5页第二章"我恨爸爸"

预设：我们来到了爸爸的"别墅"，这是一间怎样的别墅？

作者通过比喻句，比如"龙床""御膳房"等凸显阿文一家人生活的艰难，教师要引导学生感受作者风趣幽默的语言风格。

教师范读第7页描写阴冷潮湿的地下室场景和心理活动细节，设问：从四次追问中，你体会到了什么？引导学生感受阿文内心的无助，住所的简陋，生活的艰难，对爸爸的恨意。

教师观照整本书、跳读链接"责打妈妈""责打儿子"等细节，追问：爸爸到底是个怎样的人？后来还恨爸爸吗？为什么？引发学生在"人物性格特点"与"无奈生活"之间，体会其生活艰辛和亲情伟大。

（二）第20页"我不是弯弯"

①分发阅读单，自主阅读。抓住重点句子和关键词，批注体会。

②小组交流。分享阿文初到新环境的不适和窘迫，无处可逃的煎熬，体会其心情。

（三）第 27 页"细脖不过'熊爪'"、第 34 页"谁造的孽"

①教师范读阿文被欺负的片段，学生静听默思。

②猜测：到了"夫子"那儿，你们觉得阿文会怎么做呢？（哭诉、告状）

③揭晓结果，请学生谈谈面对意外结果的感受。（忍辱负重，以德报怨；出乎意料）

④即兴追问："四大金刚"是一群怎样的人？你心目中的阿文是一个怎样的人？

四、由文识人，引出核心议题

①课件屏幕显示书评。

②分享"我眼中的作者"：读完这本书，你认为作者是一个什么样的人？为什么要写这样一部小说？

③引出整本书的主题及议题。教师将教学母题设定为"融入与逃离"，议题拆分为"逃离动机""融入行为""成长美丽"三部分。

④总结：通过刚刚的故事分享，我们看到阿文来到了新的城市，遭遇了种种尴尬与不适，他应当"融入"还是"逃离"呢？接下来，我们将围绕这个主题进行自主阅读，期待进一步探究之后的阅读分享。

【教学反思】

"孩子一辈子道路取决于语文教育的质量。"语文教师有责任引导学生发现汉语之美、文章之美、人性之美和大自然之美。在构建书香阅读社会进程中，单篇精读、群文阅读、整本书阅读和系列书阅读构成多样态阅读生态的全部要素。陈平原教授说：要善于在"含英咀华"与"博览群书"之间找到合适的"度"。"含英咀华"就是单篇精读，"博览群书"就是群文阅读、整本书阅读和系列书阅读，就是拜万物为师。本教学设计期待通过封面、简介、目录和重点片段的跳读，迅速形成整本书内容概况，聚焦人物群落，品鉴细节，通过对主题的"议题化"加工，引导学生进入深度研读，为奇文共析赏、疑义相与析奠定良好基础。

（供稿：四川省成都市盐道街小学通桂校区　苟利）